基礎からわかる易の完全独習

翡翠輝子
ウラナイ8易の会

日本文芸社

はじめに

今、易は静かに人気が高まっているようです。易は、私たちが生きていくためのヒントを与えてくれるもの。自分の生き方を考えるきっかけとなるような、吉凶を超えたアドバイスが得られます。すべての答えが六十四卦の占断にあると私は考えています。

はじめまして。翡翠輝子です。東洋占術を学び始め、易の魅力にのめり込んで、数十年。このたび執筆の機会をいただき、友人の占い師仲間「ウラナイ8《エイト》」の協力も得て、書き進めることができました。

学び始めの頃、若い時によく聞いていたボブ・ディランの言葉を思い出しました。『易経』を、「万物を包み込む古代中国の哲学と宗教の偉大な書」と評していたのです。「『易経』はすばらしい詩でもある」と語っています。

また、以前ライターだった頃、アメリカ人のスピリチュアリストの語りおろし本の取材で「易を学んでいる」と話したところ、「君はイーチン（易）がわかるのだね！」と感心されました。西洋の精神世界では、易は確固としたポジションを確立しているようです。

このように、易は、東洋と西洋の垣根を越えることができます。そして、古代と現代の垣根も越えます。古代中国の叡智を、現代社会に生かしていく……易の魅力が読者の皆さまに伝わるように、本書は、令和の時代にふさわしい解釈で、実生活に活用できるように心がけました。六十四卦の意味がつかみやすいように、シンプルな英訳もつけています。基礎になる知識と、実占法では身近なコインやサイコロを使って占い方をくわしく述べ、豊富な実例と占断のコツを記しました。

陰は陽に、凶は吉に、俗は聖に、絶え間なく変わる易の世界――。本書が初心者にも、少し易に触れたことがある人にも役立つガイドになることを願っています。

翡翠輝子

数千年の歴史を重ねた

易の世界にようこそ

◆広大な宇宙とつながり、易を通して天の声を聞く

儒教の経典、四書五経のひとつである『易経』(※1)。これに基づいた占いが易です。生年月日は使わず、偶然性を用いて占う卜術《ぼくじゅつ》の一種で、周の時代に発達したことから周易とも呼ばれます。

なぜ占いの書が四書五経の中に入っているのか不思議に思いますが、古代中国の王は統治者であると共に神官も兼ねていました。戦争や遷都といった国を揺るがす大事から、王族の婚姻、祭祀、収穫を左右する天候の変化、狩りの成果まで、占いによって物事の行方が決められていたのです。人間は常に人知を超えた力の存在を信じてきました。天地の理に従って生きようとした古代の人々は、現代人よりも広大な宇宙とのつながりを実感していたのでしょう。

※1〜13は巻末の「用語の解説」を参照。

◈古代中国の叡智を現代社会に応用する

現在でも占いに人生の指南を求める人は数多くいます。中でも易は、吉凶を超えたアドバイスが得られることも多く、自らの生き方を考えるきっかけとなります。

科学技術がどんなに発達しても世界のすべてが解明されたわけではありません。限られた選択肢しかなかった時代より、むしろ現代社会のほうが迷いは深くなっていると感じるでしょう。

英語で易はI-Ching、そして易経はBook of Changesといいます。陰陽が常に変化する森羅万象を象徴する易にふさわしい英訳です。何千年も前の占いの書である『易経』が時空を超えて世界中の人々に活用されているのは、常に変化する世の中にあって、普遍の法則を示す叡智の書であるからです。

ユングにも影響を与えた

東洋と西洋の垣根を超える易

中国から日本へ、そして西洋にも広がった易

易が日本に伝わったのは飛鳥時代。遣隋使が持ち帰り、奈良時代に研究され、平安時代には貴族階級に広まりました。そして江戸時代になると、寺子屋で四書五経を教えるようになり、易は庶民まで広がるようになりました。

一方、西洋には中国に宣教師として渡ったドイツ人のリヒャルト・ウィルヘルムが、一九二三年に『易経』をドイツ語に翻訳したことで伝わります。

心理学者のユングに易を紹介したのもウィルヘルムで、ユングの唱えるシンクロニシティ（共時性）は易の思想と重なります。その後、英訳され、易は一気に西洋に広がりました。数学者ライプニッツにも影響を与え、二進法へと発展してコンピュータ開発にもつながっていきます。

◈集合的無意識によってもたらされる答え

ウィルヘルムが訳した『易経―変化の書』の序文にユングは「自己を知ることを愛し、知恵を知ることを愛する人々のためには、まことにふさわしい書物である」と書いています。

合理的精神を持つ西洋人が、偶然によって得られた答えを行動指針にするには抵抗を感じたはずです。しかし、『易経』を読み、実際に占ってみることで、ユングは共時性の存在を確信したのでしょう。

ユングは長年、シンクロニシティを考え続け、その背景には人類が共通して持つ集合的無意識があると説いています。数千年前の占いによって現代人の悩みや迷いに答えが示されるのは、まさに集合的無意識の蓄積があるからではないでしょうか。

日常や人生の問題を易でどう解く？

直感を駆使して導きを得る

◆真剣に問えば、真剣な答えが得られる

古代中国では、国を治めるためには易の知識が必須でしたが、現代に生きる私たちが易を学ぶのは、政治のためではなく、それぞれの人生を充実させるヒントを得るためです。

易で占うことは、必ずしも高尚である必要はありません。日常生活で直面する世俗的な悩みであっても、真剣に知りたいという思いがあれば、易から真剣な答えが得られます。

本書には占例を掲載していますが、あくまでも例であり、占う人、占われる人、そしてタイミングが異なれば答えも変わります。『易経』に書いてあることを鵜呑みにするのではなく、直感をフル稼働して陰陽の組み合わせからオリジナルな答えを探り出すのです。

◈易神の臨在をリアルに信じて問う

昭和の易占家、仁田丸久《にたまるく》の『周易うらおもて』には、「易に心血を注ぎ、易を完成した人々が目の前にいると思って占うべし」とあります。易の原点をつくったとされる伏羲《ふっき》（包犧）は、古代中国の神話に登場する伝説の皇帝で、漁業や牧畜を人類に教えた神のような存在です。

ですから占う際は「何かいいことが起こりますか」ではなく、「私はこういう行動を起こすので、気をつけることは何でしょうか」と易神《えきしん》(※2)に語りかけるようでなければいけません。

初心者のうちは半信半疑で、易の答えにピンと来ないこともあるでしょう。しかし、そのうち、易神の臨在を感じる答えを得られるようになります。そうなれば、人生航路の水先案内人を得たも同然です。

CONTENTS

・第1章・

易の魅力と基礎知識

1 易とは

起源

●天下国家を治める道を示す神聖な書とされた『易経』

易の原点をつくったのは、先に述べた通り、古代中国の帝王、伏羲《ふっき》（包犠）とされています。古代中国の王は、豊かな収穫をもたらすために災害を予防し、天候を調節する役目がありました。シャーマン（呪術師）のような存在でもあり、天のお告げを伝えるために使われたのが易でした。

殷の時代には亀の甲を焼いてできるひび割れの形で吉凶が占われていましたが、次の王朝の周の時代には占いを司る官吏が易で占うようになりました。用いられたのは連山《れんざん》、帰《き》蔵《ぞう》、周易《しゅうえき》の三つの易。その後、連山と帰蔵は滅び、現在まで伝えられているのは周易だけです。

そして周易をまとめた『易経』が紀元前十二世紀ごろ生まれました。中国古典の最高峰、四書五経の筆頭にあげられています。『易経』の「経」は、織物の縦糸という意味があることから、ものごとの筋道を示します。『易経』は天下国家を治める道を解き明かし、あらゆる真理が含まれた帝王学とされてきました。

●哲学や学問の書として儒教の聖典に

『易経』には、占った結果が表れた卦を説明する卦辞、六つの爻（※3）を説明する爻辞に加えて『十翼《じゅうよく》』があります。十翼の翼は「助ける」という意味で、解説書です。彖伝《たんでん》上下（卦辞をわかりやすく解説した言葉）、象伝《しょうでん》上下（卦の全体の解説と爻辞の解説）、繋辞伝《けいじでん》上下（『易経』全体の哲学的な解説）、文言伝《ぶんげんでん》（乾と坤の卦の解説）、説卦伝《せっかでん》（八卦の解説）、そして六十四卦の序列を解説した序卦伝《じょかでん》と雑卦伝《ざっかでん》、以上の十篇です。孔子の作といわれていますが、根拠はありません。

『易経』の作者については、周の文王、周公などさまざまな説があります。時代的にも内容的にもあまり統一がないことから、文字ができる以前の時代から口承されてきた占断が寄せ集められたものだとも推測されます。

『易経』には、帝乙や高宗（共に殷の王）などの歴史上の支配者の固有名詞も登場し、実際にその人物が占ったときの記録という説もあります。難解な漢文が並ぶ『易経』ですが、見方を変えると古代中国への想像力がかきたてられます。

孔子は易を熱心に学び、そして孔子の流れを汲む一門によって研究され、哲学や学問の要素も加味され、儒教思想の聖典となっていきます。秦の始皇帝は、坑儒焚書《ふんしょ》で儒教の書物を焼きましたが、『易経』は占いの書であるという理由で焼かれずに、今日に残りました。一九六六年に始まった文化大革命で占いが否定されましたが、数千年にわたり『易経』は、西洋における聖書のような神聖な書物だったのです。

特徴

●森羅万象は変化を続けるがそこに一定の法則がある

易には「易簡《いかん》、変易《へんえき》、不易《ふえき》」という三つの意味があります。易簡とは、「たやすい」「簡単」という意味。陰陽[※4]の二つの組み合わせが重なっていく姿は、シンプルで規則的です。陽の気が伸びて春になったら暖かくなり、陰の気が伸びて秋になれば涼しくなります。明るい昼に暗い夜。天地は陰陽の法則に従っています。

二番目は変易。森羅万象は常に変化しています。水は流れ、雲は形を変え、日の出から日没へと時間は巡り、季節も変わります。

しかし、変化には一定の法則があります。それが不易です。異常気象が叫ばれても春夏秋冬の順番は一定です。卓上糊《のり》の〝フエキ糊〟は明治二十八年に中国戦国時代の思想家・荀《じゅん》子《し》の「萬世不能易也（永遠に変わることなし）」という言葉にちなんで、不変の品質を保つ、という意味から命名されました。

変易と不易は矛盾しているようで、両立します。春が来るたびに小学校では入学式がありますが、ピカピカのランドセルを背負う小学一年生の中に、去年と同じ子はいませんし、開幕を迎えたプロ野球やJリーグのチームには、新人もいれば引退した選手もいて、メンバーは少しずつ入れ替わっています。

テクノロジーの進化により人々の生活には大きな変化がもたらされました。しかし、そこに生じる行動や感情のパターンは古来、繰り返されてきた法則性があるのです。

●占的と状況によって さまざまに変化する吉凶

「易」という名称の由来については、二つの説があります。青銅器時代（殷）の古い銅器に彫られた字では、易は蜥蜴《とかげ》の形の象形文字となっています。外敵に食べられないよう樹木と一体化するように体の色を変える蜥蜴の姿は、常に変化を繰り返す世界や自然の姿に通じることから、人生のさまざまな変化に対応する道を示す易の教えに重ねたという説。

易 

蜥蜴《とかげ》を表す象形文字「易」

もう一つ、日と月の二字を上下に組み合わせたという説です。太陽を陽、月を陰として宇宙の整然とした法則が易に内包されていることを示しているといわれますが、易の下の字は月ではないので、否定する人もいます。

易は、単に爻辞を読んで判断する占いではありません。同じ卦と爻が出ても占的(※5)と状況によって占断は大きく異なってきます。ここをよく頭に入れていないと、単なる爻辞を読み上げるおみくじとなってしまいます。

易の解説本には、六十四卦×六爻に大吉・吉・凶・大凶などのマークがついているものもありますが、それをそのまま受け取るなら、易を学ぶおもしろさが半減されます。

吉とされる卦にも危うさがありますし、凶とされる卦にも開運のヒントが隠されています。願望に従って楽観的なバイアスをかけるのではなく、卦の陰陽を示す算木《さんぎ》(P.54)を見つめ動かし、時の流れを読めるようになれば、易は無限の可能性を示してくれるでしょう。

易との向き合い方

●問うことの重要性。正しい問いに正しい答えがもたらされる

生年月日を元にして占う命術とは違い、卜《ぼく》術《じゅつ》である易は、占う際の質問、つまり「問い」の質が重視されます。「だまって座ればぴたりと当てる」ことができるのは、特殊な能力を持った占い師だけです。何を質問するのか漠然としていて、占い師と一緒に考えていくという占い方もおすすめできません。易では質問を「占的」と呼びます。問いを発するのは遠くの的を狙って矢を放つようなもの。的があやふやでは当たるはずがないのです。易の場合は、何を占うのか、決めることが大切。「笑って問えば、笑って答える」という言葉がありますが、遊び半分でいい加減な問いには、易神は適当な答えしか返してくれないでしょう。

たとえば面識もなく依頼もされていないのに、有名人や芸能人の運勢を占おうとしても、答えはもたらされないのです。

「いい質問ですね」とよく言う司会者や教授がいますが、いい質問にはいい答えが返り、ぼんやりした質問にはぼんやりした答えしか返ってきません。

正しい占的であれば、問いを発した瞬間に答えの萌芽が生じているはずです。易はそれをさらに発展させていくためのヒントを与えてくれます。

占的の立て方は、第二章でくわしく解説します。

●「それなら私は何をすべきか」という行動の指針を得る

南宋の儒学者、朱子《しゅし》は「『易経』はもともと占いのために作られたものであり、後世の学者が占いを否定するのは誤りである」と主張し、『易経』は占いか哲学かという論争が起きました。

儒教の教えに従って正しく生きていれば、結果がどうあろうと受け入れるべきなのに、占いで有利な道を知ろうとするのは倫理的ではないというのが、占い反対派の主張です。

これに対して、『易経』をヨーロッパに紹介したドイツ人宣教師のリヒャルト・ウィルヘルムは、ドイツ語版の序文でこんなことを書いています。「将来起こるかもしれないことを占ってもらって、本当かどうか待つだけなら道徳的意味はない。しかし、占いの結果に対して『それなら私は何をすべきか』と問い返したとき、『易経』は智慧の書物となる」。

また、仁田丸久《にたまるく》は『うらおもて周易作法』でこう語っています。

「凶と出たからといって、おみくじ式にそのまま凶と占断しない。凶の意義をよく理解して適切な指導を与える」。

得た卦の卦辞や爻辞を鵜呑みにせず、そこから一歩踏み込んで、易から得られたメッセージを自分の生き方にどう活用するかで、易は占いから倫理学に近づきます。

卦（八卦[※6]）を構成する陰陽は常に変化します。未来は決められておらず、選択の結果によって作り出されるもの。よりよい選択をするために、易から読み取れる予兆や教訓が役に立つのです。

影響力

●欧米人の精神世界に大きな影響を与えた易

易は欧米でも受け入れられ、多くの人に影響を与えました。易が六十四卦(※7)あるのは陰陽の二パターンを六回重ねているからです。二の六乗で六十四となります。陰を0、陽を1とすればコンピュータの原理となり、十七世紀のドイツの数学者・ライプニッツは、『易経』の原理が二進法であることに驚きました。

易やタロットカードなどの卜術《ぼくじゅつ》は、偶然性に意味を見出して占う占術です。つまり、心理学者のユングが提唱したシンクロニシティ(共時性)を活用しているということです。シンクロニシティとは、意味のある偶然の一致。人間と世界には論理的には説明できないつながりがあると考えるからこそ、ユングは易を研究するようになったのです。

心理療法の一環として易を使ったユングは、出た卦を手がかりに、クライアントの心の底まで降りていくのです。この場合、占う側が一方的に解釈するのではなく、占われる側も占断に関わっていく読み方になります。

一方、アメリカでは一九六〇年代から起こったニューエイジ・ムーブメントにより、多くの人が易に興味を持つようになりました。執筆に行きづまると易を立てて、次の展開のヒントとしている小説家や脚本家がいます。日本では筮竹《ぜいちく》やサイコロを使うのに対し、欧米ではコインの裏表で陰陽を出すことが多いようです。

●易は日本人の生活の中にさまざまな形で定着している

儒教とともに日本に伝来した『易経』は、日本最古の総合大学である足利学校で重要科目となります。卒業生の中には戦国大名に仕え、出陣の日取りなどを占ったりしました。

明治の易聖・高島嘉右衛門は幼少の頃から『易経』を始めとする四書五経を学びました。嘉右衛門の父は武士ではなく材木店の手代でしたから、当時の日本人は一般教養として易の知識を持っていたことがうかがえます。

相撲の行司の「ハッケヨイ」というかけ声は「よい八卦になった」から変化したものですし、私たちが日常的に使う言葉にも『易経』が出典のものがたくさんあります。

「虎視眈々《こしたんたん》」という言葉は「山雷頤《さんらいい》」（P.158）という卦から。虎が鋭い目つきで獲物を狙っているようすです。また「君子豹変す」は「沢《たく》火革《かかく》」（P.224）から。ただし現在の使い方は『易経』から少し離れています。本来は「革命を成しとげられたら、時代の推移に従って自己を変革する」という意味で「考えや態度をいきなり変える」ではありません。

勝海舟が乗船し、太平洋を横断した咸臨丸は、「地沢臨《ちたくりん》」（P.134）から取った船名であり、明治や大正の元号も『易経』が出典です。「坤為地《こんいち》」（P.83）の「至れるかな坤元、万物資《と》りて生ず（大地の徳は何とすぐれたものか。すべてのものを生じる）」から社名を取って創業されたのが資生堂です。

そして韓国の国旗。中央に太極を置き、その周囲に「乾《けん》」、「坤《こん》」、「離《り》」、「坎《かん》」の四つの卦を配置し陰陽の調和を象徴しています。

活用術

●行動指針や戒めを得て先行き不透明な人生を進む

「易は単なる吉凶占いではない」と繰り返し述べてきました。占的によって解釈は大きく異なりますし、吉とされる卦のすべての爻が吉ではありませんし、凶卦の中にも吉の爻がありますす。何しろ陰陽は常に変化するので、凶から吉に転じることもよくあります。

だったら易を立てる必要などないと思いがちですが、行き当たりばったりで先行き不透明の人生を歩むのは、不安に満ちています。

易をどう生かすかという点で、こんな話が参考になります。あるハンガリー軍の偵察隊がアルプス山脈で遭難しました。外は吹雪で、隊員はパニック状態に。ところが、一人の隊員が地図を持っていたことで冷静になり、野営して吹雪をやりすごして、無事に帰還することができました。しかし、隊員が持っていたのは、実はアルプスではなくピレネー山脈の地図でした。まったく役に立たなくても「とりあえず地図がある」という安心感があれば、あせって決断して失敗する確率は低くなります。

つまり、出た卦があまりよくなかったとしても、ヒントや助言が得られます。結果的に当たらなかったとしたら、易の教えに従って行動を改めた結果ということかもしれません。

置かれた状況を客観視し、異なる視点を得るための易。陰陽を重ねた単純な形だからこそ無限の象意(※8)を含み、時代や国境を越えた人生の地図となるのです。

●覚悟を決めて波乱万丈の道へ。胆力を養い開運パターンを知る

私自身、易を人生に活かして生きてきました。あるとき、ライター経験を活かして日本語教師になろうと思い立ち、易を立てて出たのが「地火明夷《ちかめいい》」（P.185）。太陽が地中に隠れ、傷つけられているという意味です。この卦によって、どんなに困難でもやってみたいという気持ちが確認できました。

実際にやってみると、ライターの経験はまったく活かされず、養成講座でも低評価。実際の授業では、要求水準の高い学生を前に胃が痛い日々の連続でした。それでも「地火明夷」が頭にあったので、投げ出さずに続けることができました。私にとって覚悟をうながす卦だったのです。

占的を絞り、出た卦や爻を読み解くことは、決断のための胆力を養うことにつながります。初心者のうちは自信がなく、占断を下すのにためらってしまいがちですが、何度も練習を繰り返しているうちに、胆力が培われていきます。

人生は決断の連続です。決めるのが怖くて先延ばしするという生き方もありますが、時間のリミットもあり、決められなかった後悔を引きずることになりがちです。とりあえず決めて一歩を踏み出す。展開が変わったら、そこでまた考える。そうした試行錯誤を繰り返すうちに迷うことが少なくなり、自分らしい開運パターンが見えてきます。

ターニングポイントを迎えるたびに易を立てていれば、「この卦が出たらこうなる」という傾向がつかめ、ますます決断が容易に。その結果、人生が大きく前に進んでいきます。

2 易の構造

陰陽と八卦

●易の原理である陰陽は相対的で常に変化する

易の世界では、すべてを陰と陽に分類します。たとえば、男性は陽で女性は陰。昼は陽で夜は陰。太陽は陽で月は陰。性質でいえば、陽は積極性で陰は消極性です。易では、陽はつながった線⚊で表し、途中で切れた線⚋が陰を表します。

西洋の二元論では、神と悪魔、天国と地獄など二つのものの差異は絶対的であり、相反する関係にありますが、これに対し陰陽は相対的であり、関わり合いながら互いの立場を変えていく関係にあるとします。

たとえば、基本的に男性は陽、女性は陰ですが、幼い男の子を連れたお母さんの場合、陽は大きくて強く、陰は小さくて弱いことから、男の子が陰でお母さんが陽となります。弟が生まれたなら、兄は陽で弟が陰。稼ぎ手の妻と専業主夫という夫婦なら、妻が陽で夫が陰となります。このあたり、柔軟な頭が必要です。陰陽はジェンダーレス。ようやく世の中が易に追いついたのかもしれません。

また、一般的には陽がよくて陰が悪いと考えがちですが、易では陰陽を対等に扱います。

【 太極から八卦へ 】

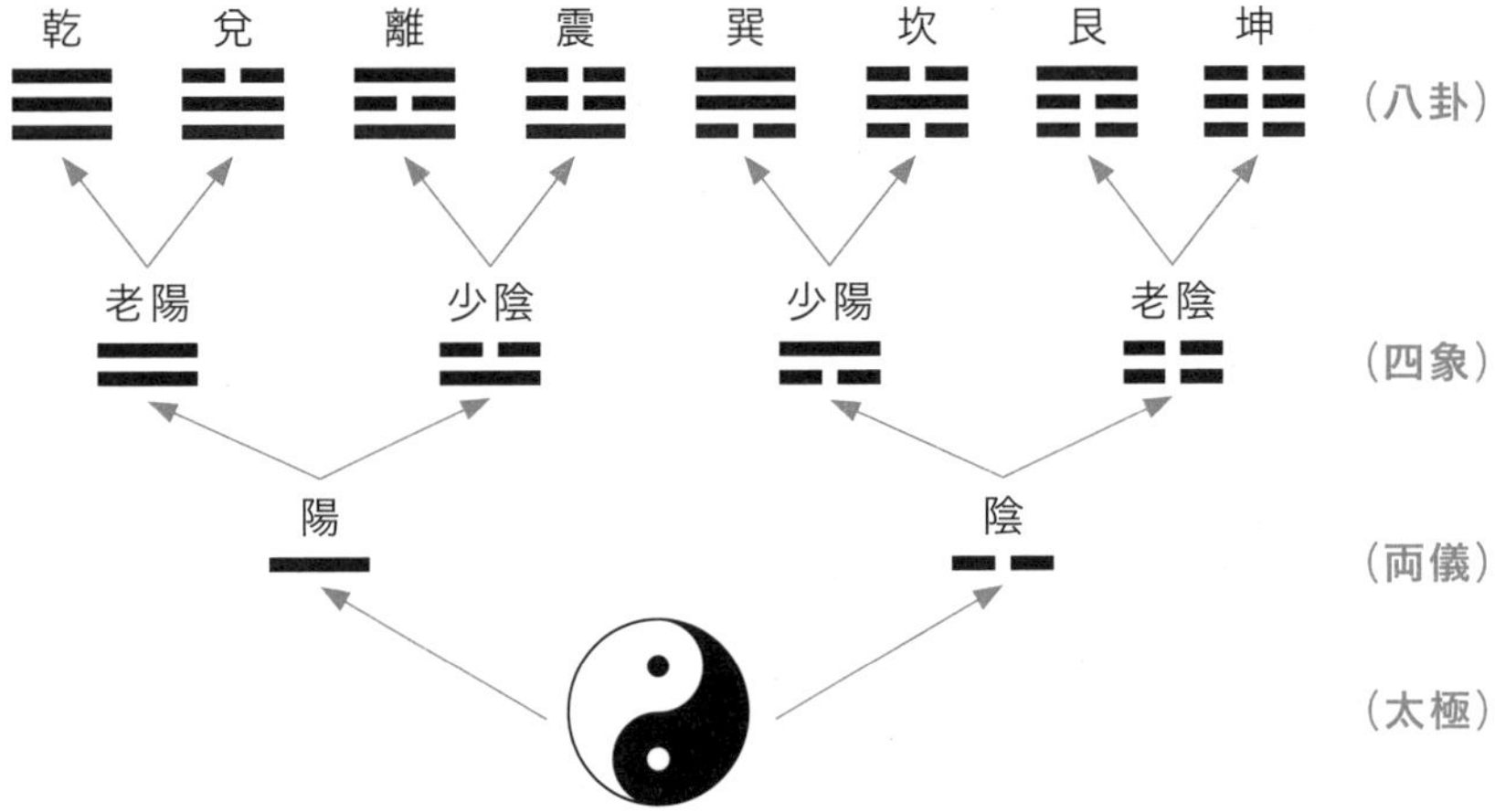

「太極」は、天地の区別がはっきりついていない混とんとした状態をいいます。太極が陰陽に別れ、「両儀」となります。この陰陽を重ねると、二つとも陰の老陰、下が陰で上が陽の少陽、下が陽で上が陰の少陰、上下とも陽の老陽の「四象」に。さらに三つ目の陰陽を重ねると「八卦」となります。

その陰陽を三つ重ねることで、八卦となります。『易経』の繫辞《けいじ》上伝には八卦の成立について「易に太極あり、これ両儀を生ず。両儀は四象を生じ、四象は八卦を生ず」とあります。上の図はそれを表したものです。

八卦の「乾兌離震巽坎艮坤《けんだりしんそんかんごんこん》」にも性別があります。

◈◈◈

すべてが陽の「乾」は男性、すべてが陰の「坤」は女性。ここはストレートに理解できます。「乾」「坤」以外の六つの卦は、一つしかない陰陽で男女が決まります。たった一つだけなので存在が目立つからです。通常なら数が多いほうが重視されますが、易は少数決。(※9)「震」、「坎」、「艮」は陰が二つ、陽が一つなので男性。そして、「巽」、「離」、「兌」は陽が二つ、陰が一つなので女性です。

八卦の自然界の象意

●八卦を自然に当てはめると「天沢火雷風水山地」となる

易では森羅万象を八卦に当てはめます。易を学び始めると、占断となる六十四卦から覚えがちですが、その前に八卦を自然界に当てはめた象意を頭の中に入れておきましょう。

「乾」は天。地上では雨や曇りであっても、天の運行は規則的で朝になれば必ず太陽が昇ります。そうした健全な天の運行が、陽が混じり気なく存在している「乾」に当てはまります。

「乾」の一番上が欠けた形が「兌」。くぼみに水が溜まるイメージから沢となります。沢の水は動きません。

「離」は火。外側が明るく（陽）、真ん中が暗い（陰）ろうそくの炎。自然界では太陽です。

すべて陰の一番下に陽が入ったのが「震」。大地が大きく動く姿です。自然界では雷。

「震」と対照的にすべて陽の一番下に陰が入ったのが「巽」。天の気が変化して、地上に一番近いところが変化し、風となりました。

そして、すべて陰の真ん中だけ陽が「坎」。大地が欠けることから漢字は土偏に欠です。そこに水が流れると川に。「兌」の水は動きませんが、「坎」の水は動きます。

大地の一番上が陽に転じたのが「艮」。陽をもって高いものとしますから、大地の中で高くなっている山が当てはまります。

最後は純粋な陰の「坤」。雑多なものをすべて受け入れる大地です。28ページから八卦の意味について詳しく紹介します。

八卦に対応する数字

●易のメッセージは数字を通してもたらされる

易を立てるための第一歩は、数字と八卦の対応を頭に入れることです。

易が言葉や文化の壁を越えて全世界に広がった理由の一つは、数字という人類共通のシンプルな記号を八卦に対応させたからです。乾《けん》＝1、兌《だ》＝2、離《り》＝3、震《しん》＝4、巽《そん》＝5、坎《かん》＝6、艮《ごん》＝7、坤《こん》＝8。初心者のうちはこの対応がすぐ出てこなくて、表で確認することが多いでしょうが、何度も易を立てているうちに慣れてきます。

八卦は九星気学にも対応していますが、一白水星は6の「坎」、二黒土星は8の「坤」など九星の名前の数字とは異なります。なぜ1から8までが「乾兌離震巽坎艮坤」の順になっているかは、P.50の表を見ると理解できます。

陰陽を三回重ねて、すべて陽なのが1の「乾」、三回目だけが陰なのが2の「兌」です。二回目だけが陰なのが3の「離」、二回目と三回目ともに陰なのが4の「震」。すべてが陰として同じように重ねていけば、5が「巽」、6が「坎」、7が「艮」、8が「坤」となります。

なお、卦は「か」と「け」の二つの読み方があります。「当たるも八卦《はっけ》、当たらぬも八卦」とよく言われるので「け」の読みが一般的。占い師は「か」と読むことが多いのですが、呼びやすいほうを選んでいいと思います。中国語で「卦」は「か」でも「け」でもなく「グァ」に近い音です。

3 八卦の象意

乾《けん》

卦の形➡

自然界の象意➡

天　Heaven

「健」にして「剛」
エネルギーに満ちた状態

◆基本の意味

陽を動、陰を静とすると、三つの爻がすべて陽である「乾」は天。常に動いて止まることがない状態。天空の太陽や星は、地上の人間が休んでいるときも運行を続けています。そして、天というと雲一つない澄みきった青空を連想しますが、それは一瞬のこと。太陽や雲、風の動きによって天は刻々とその姿を変えます。

八卦にはそれぞれ卦徳《かとく》（基本的な性質）があり、「乾」は「健」、「剛」。強くたくましく、いかにも男性的、積極的で上昇志向があります。

すべての始まりですが、「乾」だけでは陰陽の交わりがありません。充実しているようでいて、恋愛や友情といった人間関係が希薄な孤高の存在。天は空高く、凡人には手が届かないもの。高い目標や理想といった精神的な世界を象徴し、世俗の欲や雑事とは無縁です。

卦が示すもの

◆動物・物・場所

強くたくましいもの。神獣では龍。「乾為天《けんいてん》」（P.80）の爻辞には龍が登場します。天は恵みの雨をもたらすため、雲を集めて雨を呼ぶ龍が「乾」に当てはめられたのでしょう。動物では馬を示します。資産や価値のある鉱物、高級品。絶え間なく動くことから、自動車やバイク、鉄道なども指します。

場所は神社仏閣や名所旧跡、官庁、高級住宅地など。高い場所を意味するので、体回りでは頭や首。五行(※)は金です。肺も象徴します。

◆人物・行動

父。筋骨隆々のいかにも強そうな男性。きびきびした動きで、じっとしていることなくエネルギッシュに動き回ります。剛健中正の徳を持つ大《たい》人《じん》、武人。威厳があり、賢明な判断を下します。

現代社会では、社長や大臣など人を率いるリーダー的役割の人。あるいは多忙でやり手のビジネスパーソンや多額の資金を動かす投資家。人から命じられる前に、動きます。説卦伝《せっかでん》には「乾に戦う」とあり、先手必勝。積極的に動いて大事を成しとげます。

◆九星・方位・十二支

「乾」は六白金星に当たります。

季節は晩秋から初冬。農作物の収穫を終え、換金して財を増やし、冬に向けての備蓄の時期です。

時刻は午後七時から十一時までの四時間です。一日の労働を終え、一日の反省をして翌日からの戦略を練ります。

方位は西北。吉方取り(※)をすると財産や経営関係に効果があるとされるのは「乾」の象意から納得できます。

干支では戌《いぬ》と亥《い》です。人名で「乾」を「いぬい」と読むのはこのためです。

(※)五行／古代中国の自然哲学の思想。木火土金水の5元素。(※)吉方取り／吉方位の「気」を吸収し、開運効果を上げる方法。

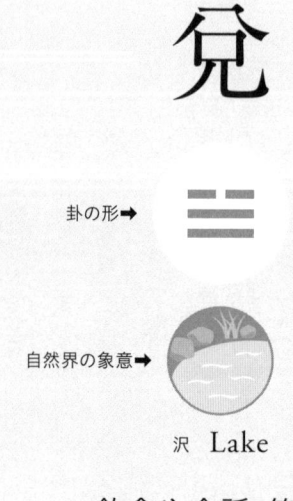

兌《だ》

卦の形➡

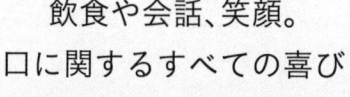

自然界の象意➡

沢　Lake

飲食や会話、笑顔。口に関するすべての喜び

◆基本の意味

水の集まっている沢。「坎《かん》」（P．38）の一番下の陰が陽に転じて水を止めます。湖、池、沼、井戸などは「兌」ですが、川は水が流れるので「坎」になります。本来なら下にあるべき陰が二つの陽の上にあるのは、親に肩車をされて喜んでいる幼児を連想させます。一番上の凹みは、人体では口。美食やお酒を楽しみ、大いにしゃべって笑っています。卦徳は「悦」。「兌」にりっしん偏をつければ悦になり、口に関するすべての喜びを象徴します。客商売や飲食業にはぴったりです。兌換券という言葉があるように、お金にも縁があります。

しかし、楽しいことばかりではありません。「兌」には毀損《きそん》という意味もあり、見込んでいた収穫量の「三分の一」が欠けるのは、かなりの痛手です。人体にたとえれば頭の部分が弱いため、誘惑に弱くきちんとやり通せず、破損が生じやすいのです。

卦が示すもの

◆動物・物・場所

動物では羊。一番上の陰を角《つの》とみて、角のある動物で優しい性質の羊を兌に当てはめたのでしょう。

天体では星。「乾」と「離」が太陽、「坤」と「坎」が月なら、「兌」は小さい陰で、美しくかわいいので星になります。

お金も象徴しますが、「乾」が資産や財産なのに対し、「兌」は日銭。そして「乾」が価値の高い鉱物なら、「兌」は細工をほどこしたアクセサリーです。

飲食、娯楽の場。「乾」と同じく五行では金で、体では肺を司り、口や歯も兌です。

◆人物・行動

少女。若くてフットワークが軽い女性。楽しいことがあるなら、どんどん出かけていきます。よく食べ、よく笑い、元気いっぱいです。

魅力的で愛嬌があり、会話も弾みます。その場を盛り上げることが上手。飲食やサービス業、放送局、遊園地、劇場、女性向けの商品関係の仕事には最適です。

ただし、思慮が浅く気まぐれな一面も。長期計画を立てて、コツコツ努力するのは苦手です。口先ばかりで約束は信用できません。

◆九星・方位・十二支

「兌」は七赤金星です。季節は秋。収穫作業が終わり、秋祭りで多くの喜びや笑いがこぼれます。

時刻は午後五時から七時の二時間。オフィスでの仕事を終え、アフターファイブで街に繰り出す若い女性、あるいは美しく着飾って仕事に向かう水商売の女性がイメージされます。

方位は西。吉方取りでは、恋愛運や収入アップに期待。十二支では酉《とり》。酉にさんずいをつければ酒になり、酒食を楽しむ「兌」につながります。

離《り》

卦の形➡

自然界の象意➡

火　Fire

明るい外側と暗い芯。
燃え上がっては離れる

◆基本の意味

陽二つに陰一つが挟まれた形は燃え上がる炎。「離」には「付《つ》く」「離れる」という正反対の意味があります。これは火が次々と燃え移り、灰となった燃えかすから離れるためです。

自然界では太陽で、卦徳は「麗」「明」。野蛮で無知な状態を照らして美しく明らかにすることから、文化・文明を象徴します。

人体では眼。真ん中の陰を黒目、両側の陽は白目であり、はっきりと物事を見極めます。頭脳明晰な人は、感情に流されることなく客観的な観察眼を持ち続けます。情熱が燃え上がってスピード婚、冷静になりよく見ると、欠点に耐えられず離婚を考えるのは、まさしく「離」の恋愛パターンです。

「離」は美しく女性的ですが、闘争的な一面もあります。争いや破壊、切断に加えて辞職、脱退、除名など去っていくことも象徴します。

卦が示すもの

◆動物・物・場所

雉《きじ》や孔雀《くじゃく》など美しい羽根の鳥。固い殻でやわらかい身を包んでいる貝や蟹など。すべての花。特に赤と紫の花。

裁判所や警察署、議事堂など公の場。知力によって合否を決める試験会場。学校、書店、図書館、博物館、美術館、映画館など文化に関する施設。式場、宴会場など人々が華やかに着飾って向かう場所。

電気自体は「震」ですが、照明や電球は「離」。アクセサリーやドレス、化粧品など美に関する品々。五行は火で、体では目や心臓、頭部を指します。

◆人物・行動

次女。知恵のある人。学者、教師、医師、裁判官、公務員、警察官、ジャーナリスト。占い師も人生の行き先を照らす役割から「離」となります。

芸能人、スポーツ選手などの有名人。美を作り出すアーティスト、デザイナー。

聡明で美的感覚に優れていて好奇心旺盛。インスピレーションが冴え、株式や投機で利益を手にするタイプ。プライドが高く見栄っ張り。表面上は華やかにしていても、内面に暗さを持ち、時に感情の起伏が激しくなります。

◆九星・方位・十二支

「離」は九紫火星です。季節は太陽の力が強くなる夏。時刻は太陽が高い位置に昇る午前十一時から午後一時の二時間。地上は明るく照らされ、隠し事は露見します。

方位は南。吉方取りでは、学力、直感力アップ、発明や発見の才などが期待できます。腐れ縁に悩んでいる人が南か九紫火星の吉方に行けば、断ち切れることも。

十二支は午《うま》。太陽が天頂に昇る時間は正午。それより前を午前、後を午後と呼ぶのはこのためです。

震《しん》

卦の形➡

自然界の象意➡

雷 Thunder

奮《ふる》って第一歩を踏み出す。

響き渡る雷の音

◆基本の意味

陰ばかりの静かな環境に元気のいい陽が一つ飛び込んで来た形です。

易は少数決（P.25）ですから、この陽は大いに存在感を発揮します。大地が揺れて人間が恐れおののく地震。あるいは耳をつんざくような雷鳴。一番下の陽が上の二つの陰をはねのけて立ち上がっていこうとするイメージです。

卦徳《かとく》は「奮」「動」。晩冬の冷たい空気を震わせ、陽の気の到来を告げる春雷です。地中で眠っていた虫は目を覚まし、草木は発芽し、野の動物も活動を始めます。新規スタート、発展、活発など、「震」は若々しいエネルギーの塊です。また歌や楽器など音に縁にあるものすべても「震」が象徴します。

ただし、雷の音がどんなに大きくても落雷地点にいなければ、実害はありません。そのため声あって形なく、かけ声倒れという意味もあります。

卦が示すもの

◆動物・物・場所

龍と馬。「震」は長男なので、「乾」の父親の跡を継いで同じ動物を象徴します。「乾」に比べて若く未熟ですが勢いがあります。ウグイスやヒバリ、メジロなど美しい声でさえずる鳥、鈴虫やセミも「震」です。

場所はコンサートホール、講演やお祭り会場、カラオケ店、発電所など。春の田畑や庭園、森林。楽器類、音楽プレーヤー、テレビ、ラジオなど音を発するものすべて。

五行は木。体では足。陽爻が一番下にあり、動くからです。肝臓とのども「震」です。

◆人物・行動

長男。勇猛果敢に進む若い男性。いきいきとした活力にあふれ、道なき道を開拓しながら進んで行きます。

何事も最初のスタートには心理的な抵抗があるものですが、「震」の勢いがあれば、第一歩を踏み出せます。ただし、時に威勢がよすぎて人を驚かしたり、人の忠告を無視して暴走することも。「声あって形なし」が悪く出てしまうと嘘つきや詐欺となります。

歌手、音楽家、アナウンサー、噺家など、音声で仕事をする人もすべて「震」です。

◆九星・方位・十二支

はつらつと伸びていく若木を象徴する三碧木星が「震」です。

季節は春で、地中から草木が発芽する早春です。時刻は午前五時から七時の二時間。朝の陽気が満ちて来るタイミングであり、眠りから目覚め新しい一日を始める時刻です。

方位は東。吉方取りで、気持ちを奮い立たせ新規チャレンジへの意欲がわきます。話術や音楽の才能が磨かれる効果も期待できます。

十二支は卯《う》。「卯」という字は、地中から出た芽が双葉となった状態を表しています。

巽《そん》

卦の形➡

自然界の象意➡

風　Wind

自在に往来し
人と人をつなげる

◆基本の意味

陽ばかりのところにはじめて入った陰。自然界では風です。卦徳は「伏入《ふくにゅう》」。「震」がドアをうるさくノックして足音高く堂々と入って来るのに対し、「巽」は風ですから、ドアを開けることもなく隙間からそっと入ります。

見た目は弱そうですが、したたか。「震」は最初の勢いだけで終わりがちですが、「巽」は帆船の推進力である風のように行動範囲が広く、遠方まで到達します。

ただし、上の二つの陽は進もうとしているのに、下の陰は退《しりぞ》こうとして進退がはっきりせず、優柔不断。よく言えば柔軟。相手に合わせて態度を変えて、商談や縁談を調《ととの》えます。双方の落としどころを探り、話をまとめる適役です。

春から夏へと自然界が成長する姿になぞらえ、成熟して充実した状態を象徴します。

卦が示すもの

◆動物・物・場所

動物では人によく馴れて従順な性質の鶏。扇風機、扇子、爪など。風は遮《さえぎ》るものがなければ長い距離を吹くので、麺類、パスタ、うどんなど長いもの。糸やロープ、長髪を扱う美容院。

長距離を旅する飛行機、空港。手紙やはがきなど文字によるコミュニケーション。現代ならメール、SNS。匂いは空気中を漂いますから、香水やアロマ、線香など。人体では腸や食道、動脈など長い器官を司ります。五行は「震」と同じ木です。

◆人物・行動

長女。「巽《そん》」は単なるおしゃべりではなく、利益をもたらすやりとりです。やわらかい物腰ながら、成績のいい営業担当者。繁盛している小売商や貿易商。頼りないようでいて、結果を出します。

ただし、風はどちらに吹くかわからない不確定な要素もあり、決断力に欠けます。条件のいい話があれば、さっさと乗り換えます。マスコミや広告関係を示し、「風説」「風のうわさ」というように、言葉が広げていきますが、まったくのデマということも。

◆九星・方位・十二支

「巽」は四緑木星。「震」の三碧の「碧」が若木や芽の色なのに対し「緑」は成長した樹木。

季節は春から初夏で、植物が順調に成長していく時期です。時刻は午前七時から十一時までの四時間。太陽の力が増し、前向きなエネルギーが満ちてきます。

方位は東南。良縁を求めるのに最適な方位であり、商売繁盛も期待できます。

十二支は辰《たつ》と巳《み》。巽という名字は「たつみ」と読み、東京の辰巳国際水泳場は皇居から見て東南に位置します。

坎《かん》

卦の形➡

自然界の象意➡

水　Water

悩み苦しみを乗り越え
ついに到達する境地

◆基本の意味

「坎」は文字通り土が欠けている穴。そこに水が流れれば川となることから、自然界では水となります。「兌」も沢で水がありますが、「兌」は止水。「坎」の水は流水ですから大きく異なります。

卦徳《かとく》は「陥」。穴に落ちて抜け出せず悩み苦しんでいる状態です。それが徳なのかと思ってしまいがちですが、艱難辛苦《かんなんしんく》を乗り越えることに意味があり、人格が磨かれます。そもそも、水は人間の生存に不可欠なもので、長い時間をかけて肥沃な大地を作り、豊かな農産物をもたらします。

二つの陰に挟まれた陽は、真実の心。水の表面は波を立てていても、底は静かに深い思いがあります。どんなに苦しい立場にあっても、誠実さを失わず、志を追求する姿は、大海へと至る水の流れのよう。君子は逆境にあるときこそ、強い精神力で学問や研究の道を邁進します。

卦が示すもの

◆動物・物・場所

狐など夜行性の動物。水中に生息する魚も「坎」です。

離が太陽なら、陰陽を逆にした「坎《かん》」は月。温泉、井戸。病院や刑務所、人通りのない寂しい場所。屋内では洗面所、浴室などの水回り。睡眠を司るので寝室。

牛乳やジュース。飲んで陽気になるなら酒は「離」ですが、暗い酒は「坎」になります。

五行は水。人体では耳。中に穴があって、外に輪があるからです。腎臓、膀胱、婦人科系の器官、さらに血。人体の中の液状のものだからです。

◆人物・行動

次男。悩みを抱えている人。陰険で悪意を抱いている人。冷淡で情け容赦がありません。あるいは生活苦に負けて酒やギャンブルにおぼれ、自暴自棄になっている人。

「坎」の意味がいいほうに出れば、厳格だけど学生思いの教師。限られた予算の中で最善を尽くす研究者や苦学生。

苦境に陥っても、一生そのままということはありません。苦あれば楽あり。コツコツと努力を積み重ねている人には、必ず夜明けが訪れます。

◆九星・方位・十二支

九星で唯一、水の気を持つ一白水星が「坎」に対応します。

季節は真冬。昔は寒くてひもじく、ひたすら春を待ったことでしょう。時刻は午後十一時〜午前一時。電気のない時代は暗闇を出歩くこともはばかられる時間帯。一般には就寝時間ですが、夜を徹して学問や研究に励んでいる人も。

方位は北。昔の大家族では、夫婦が二人きりになれるのは深夜だけ。吉方を取れば夫婦和合、子宝が期待できます。干支は子《ね》で、子孫繁栄の象徴です。

艮《ごん》

卦の形➡

自然界の象意➡

山　Mountain

終わりにして始まり。
新しい世代へつなぐ

◆基本の意味

二つの陰を大地と見ると、一番上にある陽が盛り上がった部分。陽が下から昇って頂点に止まっている形であり、自然界では山を表します。丘や低い山ではなく堂々とそびえ立つ高い山です。

卦徳《かとく》は「止」。山はじっとして動かないからです。とどまるべきところにとどまれるのは君子であり、外の世界で何が起ころうとも、みだりに欲望を抱かず、心を平静に保つことに通じます。

しかし、人間界で永久にとどまっているものはありません。蓄積から新しいものが始まるので、「艮」は「終わりにして始まり」という意味もあり、季節の変わり目や世代交代を象徴します。列車が停止した後に出発、あるいは他の路線に乗り継ぐようなイメージです。東洋占術では二月初旬の立春が一年の始まりであり、陰から陽への変わり目です。そして立春を含む一月と二月は「艮」の季節です。

卦が示すもの

◆動物・物・場所

動物は牛と虎。十二支の丑、寅が「艮《ごん》」に対応するからです。また、数の子やイクラなどの魚卵。

山、高台、高層ビル、高い門。増築した家屋。ホテル、旅館などの宿泊施設。階段、石段、石垣、積み木、重箱など積み重ねていくもの。倉庫、物置。古いものを再生するリサイクル。

五行は土。人体では背中。手足のように自由に動かせないからです。また耳や鼻など突き出ている部位も「艮」です。

◆人物・行動

若い男性。相続人。どっしり構えて、多少のことには動じない人。頑固でなかなか考えを変えようとしませんが、一度決意したら大胆に方向転換します。

親の事業や財産を受け継いだ人。若い頃は思うようにいかないことが多くても、中年期以降に成功を収める遅咲きタイプ。

とっつきにくい印象があっても、ひとたび心を開けば親切で面倒見がよく、誠実な関係を築けます。

◆九星・方位・十二支

「艮」は八白土星。季節は一月から二月。冬から春への変わり目です。時刻は夜中から夜明けを迎える午前一時から五時までの四時間。

方位は東北。鬼門(※)として恐れられるのは、人間が基本的に変化を嫌い、現状維持を望みがちなためです。

吉方取りで相続や代替わりのトラブルを避ける効果が期待できます。

十二支は丑と寅。パソコンで「うしとら」と打つと「艮」が変換候補として出ます。

(※)陰陽道で忌み嫌う方角。うしとら「艮」すなわち東北。

坤《こん》

卦の形➡

自然界の象意➡

地　Earth

すべてを受け入れる　万物の母なる大地

◆基本の意味

純粋な陰で、見渡す限り広がる平らな地。純粋な陽である「乾《けん》」と対比するとイメージが明確になります。「乾」が能動的で「坤」は受動的。「乾」が精神で「坤」は肉体。そして天は手に取って触ることができませんが、地は現実社会そのものです。

日光や雨水など天の恵みを地が受けてはじめて生命が育ちます。田や畑となり、人間に糧を与えるのは母親が子どもを育てる姿に重ねられます。

卦徳《かとく》は「順」。あらゆるものを受け入れる包容力があります。また、岩石のような硬さはなく形を変えることも可能。「坤」はなくてはならない存在ですが、当たり前すぎて特に意識されないことも多いでしょう。額に汗する労働も「坤」に象徴されます。

種を蒔いたらすぐ収穫できるわけではないのと同様に、「坤」の変化のスピードはゆっくりですが、着実に成長していく堅実さがあります。

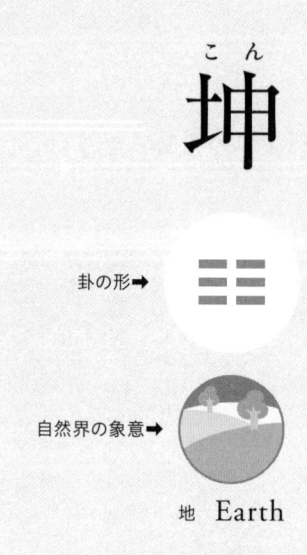

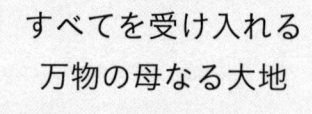

卦が示すもの

◆動物・物・場所

動物では従順でゆっくり動く牝牛。蹄《ひづめ》が二つに分かれているのも陰爻の形に見えます。場所は平地、野原、田畑など。木綿や肌着、パジャマなど日常の衣類。

雑貨店、リサイクルショップや質屋。雑多なものを収納する物置。たくさん載せられる大き目なお盆。

五行は土。「艮《ごん》」は陽の土、「坤」は陰の土です。

体内では腹部。広くて柔らかく、下半身にあることから「坤」となります。

◆人物・行動

母。骨惜しみせず家事をこなす主婦。老女。温厚で柔和ですが、心中は複雑です。

まじめな努力家。組織に属して勤勉に働き、きっちり役割を果たします。

派手なところはなく謙虚。節約家であまりお金を使わず、流行に左右されることもありません。

面倒見がよく、親切です。困っている人に手を差し伸べます。

「坤」の悪い面が出ると、気苦労が多く、貧乏性で強欲に。

◆九星・方位・十二支

「坤」は二黒土星です。季節は七月と八月。陽から陰に変わる立秋を含みます。

時刻は午後一時から五時までの四時間。労働にいそしむ時間帯です。

方位は西南で裏鬼門。東北の鬼門ほど激しくありませんが、じわじわと変化します。西南の吉方取りは仕事運（雇われ運）、家庭円満に効果があります。

十二支は未と申。パソコンに「ひつじさる」と入力すると「坤」が変換候補に出ます。

八卦の人物像

●父母と三兄弟、三姉妹の八人家族をイメージする

八卦の性質は多岐にわたり、イメージをつかむのは大変です。そこで、八卦を八人の家族として、人物像を想像してみてはどうでしょうか（あくまでもイメージで、それぞれの八卦が示す年齢には幅があります）。

両親は「乾《けん》」と「坤《こん》」。陽ばかりの「乾」が父、陰ばかりの「坤」が母です。陰陽が交わってすべてのものが生まれるのですから、この二人が結婚しなければ家族はできません。

父はエネルギーに満ちあふれ、強くたくましい男性。しっかり働き、家族を養います。一方の母は、そんな父をサポートする存在。家事をきっちりこなし、六人の子どもを養うためのやりくりも上手です。

長男は「震《しん》」。易は少数決（P.25）で下から上へと見ていくので、陰二つの下に一つの陽が入った震が初めての男の子となります。元気で声が大きく、後先考えずに動きます。足音も大きく、長男が家にいるとすぐわかります。

陽二つの下に一つの陰が入った「巽《そん》」が長女。誰からも好かれる穏やかな性格で、友達もたくさんいます。会話も上手で、どんな人とも話を合わせる社交家。両親は長女が玉の輿に乗るだろうと期待しています。

対照的なのが次男の「坎《かん》」。暗い表情で自分だけの世界に閉じこもりがち。友達もあまりいないようです。家族が寝静まった夜中にパソコンに向かって作業をしたり、難解な本

を読みふけっています。そんな根暗な次男と対照的なのが派手好きな次女の「離《り》」。三姉妹一の美人で、おしゃれ上手。頭もよくて成績も良好。ただし、プライドが高く、飽きっぽい一面も。結婚してもすぐ離婚するのではないかと母親は懸念しています。

三男の「艮《ごん》」は頭でっかち。考えてばかりで行動を起こしません。努力家ですが、今のところ成績はぱっとしません。それでも父は、自分の後継者となり家を継ぐのは三男になるかもしれない、と考えています。

一家の問題児は三女の「兌《だ》」。楽しいことが大好きで勉強は嫌い。ふらふらと繁華街に出て遊び歩いています。食べ物の好みにもうるさく、おいしいものしか口にしません。それでも愛嬌があっておしゃべり好きなので、両親はつい甘やかしてしまいます。

内《ない》卦《か》・外《がい》卦《か》

●八卦×八卦で六十四卦。そのうち重卦《じゅうか》は八つ

八卦を二つ重ねる（八×八）ことで六十四卦となり、下にある卦を内卦《ないか》(※10)あるいは下卦《げか》、上にある卦は外卦《がいか》(※10)あるいは上卦《じょうか》と呼びます。

易は「下から上へ」が鉄則なので、最初に出た八卦が下となり、次に出た八卦が上となります。ですから、同じ組み合わせでも、上下が違えば名は違ってきます。

たとえば「乾」（天）と「兌」（沢）の組み合わせ。「乾」が先に出たなら、天が下で沢が上の「沢天夬《たくてんかい》」となります。反対に沢が先に出たら「天沢履《てんたくり》」。「乾」と「離」なら、「天火同人《てんかどうじん》」、「火天大有《かてんたいゆう》」。「乾」と「震」なら、「天雷无妄《てんらいむもう》」、「雷天大壮《らいてんたいそう》」。慣れてきたら「夬」「履」「同人」「大有」「无妄」「大壮」だけで何の卦かわかるようになります。

同じ八卦が重なるのを重卦《じゅうか》(※11)（八純卦《はちじゅんか》）と呼び、八つあります。「乾為天《けんいてん》」、「兌為沢《だいたく》」、「離為火《りいか》」、「震為雷《しんいらい》」、「巽為風《そんいふう》」、「坎為水《かんいすい》」、「艮為山《ごんいざん》」、「坤為地《こんいち》」の八つで、八卦の名に「為《い》」を続け、自然界の象意《しょうい》を重ねた名となっています。

重卦が出ると、八卦そのものの性質が強く出ます。たとえば「乾為天」なら、陽のエネルギーが強調され、力強く厳しい展開。「巽為風」ならあちらにこちらに風が吹き、足元が定まらない状態が強調され、同じことが二度起こりがちに。「震為雷」なら驚くことが続けて起こったり、「坎為水」は悩みの最中に、新たな悩みが生じる困難の極みなど。

●内卦と外卦の力関係から全体的なイメージをつかむ

八卦を擬人化し、内卦と外卦を二人の人間として見ることで、いくつかの卦の状況をリアルに想像できます。

たとえば、「沢山咸《たくざんかん》」が初恋の卦と呼ばれるのは、沢が少女で山が少男（若い男）だから。出会って意気投合して仲良くなりますが、若い男女ですから、先行きは不安定です。頭の固い人なら、女側が上となっているのは道徳的にいかがなものかと思うかもしれません。

「沢山咸」と対照的なのが「雷風恒《らいふうこう》」。雷が長男で風が長女。中年男女の組み合わせからら倦怠期の夫婦。こちらは男が上となっているので、保守的な人も納得する関係ですが、新鮮さやおもしろ味に欠けます。

沢の少女の相手が雷だったら、「沢雷随《たくらいずい》」となり、若い女性を追いかける中年男性となり、あやしい感じが出てきます。中年女性と若い男性の組み合わせなら「山風蠱《さんぷうこ》」。いかにも経験豊富で蠱惑《こわく》的な熟女に純朴な青年が翻弄されているかのようです。

「火沢睽《かたくけい》」は中年女性と若い女性。中年期にさしかかった小姑がいる家に、嫁いできた若い女性。「二女同居」の卦で、二人がしょっちゅういがみ合っている状況が想像できます。「地沢臨《ちたくりん》」なら年老いた母と若い娘となり、仲がよさそうで平和な印象となります。

恋愛や人間関係で相性を見る場合は、内卦を自分、外卦を相手として関係性をさぐります。たとえば、外卦が天なら、強くて歯が立たない相手、あるいはぐいぐい押してくる人といった読みができます。

爻《こう》の特性と陰陽の正位

●六つの爻は下から上へと進み人体や組織、社会に対応

一つの卦は六つの爻でできています。そして、「易は逆数なり」といい、下から数えていきます。一番下は一爻ではなく初爻《しょこう》、続いて二爻、三爻、四爻、五爻となります。一番上は六爻ではなく上爻《じょうこう》です。

陰爻なら六をつけて「初六《しょりく》」「六二」「六三」「六四」「六五」「上六」と呼ぶこともあります。一方、陽は九をつけて「初九」「九二」「九三」「九四」「九五」「上九」と呼びます。これは、二で割り切れる偶数は従順なので陰、奇数は発展性があるから陽とするためです。

なお「六」は「ろく」ではなく「りく」と読みます。「ろく」は呉音で「りく」は漢音。中国の六朝を「りくちょう」、六義園を「りくぎえん」と読むのと同じです。

六つの爻は、人体の各部位、組織や社会での地位や立場を示します。人体なら初爻は足首、二爻は膝《ひざ》、三爻は股と腰、四爻は腹部、五爻は胸と背、上爻は頭です。会社なら初爻から順に、新入社員、係長、課長、部長、社長、相談役といった具合。古代中国なら庶民、士、大夫、大臣、天子、隠者となります。実質的なトップは五爻であり、上爻は現役を退き、俗世の権力は持っていません。「乾為天《けんいてん》」（P.80）など勇ましいイメージの卦では、上爻は「進みすぎ」となりますが、隠遁や停止を意味する「天山遯《てんざんとん》」（P.176）や「艮為山《ごんいざん》」（P.233）では、上爻が最も理想的な状態とされます。

●奇数位の陽爻と偶数位の陰爻は正位 二爻と五爻は重要な位

奇数は陽、偶数は陰なので初爻、三爻、五爻は陽の位、二爻、四爻、上爻は陰の位になります。陽の位に陽、陰の位に陰があれば収まりがいいので「正位」と呼び、吉とされます。

確率的には吉凶半々となるはずですが、あくまでも原則であり、卦の意味や占的によって吉凶の判断も変わりますし、決定的なものではありません。

たとえば「坤為地《こんいち》」（P.83）なら全部、陰ですから、初爻、三爻、五爻が凶で二爻、四爻、上爻が吉となるかといえば、そうでもありません（P.85参照）。

また、六爻のうち、重視されることが多いのは二爻と五爻です。これは内卦と外卦のそれぞれ真ん中にあり、過不足のない中庸の状態を示しているからです。「二は誉《ほま》れ多く、四は懼《おそ》れ多し。三は凶多く、五は功多し」と繋辞伝《けいじでん》（P.15）にあります。

そのため二爻に陽、五爻に陰で位が当たっていない「不正」の状態であっても、中位にあるためマイナスが相殺されます。

そして、恋愛や人間関係を占う場合は、得た爻とペアになる爻の陰陽の状態を見ます。初爻なら四爻、二爻なら五爻、三爻なら上爻です。どちらかが陰でどちらかが陽なら「応」と呼び、協力関係やお互いに好感を持っていると見ます。陰と陰、陽と陽なら関係の進展は期待できません。

たとえば「沢山咸」（P.170）は、すべての爻が応になっており、男女が急速に惹かれ合うようすを示しています。

【八卦が示すもの】

数	九星	五行	自然界の象意	八卦
1	六白金星	金	 天	☰ 乾《けん》
2	七赤金星	金	 沢	☱ 兌《だ》
3	九紫火星	火	 火	☲ 離《り》
4	三碧木星	木	 雷	☳ 震《しん》
5	四緑木星	木	 風	☴ 巽《そん》
6	一白水星	水	 水	☵ 坎《かん》
7	八白土星	土	 山	☶ 艮《ごん》
8	二黒土星	土	 地	☷ 坤《こん》

・第2章・

実占の方法

1 実占に向けて

易占を行う際の心構え

●道具や方法より、真剣に問う姿勢が重要

易というと連想されるのが、易者が細い棒のようなものをじゃらじゃらと操っているシーンです。易者が手にしているのは「筮竹《ぜいちく》」。「筮」から竹冠を取ると「巫」。神社にいる巫女《みこ》さんの巫です。

「巫」の字をよく見てください。上の線が天、下の線が地。天と地を結んだ線の横に人が二人います。この人たちは神事を執り行い、天のメッセージを地に伝える役割です。

筮竹ではなく、サイコロやコインなどを使って卦を出すこともできます。筮竹を使わないから正式ではないということはありません。大切なのは占う人間の心構えや態度です。

天の言葉は今後の身の処し方、人生の指針に大きく関わってきます。ですから、「ちょっと聞いてみたい」といったことでも真剣な気持ちで占いましょう。どんなに立派な道具を持っていても、占的があやふやで、いい加減な気持ちで占ったのなら、ピントがはずれたものしか得られません。サイコロやコインでも真剣に問えば、易は必要な答えを与えてくれます。

占う時の環境

身の回りをきちんと片づけ、易に集中できる状況を作る

古代、易神にお伺いをたてるのは神聖な行為であり、厳粛な儀礼をともないました。冬至に立てる年筮《ねんぜい》は一年を導く重要な卦ですから、体を清め身なりを整え、清浄な環境で易占《えきせん》（易で占うこと。易を立てるともいいます）を行います。

一般の易占では、占おうと思ったタイミングで即座に占うため、そこまで環境にこだわるのは難しいかもしれませんが、大切なのは集中できる環境であることです。

雑念だらけで、心ここにあらずの易占では、易神もそっぽを向いてしまうでしょう。易神の臨在を信じ、占おうとする問題を一心に念じながら占いましょう。

NGな占い方

易を立てるのは一度だけ。何度も占ってはいけない

山水蒙《さんすいもう》の卦辞に「初筮《しょぜい》は告ぐ。再三なれば瀆《けが》る。瀆るれば告げず」とあります。

山水蒙は教育の卦であり、無知蒙昧《むちもうまい》の幼い者が誠心誠意を持って占ってほしいと頼んで来たら、一度だけは教えるが、それを信じないで再び占ってほしいと言ってくるのは、易への冒瀆《ぼうとく》なので、絶対に教えないという意味です。

出た卦と爻が気に入らないので同じことを再び占うのは、易占の最大のタブーです。

そして、出た卦に応じて質問を都合よく変えるのもよくありません。具体的な問いを出すからこそ、易神は答えてくれるのです。その前提を崩してはいけません。

用意するもの

筮竹《ぜいちく》はなくてもいいが、算木《さんぎ》はぜひ入手したい

易では、天からのメッセージは数字でもたらされます。1から8までの数字を二つ出して内卦と外卦とし、1から6までの数字で六爻のどれかを得ます。

この三つの数字を出す道具が筮竹であり、サイコロです。コインは裏と表を陰陽として卦を得ます。また、道具がなくても、偶然得られた数字から卦と爻を出す方法もあります。

真剣に占うのなら、どの道具でも構いませんが、得た卦の形を示す算木はぜひそろえたいもの。中央に濃く色を塗った面が陰で、色なしの面が陽など、手作りしている人もいます。六本重ねて卦の形にし、得た爻を右にずらします。

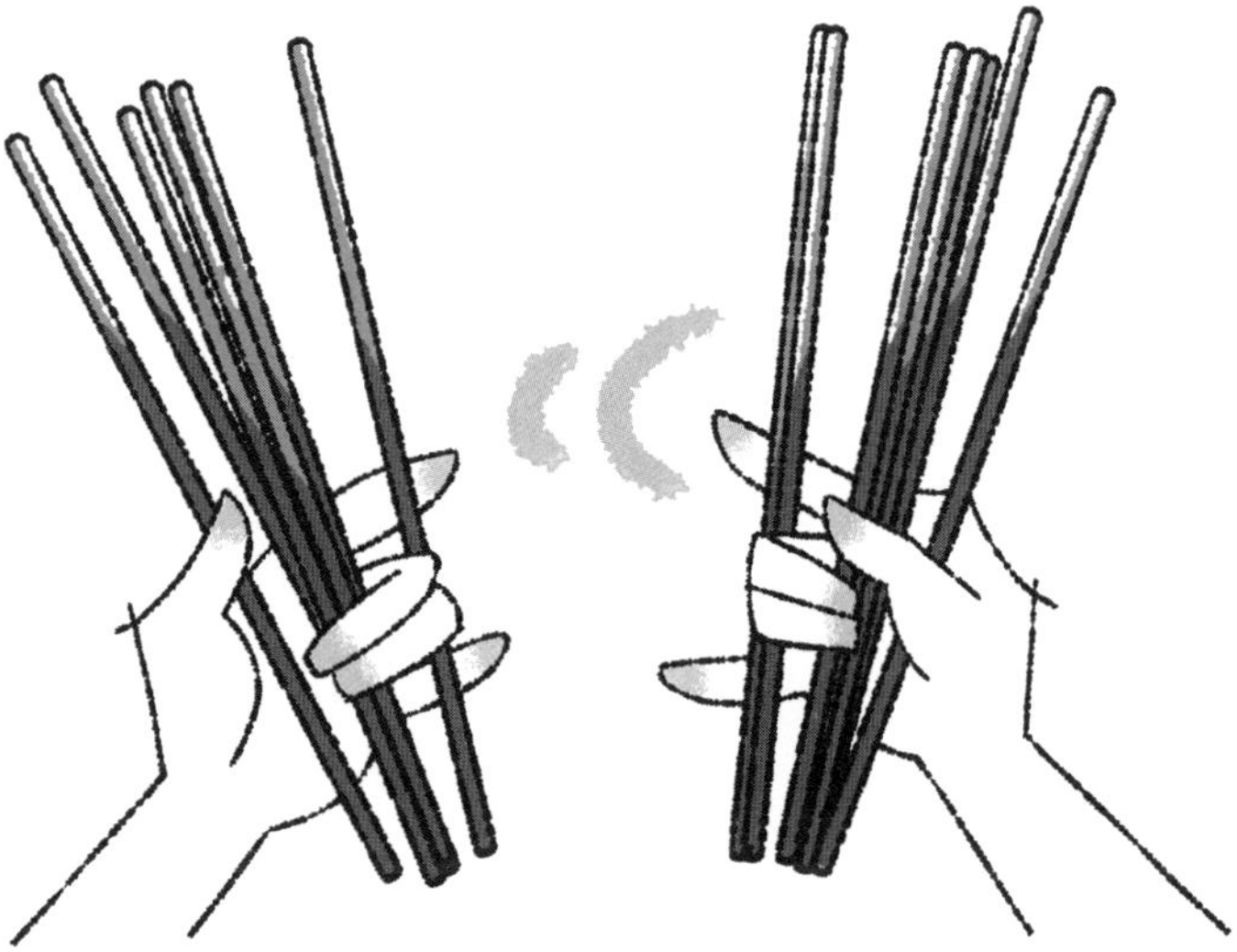

筮竹《ぜいちく》での占い方

太極《たいきょく》を易神の依《よ》り代《しろ》とし筮竹を天と地に分けて占う

正式な本筮法は時間がかかるので、手順を省略した略筮法が一般的。江戸時代の易者、新井《あらい》白蛾《はくが》が考案したものを紹介します。

1　五十本の筮竹から一本を抜き取り、台に指して立てておきます。これが太極であり、易神が降臨する依り代です。

2　残り四十九本を左右の手に二分します。左が天、右が地です。

3　右手の分から一本を取り、左手の小指に挟みます。地から勇気ある者が一人、天のメッセージを受け取りに行くイメージ。

4　左手の筮竹を右手で八本ずつ取っていきます。小指の一本も入れて、残りが八本以内になるまで続けます（八払い）。

5 残りが一本↓乾《けん》、二本↓兌《だ》、三本↓離《り》、四本↓震《しん》、五本↓巽《そん》、六本↓坎《かん》、七本↓艮《ごん》、八本↓坤《こん》となります。

6 これで内卦（下卦）が出ました。再び2から5までを繰り返し外卦（上卦）を出します。易は下から上へが原則ですから、この順番を間違えないように。

7 再び2から3を行い、六本ずつ取っていき、残りが六本以下になるまで続けます（六払い）。残りが一本↓初爻、二本↓二爻、三本↓三爻、四本↓四爻、五本↓五爻、六本↓上爻となります。

サイコロでの占い方

八面体と六面体のサイコロで内卦、外卦、爻の数字を出す

八面体のサイコロを二個、六面体のサイコロを一個用意します。八面体のサイコロ二個は色違いにして、たとえば赤が内卦、黒が外卦などと決めておきます。

両手の中に三個のサイコロを入れ、無心になって振ります。出た三つの数字から卦を立てます。八面体のサイコロの1は「乾」、2は「兌」、3は「離」、4は「震」、5は「巽」、6は「坎」、7は「艮」、8は「坤」です。

たとえば、赤いサイコロの内卦が3なら「離」（火）、黒いサイコロの外卦が2なら「兌」（沢）で、「沢火革」に。

六面体のサイコロの数字は爻を表します。出た数字が1なら初爻、2が二爻、3が三爻……とします。

占い専門店には、数字でなく、「乾兌離震巽坎艮坤」の八卦の文字が入った八面体のサイコロも販売されています。

コインでの占い方

五枚＋一枚のコインを並べ表を陽、裏を陰とする

六枚のコインを使いますが、そのうち一枚だけ種類を変えます。たとえば、十円玉五枚と百円玉一枚といった具合。

六枚のコインを両手で包み、振って混ぜます。十分混ざったら、占いたい問題を心に念じながら下から六枚を並べます。「易は逆数なり」ですから、必ず下から並べてください。

表が陽、裏が陰です。日本銀行によると、「日本国」と刻印を打ってあるほうが表だそうですが、自分で裏表を決めても構いません。

下の三枚が内卦、上の三枚が外卦です。種類が違うコインは爻を示します。一番下なら初爻、下から二番目なら二爻……とします。

道具を使わない占い方

数字三つさえ得れば、易を立てることができる

人相の大家である天童春樹《てんどうはるき》先生は易の達人でもあります。占い雑誌の取材では、編集者の求めに応じて、易を立てることがよくありました（P.272）。道具は使わず、「好きな数字を三つ言ってください」と聞くだけです。

返答が、43、65、27だったとします。最初の43を8で割ることで八払いします。43÷8＝5余り3。内卦は3の「離」です。そして65も八払い。65÷8＝8余り1。外卦は1の「乾」で、卦にすると「天火同人」。最後の27は6で割って六払い。27÷6＝4余り3で三爻となります。数字を言う人に易の知識がないことが前提です。

占的の立て方

筮《ぜい》前《ぜん》の審《しん》事《じ》を行い、問いの内容を具体的にする

「黙って座ればぴたりと当たる」という占いもありますが、易はその真逆です。また、「八方ふさがりで、どうしたらいいのかわからない」という人の悩みを整理するカウンセリング的なこともできません。

占的の「的」は弓矢の的。「ここに当てる」というゾーンが示されないと、矢を放つことができないのと同じです。まず、占的をより具体的にするために筮前の審事[※13]を行います。たとえば、「気になっている人はどんな人か」という問いなら、その人といつ、どんなふうに知り合って、今の関係はどうか、年齢や職業、外見、性格など、占う前に必要な情報を集めなければなりません。そして、相談者の行動を決めて、その成りゆきを占うようにしてください。たとえば結婚相手の候補が二人いるなら、「私はどうすればいいでしょうか」ではなく、「Aさんと結婚した場合」「Bさんと結婚した場合」で二つ卦を立てて比較します。

そして運勢を占うなら、期限を明確に区切ること。冬至の年筮は一年間を占いますが、一日、一ヵ月でも占えます。

易で占的が重視されるのは、六十四卦の吉凶は固定しておらず流動的で、あくまで占的に応じて判断する必要があるためです。

易は行動の指針を示すものですから、自分に関係のないことを占っても、あまり意味がありません。国や社会を動かす立場なら政治や景気を占うこともあるかもしれませんが、一般人が興味本位で占っても当たりません。頼まれてもいないのに人のことを占うのも控えましょう。

【占的のOK・NG例】

NG例	OK例
私は結婚できるでしょうか？	結婚相談所、マッチングアプリ、趣味のサークル。 結婚相手に巡り合えるのはどれでしょうか？
彼とつき合えますか？	彼と親しくなるには、 どういうアクションを起こせばいいでしょうか？
恋人とうまくいかなくて 悩んでいます。	おつき合いを続けた場合、別れた場合、 それぞれの成りゆきはどうですか？
仕事運を上げたいのですが。	A社との契約を取るためには どうしたらいいでしょうか？
職場の人間関係に悩んでいます。	上司との衝突を避けるためには 何に気をつければいいでしょうか？
いい転職先は見つかりますか？	どんな転職活動をすればいいですか？
長男は志望校に 合格できるでしょうか？	受験生の親として、 どんな心構えで過ごせばいいでしょうか？
家を買ってもいいでしょうか？	A駅のマンションとB駅の戸建て、 それぞれ購入した場合の成りゆきは？
運動を始めたいのですが。	近所のスポーツクラブに 入会するのはどうでしょうか？
健康運はどうでしょうか？	健康を保つために、 日常生活で気をつけることは何ですか？
資格が取れるでしょうか？	資格取得に効果的な 勉強法を教えてください。
金運を上げたいのですが。	株式投資を始めた場合の成りゆきは？

2 独習のしかた

記録を取ろう

●日筮《にちぜい》を立てて、自分なりの読み方のパターンをつかむ

本書を読んで六十四卦と爻辞を暗記するのもいいですが、実際に占って記録していくと、卦が印象に残り、覚えやすくなります。

朝起きたら、一日の成り行きを示す日筮を立ててみましょう。最初のうちは六十四卦の早見表（P.79）で内卦と外卦が交差する卦の名前を探しながらでかまいません。「水山蹇《すいざんけん》」が出たら「どんな障害が起こるのだろう」と不安になりますし、「天風姤《てんぷうこう》」なら偶然の出会いに胸が高鳴ります。そして、一日の終わりに実際に起こったことを書いておきます。その日は「はずれた」と感じても、何日か後に「易はこういうことを伝えようとした」と思い当たることもあります。

リアルな感情や出来事と易を結びつけることで、六十四卦が身近になり、占例が増えていくと共に「この卦が出たら、こんな感じ」というパターンが徐々に浮かび上がってきます。ただし、この方法では六十四卦が均等に出ず、何度も出る卦がある一方でまったく出ない卦もあります。なぜ特定の卦と縁がないのかを考えてみるのもおもしろいものです。

易に慣れる方法とは？

●八卦を呪文のように唱え連想方法を工夫して記憶

八卦はなかなか覚えにくいものですが、唱えてインプットしていくのが一番です。

神道のお祓いに「かんごんしんそんりこんだけん」という一節があります。これは八卦の「乾《けん》兌《だ》離《り》震《しん》巽《そん》坎《かん》艮《ごん》坤《こん》」を北↓東北↓東↓東南↓南↓西南↓西↓西北の順に並べ替えたもの。だったら「乾兌離震巽坎艮坤」もご利益があるかもしれないと思い、易を学び始めたころは呪文のように繰り返し唱えて覚えたものです。

そして「天《てん》沢《たく》火《か》雷《らい》風《ふう》水《すい》山《さん》地《ち》」へ一瞬で変換するためには、慣れが必要です。「天がからっと晴れて洗濯物がよく乾くから天が乾」など自分なりの連想を工夫してみてください。

八卦を覚えたら次に数字を八卦に置き換える作業が必要で、1は「乾」、2は「兌」……乾兌離……と指を折りながら確認していたものです。

そのうち、目に入って来た数字を八卦や六十四卦に変換できるようになります。日々の生活で接するあらゆる数字を八卦に変換するのです。

ロッカーが選べるサウナでは、水風呂と交互浴をしたいので、熱を意味する3と冷たい水の6が入っている番号にします。ホテルにチェックインして215号室だったら、「天《てん》沢《たく》履《り》」の五爻として記憶。あらゆる状況に練習の機会があるものです。

卦に慣れる方法とは？

●情景や体験、人物を六十四卦に置き換えてみる

あるミュージシャンが「観客の興奮で空気が震えるのを感じた」と語っていました。まさに「雷地豫《らいちよ》」です。また、サウナのブームで使われる「ととのう」という言葉は、まさに「水火既済《すいかきせい》」。易は、内卦から外卦へと進みますから、サウナで熱した体を水風呂で冷やします。

そして、「乾《いぬい》」「巽《たつみ》」あるいは「沢」「風」「水」「山」、六十四卦の「泰」「謙」「晋」「恒」「豊」などの漢字は日本人の名前に多いので、そこからもイメージを広げられます。

●外国語で易を学べば新鮮な発見がある

仁田丸久《にたまるく》は、『うらおもて周易作法』で、爻辞の意味がよくつかめないことがあると、ドイツ語の『易経』の訳を読むそうです。外国語だと案外シンプルにわかることもあるからです。谷崎潤一郎も源氏物語を現代語に訳するとき、アーサー・ウェイリーの英語訳を参考にしたというエピソードが紹介されています。『易経』のドイツ語訳は英語にも翻訳されています。外国語というフィルターを通すことで、『易経』の漢文に普遍性が加味され、新しい視点をもたらしてくれます。

ウラナイ8易の会メンバーによる

おすすめの練習法を大公開

夏瀬杏子：ウラナイ8易の会で定期的に読み会を主催。
白天：占い愛好家。占うのも占われるのも好き。
青風：現役占い師。柔和な人柄で人気。

〈易の現実的なアドバイスと深いイメージ〉

夏瀬　本日はお集まりくださり、ありがとうございます。最初に、易に興味を持った理由からうかがいます。

白天　吉凶がはっきり出るところがおもしろいと思いました。行動の指針が立てやすく、現実的なアドバイスが得られるのもありがたいし。

青風　八卦を組み合わせてイメージを自由に作れる点が魅力でした。卦の上下を逆にしたり裏返したり（P.279）イメージに深みが増します。

夏瀬　最初に占ってもらったとき、一つの卦にいろいろなヒントがつまっていることに驚きました。さまざまな意味がミルフィーユのような層になっていて、それを引き出すおもしろさがあり、連想ゲームのような側面もあります。

皆さんはどのように易を学びましたか？

青風　どんなお題でもサイコロを振って卦を立ててみて、実際どうだったかという検証を繰り返しました。

白天　自分のことを占うと余計なフィルターがかかりやすいので、人を占って脳内で脂汗を垂らしながら必死に読むと何かが残る感じがします。

〈実際に易を立てて知識を蓄積する〉

青風　ただ読むのではなく、エピソードと結びつくと理解が深まりやすいですよね。

白天　易本の占断内容とつき合わせてみたり、練習会に参加して他の方の読みを聞いたりしているうちに、だんだん知識が蓄積していきました。

青風　自分のことを占うと、同じ卦が何度も出たりして、「はいはい、また同じこと言われてる」ってなります。

夏瀬　自分の悩みを自分で占うと「ああこんな感じだよね」と流してしまい、検証もしないで適当になってしまうことが結構あるんです。

青風　そう、頭の中でサラッと流れてしまうんですよね。でも練習会では「言わなきゃ」「伝えなきゃ」となるので、それが勉強になります。あと易は吉凶がはっきり出るので「どう伝えるか」という点もあります。恋愛相談では、どこまで言っていいのか、ちょっと悩むときもあります。

〈結果を検証しながら反復練習で学ぶ〉

白天　恋愛を易で占ってもらったことがあって「沢天《たくてん》夬《かい》」上爻が出たんです。「助けを求めて泣き叫んでもムダ」という爻辞だったので、かえってあきらめがつきましたね。

夏瀬　だめな時はだめと言われた方がよい時もありますね。

白天　そして今がだめでもいつまでも同じ状態じゃないというのが易のいいところ。「今の段階を終えたら、次に行く」と希望を持てます。

夏瀬　皆さんは八卦と数字をどうやっておぼえましたか？

私は翡翠先生がサウナのロッカーの数字で卦を立てて占うという話を聞いたので、この前スーパー銭湯に行った時の靴箱の数字で占ってみました。23ーだったので「沢火《たくか》革《かく》」の初爻とか。

青風　おもしろいですね！

私は数字とイメージを結びつけて覚えました。「天」は強くてプライドが高いナンバーワンだから1、「地」は世話好きのお母さんで自分のことは最後にするので8、と。

白天　六十四卦の表を見ながら上はこれで下はこれで…とやっているうちに少しずつ覚えている感じです。

夏瀬　やっぱり反復練習を繰り返すことは必要ですよね。いつもの練習会は誰かにお題を出してもらい、各自で卦を立てるという方法ですが、一つの卦でどう解釈するかという方法もやってみたいです。

・第 3 章・

六十四卦を知る

六十四卦の意味を学ぶ

卦の名前が示すもの

この章では、1番の「乾為天《けんいてん》」から64番の「火水未済《かすいびせい》」までをじっくり解説します。

六十四卦それぞれの名前は、上に外卦の自然界の象意が来て、下に内卦の象意、全体の状況を示す漢字一字か二字がつきます。「泰《たい》」「損《そん》」「困《こん》」など一目でわかるものもあれば、「睽《けい》」「蹇《けん》」などなじみのない漢字もあります。

内卦も外卦も同じ場合は重卦《じゅうか》と呼ばれ、乾為《けんい》天《てん》、兌為沢《だいたく》、と間に「為」を入れます。六十四卦には決まった流れがあり、最後の「火水未済」まで行くと、最初の「乾為天」に戻ります。

卦の順番をつかむ

最初のうちは内卦と外卦から導き出される六十四卦が何に当たるのか、何度も早見表を見てそれぞれの卦のページを開くことになるでしょう。最初は、出た卦のページにたどりつくまで時間がかかるので、六十四卦の順番をざっくりと頭に入れておくといいかもしれません。「乾為天」が最初に来て「水雷屯《すいらいちゅん》」や「山水蒙《さんすいもう》」は順番が早い卦。中間に「坎為《かんい》水《すい》」と「離為火《りいか》」があり、終盤に「巽為風《そんいふう》」と「兌為沢《だいたく》」。「風沢中孚《ふうたくちゅうふ》」や「雷山小過《らいざんしょうか》」まで来れば、ほぼ終わりかけています。

爻で見る段階と之卦《しか》

六十四卦には初爻から上爻まで六つの爻があります。そのうち、注目すべき爻が一つだけ導き出されます。これを「爻を得る」とも言います。卦の始まりは初爻であり、順に上へと進み、上爻に達すれば卦が示す状況は終わりかけています。

易の基本思想のひとつ、陰陽は常に変化するということから、爻が変化した卦も重要視します。六つの爻が同時に変わるのではなく、まず一つの爻が変わります。これを変爻（動爻）と呼び、爻を転じた卦を之卦《しか》と呼びます（P.276）。「爻で見る運勢アドバイス」の表には、之卦を入れましたので、参考にしてください。

六十四卦は初爻、二爻、三爻、四爻、五爻、上爻と細分化され、64×6で384パターンの運勢があります。すべて暗記すれば占えそうな気がしますが、それでは人工知能に劣ります。人間にしかできない占いをするため、さまざまな角度から読み解く必要があります。

P.78で説明していますが、「爻で見る運勢のアドバイス」の爻辞の現代語訳はあくまでも一例です。アドバイスも一例です。問いによっては吉が凶に、凶が吉に転じることもあります。易は、直感や連想力が試される占いです。卦の名前や形などさまざまな角度から答えを見つけ出していくうちに、自分の読み解き方のパターンが見つかることでしょう。

六十四卦には壮大な物語があります。まずは次ページの「大河ストーリー」で六十四卦をつなぐ流れをご紹介します。

六十四卦の大河ストーリー

易の八卦は、1から8までの数に対応します。1が天、2が沢、3が火、4が雷、5が風、6が水、7が山、8が地です。そして、八卦を2つ組み合わせて六十四卦となります。卦を一つずつ学ぶ時、1と1で「乾為《けんい》天《てん》」、1と2で「天沢履《てんたくり》」、1と3で「天火同《てんかどう》人《じん》」……と、1の組み合わせから順番に覚えるのがわかりやすいのですが、『易経』で語られる順番は異なります。この順番を解説しているのが「序卦伝《じょかでん》」で、六十四卦が大河のような壮大な物語となっています。本書でも、六十四卦は、この順で解説しています。

陰陽が交わり、子どもが生まれ社会が展開していく

物語の始まりは、陰陽の交わりから。陽は天で男、陰は地で女。6つの爻すべてが陽で男の中の男と言うべき1乾為天《けんいてん》。陽は力強く能動的ですが、ただ陽がいるだけでは発展がありません。すべてが陰という2坤為地《こんいち》が現れ、乾為天の力を受け入れて夫婦になります。

〝天地あって万物が生じる〞と「序卦伝」にあるように、やがて妻は子どもを授かります。産みの苦しみが3水雷屯《すいらいちゅん》。生まれたばかりの子どもは何も知らない無知蒙昧《むちもうまい》の状態ですか

ら、教育が必要。そこで水雷屯の次に教育の卦である4山水蒙《さんすいもう》が続きます。

教育と合わせて子どもは毎日養ってやらなくてはいけません。そこで飲食の卦である5水天需《すいてんじゅ》。人間社会では食べ物を巡って争いが絶えず、訴訟すなわち6天水訟《てんすいしょう》の状態となります。

訴訟がエスカレートしていけば、法廷で決着がつかず戦争に発展します。軍師が必要なので7地水師《ちすいし》。しかし、戦争はいつか終わり、人と人が相親《あい》しむ世に。水が地中に浸透していくように、人々がつながっていくのが8水《すい》地比《ちひ》です。

争いのない平和な社会なら少しずつ蓄えができ、9風天小畜《ふうてんしょうちく》。安定した社会では、礼儀作法が重視されますから10天沢履《てんたくり》が続きます。「履」は履行、すなわち正しく踏むことです。

人々が礼儀正しくふるまう社会は安泰ですから、11地天泰《ちてんたい》。ただし、人の世は常に変転するもの。安定はいつしか崩れ、12天地否《てんちひ》となります。

閉塞の世を打破するために、志のある人々が集まります。これが13天火同人《てんかどうじん》。一人ではなく協力すれば大事を成しとげ、大きなものを所有します。14火天大有《かてんたいゆう》です。

大きなものを持っている人は、傲慢ではなく謙虚であるべきですから、15地山謙《ちさんけん》が続きます。そんな人は周囲に慕われ、心楽しく過ごせる16雷地豫《らいちよ》の状態に。「豫」はやわらぎ楽しむという意味です。大地を震わせ天を楽しませる音楽も「豫」です。

楽しい時間を提供する人には、多くの人がついていきます。人気ミュージシャンに多くのファンがついていく状態が17沢雷随《たくらいずい》。ファンの一部がよからぬ行動に出るのが18山風蠱《さんぷうこ》。風が山で遮られ空気がよどみ、虫が湧いた状態です。

山風蠱にまでなるのは、ファンが群衆となるほど集まったから。コンサートは大規模会場で、大スターは高い舞台の上から下の観客に臨みます。これが19地沢臨《ちたくりん》。そして、観客はスターを見上げます。下から仰ぎ見られる状態が20風地観《ふうちかん》です。

大きなイベントとなれば、さまざまな人が出会い、交流します。そこで、上のあごと下のあごが合う21火雷噬嗑《からいぜいごう》に。多くの人が集まる場には、おしゃれしていく人も多いでしょうから、美しく飾る22山火賁《さんかひ》が出てきます。

身を飾ることばかりに気を取られていると、中身がおろそかになって空虚な存在に。そうした状態が23山地剥《さんちはく》です。山が徐々に削り取られていって地になっていきますが、平らになったら、またそこに積み重なっていきます。そこで24地雷復《ちらいふく》。陰が極まって陽に転じる冬至を示す卦でもあります。

すべてがなくなり、無になった状態から回復するためには、余計なことを考えず、目の前の仕事を一つ一つ片づけていく実直な姿勢、すなわち25天雷无妄《てんらいむもう》が求められます。

「无」は「無」であり、「无妄」は妄想や邪念のない素直な状態です。自分がやるべきことに集中して成果を積み上げていけば、やがて大きな蓄積に。その状態が26山天大畜《さんてんたいちく》です。

物が蓄積されれば人も集まってくるので、その人たちを養わなければなりません。そこで口に食べ物を入れる27山雷頤《さんらいい》。「頤」は上のあごと下のあごです。

養いは小さいより大きいほうがいいので次は28沢風大過《たくふうたいか》。ただし現代的に解釈すると、山雷頤で調子に乗って食べすぎると、体重オーバーになるという戒めにも取れます。

過ぎたるは及ばざるがごとし。沢風大過の状態が続くと、やがて困難に陥ります。29坎《かん》為水《いすい》です。易の八卦で「坎」は悩みや苦しみを示し、「坎」が二つ重なった状態は、深い穴に落ちていくような状態です。

「坎」は穴でもあり、穴に落ちる瞬間は怖くても、落ちてしまえばどこかに手足が着きます。

八卦の「離」は火が燃え上がって、次々と付着しては離れるようすを示しますから、坎為水の次は30離為火《りいか》です。

ここまでが『易経』の上巻です。六十四卦は前後の奇数と偶数でペアになり、物事の流れを表しているのもポイントです。

若い男女の恋愛から始まり、未完の状態から新しいサイクルへ

上巻が「乾為天」と「坤為地」から始まりましたが、下巻は若い男女のペアである31沢山咸《たくざんかん》からスタート。「乾」の父もかつては少年すなわち「山」、「坤」の母も同じく少女すなわち「沢」だったのです。感覚だけで結びついた少年少女の交際期間が長くなり、倦怠期を迎えたのが32雷風恒《らいふうこう》です。

飽き飽きしてしまった相手から逃げるのが33天山遯《てんざんとん》。関係をリフレッシュするために距離を置くと考えてもいいでしょう。気分転換して、また大きなことを始めようという前向きな気持ちになったのが34雷天大壮《らいてんたいそう》です。

雷天大壮の勢いがあれば、どんどん進めます。太陽が地の上へ、すなわち日の出の勢いが35火地晋《かちしん》です。昇った太陽はまた地下へ沈みますから36地火明夷《ちかめいい》が続きます。

地火明夷の太陽は、傷を負っています。そうなると家に帰りたくなるのが人の常。家の中で火が焚《た》かれ料理も用意されている37風火家人《ふうかかじん》です。そして、昔の大家族では姑や小姑と嫁の対立が起こりやすいもの。中年女と若い女が反目している38火沢睽《かたくけい》です。

家庭内にトラブルを抱えていては、外で活躍できません。39水山蹇《すいざんけん》のように冬山で足が萎えた状態です。しかし、時が過ぎれば雪も解けて歩けるようになります。冬から春の訪れが40雷水解《らいすいかい》です。

「解」は解放であり、ゆるむこと。気がゆるめば細かい計算もせず、損することもあるので41山沢損《さんたくそん》。いつまでも損が続くわけでなく、益に転じるので42風雷益《ふうらいえき》が続きます。会計用

語の「損益」は英語でprofit and lossで益が先ですが、東洋では損が先。最初から益だけを求める姿勢はよしとされなかったのです。

益が出たからといって貯め込んでばかりではいけません。どう活用するか決めるのが43沢天夬《たくてんかい》。あちこちに投資したのがきっかけで思いがけない人と出会います。44天風姤《てんぷうこう》です。悪い人にも会いますが、こうしてお金と人間が交流していくのが社会です。

偶然の出会いが重なって、人と物が集まってくるのが45沢地萃《たくちすい》。物が集まって高くなっていく状態が46地風升《ちふうしょう》。平坦な地は障害がないので、風が思うままに上昇できるのです。

ただし、いつまでも上昇できるわけでなく、頭打ちとなり47沢水困《たくすいこん》に。進むことも引くこともできない困った状態ですが、上ではなく下を見て井戸を掘るのが48水風井《すいふうせい》です。

井戸の水を新鮮に保つために、常に改革を続ける49沢火革《たくかかく》。硬い食材をやわらかく煮る料理も一種の変革ですから、沢火革に50火風鼎《かふうてい》が続きます。

鼎《かなえ》は煮炊きの道具であると同時に、神事に用いる家宝でもあります。受け継ぐのは一家の長男、すなわち51震為雷《しんいらい》。「震」は動きですが、いつも動いてばかりはいられないので、じっと立っている「山」、52艮為山《ごんいざん》が次に来ます。

十分じっとしていたら、少しずつ動きたくなるので53風山漸《ふうざんぜん》。伝統的な手順を踏んで結婚するプロセスを示す卦ですが、型破りな結婚もあります。それが54雷沢帰妹《らいたくきまい》。末の妹を嫁がせるので、長女の婚姻より略式となりがちです。

雷沢帰妹は、沢（若い女性）が雷（かなり年配の男性）に嫁ぐことですから、夫にかなりの経済力があるはず。そこで55雷火豊《らいかほう》。盛

大で豊かですが、どこか暗さもあり、そんな家を出たくなり**56火山旅**《かざんりょ》へ。

「郷に入れば郷に従え」ですから、旅先のしきたりには従順に。**57巽為風**《そんいふう》の心得が必要です。風はどんな隙間にも形を変えて吹き込みます。そして柔軟な姿勢で相手の心に入れば喜ばれ、楽しくなってくるので**58兌為沢**《だいたく》が続きます。

「沢」は少女のような快活さ。そんな態度でいれば憂鬱も吹き飛び、**59風水渙**《ふうすいかん》に。ネガティブなものに限らず、さまざまなものが飛び散り、再び集まって竹の節のように区切りがつき、**60水沢節**《すいたくせつ》となります。

節度のある態度で人と接していれば、真心が通じて**61風沢中孚**《ふうたくちゅうふ》となりますが、完全な信頼関係というものはなく、**62雷山小過**《らいざんしょうか》の状態に。何かが少し過剰な状態です。

少しぐらいの過剰なら、修正して改めることもできるので、すべてがあるべき状態の63**水火既済**《すいかきせい》にすることができます。しかし、一時的なことに過ぎず、どこからかほころびが生じて未完成の64**火水未済**《かすいびせい》となり、六十四卦はひとまずここで終わります。

◈◈◈

六十四卦の流れで、「地天泰《ちてんたい》」と「天地否《てんちひ》」、「山地剥《さんちはく》」と「地雷復《ちらいふく》」、「山沢損《さんたくそん》」と「風雷益《ふうらいえき》」のように正反対の卦がペアになっていることに気づかれたでしょう。易の読みの楽しさ、むずかしさはここにあります。「山沢損」が出たから、損をする、運が悪い、という通り一遍の読みでは「当たった」「外れた」で終わりです。「山沢損」が出たら、将来の益のためにどう行動するかを考えるのです。

このように卦は一連の流れを意識して解釈すると、より深められるでしょう。また、得た爻によっても流れを読むことができ、どのプロセスにいるのかがわかります。初爻なら始まったばかりで、上爻ならそろそろ終わりの状態。上爻が出たら、次の順番の卦を見て、次の状況の予測をします。

初爻から上爻までの六爻には、陰陽の定位値があります（正位／P.49）。初爻は陽、二爻は陰、三爻は陽、四爻は陰、五爻は陽、上爻は陰。これに当てはまるのは「水火既済」ですが『易経』の作者は「水火既済」を六十四卦の最後ではなく一つ手前の六十三番目に置いています。水は下に流れ、火は上に上がるので、「水火既済」の完成は崩れ、「火水未済」となります。あえて未完の状態を最後に置き、次のステージが再び「乾為天」から始まるという永遠の循環です。

六十四卦の解説の見方

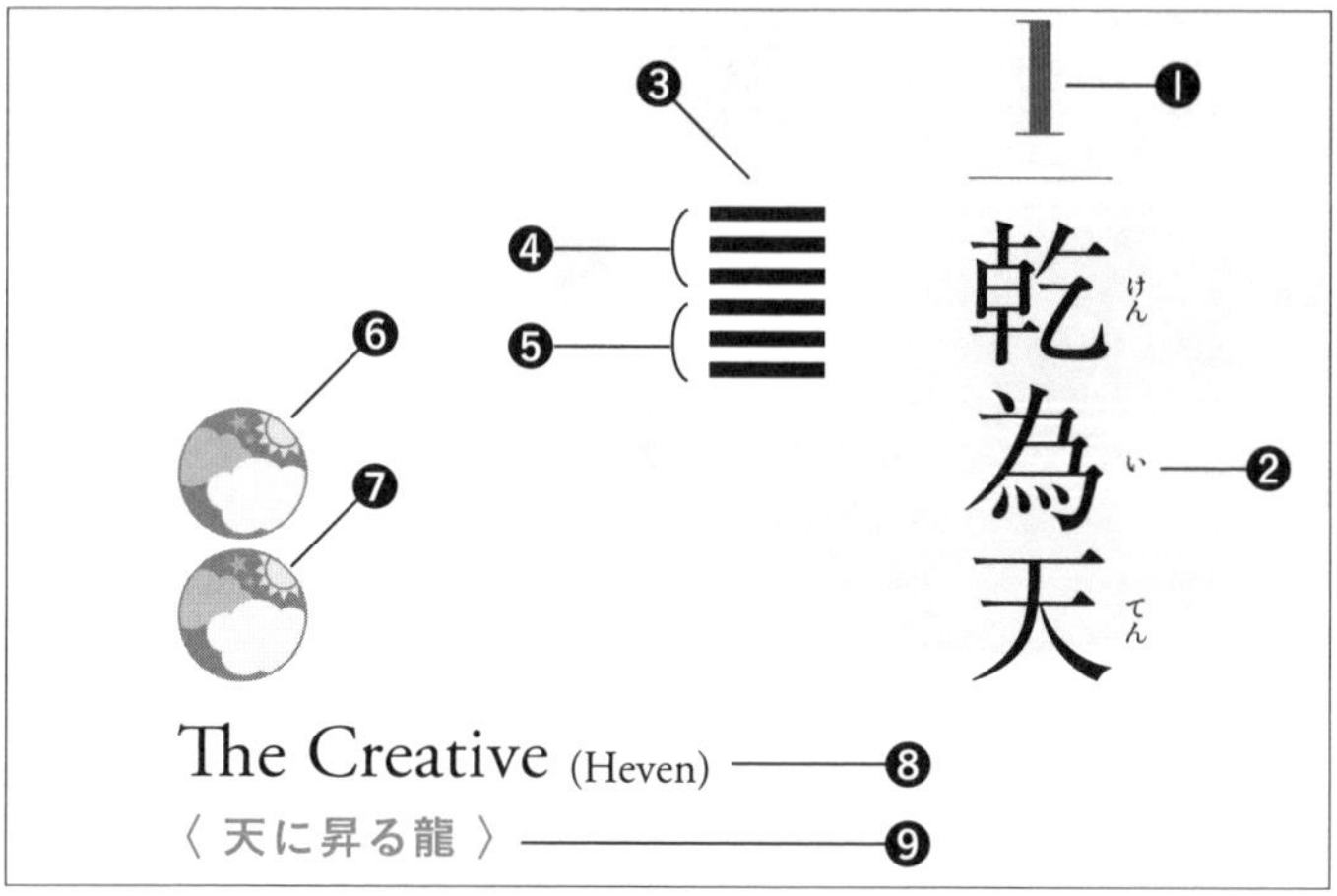

❶「序卦伝」による六十四卦の順番　❷卦の名前　❸卦の形　❹外卦
❺内卦　❻外卦の自然界のイメージ　❼内卦の自然界のイメージ
❽卦の名前の英訳。一語に翻訳できないときは（　）で補っている
❾卦が意味すること

❹得た爻の陰陽を変えた之卦
❸爻辞を踏まえたアドバイスの例。占的に応じて活用を
❷『易経』の爻辞の現代語訳
❶卦の形。得た爻に矢印

爻で見る運勢アドバイス

之《ゆ》卦《か》	アドバイス	爻辞の解説	爻位
沢天夬 P.206	これ以上進むのはむずかしい状態です。調子に乗ってやりすぎないよう自戒を。過去の実績を鼻にかけて尊大な態度を取ってはいけません。後任を育て、退路を確保するなど根回しを。引退して世俗から離れるのには最適です。	高く飛びすぎた龍。下りるに下りられず悔いあり。	上爻
火天大有 P.119	ふさわしい地位を得て、自信を持って実力を発揮できます。時流に乗り、ふさわしい人とつながることで充実した日々。まさに盛運ですが、ここが頂点。爻が一つ進むと上爻の「悔いあり」となることを忘れずに。	飛龍が天空にいる。大人《たいじん》に会えば利あり。	五爻
風天小畜 P.104	空中に浮かぶようになりましたが、自在に飛べるレベルまで達していません。進退が定まらない状態で迷うことが多く、中間管理職のような存在で上下からのプレッシャーも。苦労した分、得られるものは大きいでしょう。	淵で飛び上がったり下りたり。咎なし。	四爻
天沢履 P.107	一人前の龍に成長して、朝から夕方まで多忙に動き回り充実した日々を送っています。しっかりした手応えも感じていますが、ミスも出やすい時期。やりっ放しにするのではなく、見落としがないか確認する必要があります。	君子は終日努力し、夜には自己を反省。危ういが咎なし。	三爻
天火同人 P.116	いよいよ活躍の時が到来。頭角を現し前途有望ですが、見習いから一歩進んだ段階。実力はまだ十分とは言えず、独力で道を開くのは簡単ではありません。徳があり見識の広い人とつながり、素直に耳を傾けることで大成します。	地上に姿を現した龍。大人《たいじん》に会えば利あり。	二爻
天風姤 P.209	入社したばかりの新入社員のようなもの。あるいは、設計図や計画を作成している段階。潜在的な能力はありますが、活躍するには時を待たなくてはいけません。実力があっても性格に難があり、声がかからないという場合も。	水中にひそんでいる弱い龍。まだ行動してはいけない。	初爻

❺表は卦の形に合わせて上爻が一番上になっているが、初爻から二爻、三爻…と進んで行き、上爻は卦が示す状況の終盤を示す

テーマ別読み方例

恋愛・結婚

先方も自分も、「わが道」を邁進している状態。温かい交流を通して親密になっていく展開は期待できません。

ただし、家柄や資産、能力などスペックを重視する政略結婚なら、さくさくと話が進むでしょう。家業を継ぐための結婚、夫婦の共同事業といった縁組に向いています。精神的な潤いには欠けますが、上昇志向が強いセレブカップルとなる道はあります。

人間関係

人間らしい潤いに欠け、和気あいあいとしたつながりは期待できません。プライベートな交流であっても、お互いに切磋琢磨するスポーツチームや勉強会のイメージ。上下関係が厳しく、リーダーと部下のような関係になりがちです。

有力者とつながり、目標を達成するための団体ならぴったりの卦です。心の交流はひとまずあきらめ、礼儀作法に気をつけましょう。

仕事

飛躍のチャンスですが、責任は重くなる一方。意欲的にがんばっていても、常に上を目指さなくてはいけないプレッシャーが強く、ストレスも溜まります。

融通がきかないため、客商売ではうまくいかないことも。その反面、官公庁や法律関係などルールが第一という仕事には向いています。交渉を要する仕事では、なかなか手ごわい相手が出現するでしょう。

お金

精神的な卦なので、俗世的な利益とは無縁。仕事は多忙なのに、それに見合う収入はあまり期待できません。出世して地位は上がったけれど、手当が減ってしまったような状態です。

細かい出費をチェックするのが面倒になって散財しないように。また、自分への投資といった言葉にあおられて契約をする前に熟考を。働かせるのはお金ではなく頭や体です。

キーワード・象意

昇龍　剛健　能動的　盛運　父　男性的　社長　トップ

それぞれのテーマ別アドバイス
キーワード・象意

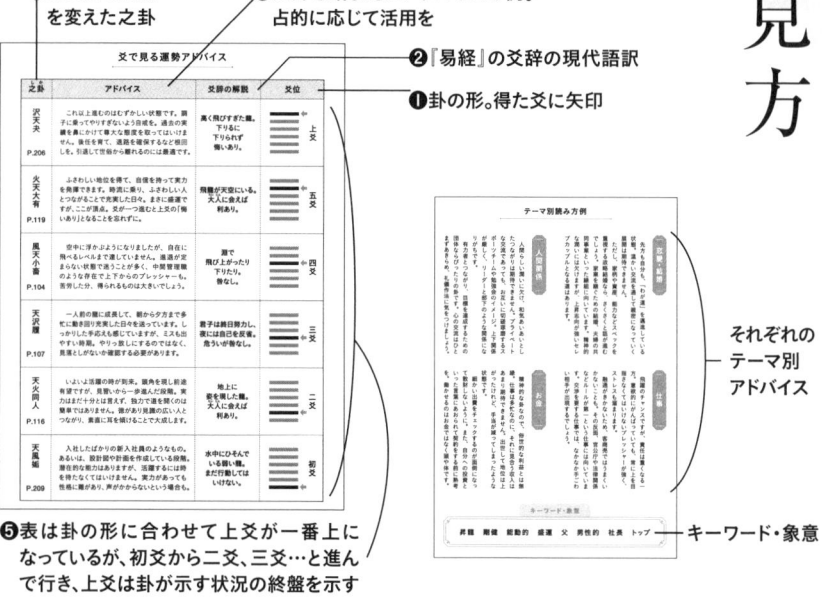

【六十四卦早見表】

坤(地)	艮(山)	坎(水)	巽(風)	震(雷)	離(火)	兌(沢)	乾(天)	外卦／内卦
11 地天泰	26 山天大畜	5 水天需	9 風天小畜	34 雷天大壮	14 火天大有	43 沢天夬	1 乾為天	乾(天)
19 地沢臨	41 山沢損	60 水沢節	61 風沢中孚	54 雷沢帰妹	38 火沢睽	58 兌為沢	10 天沢履	兌(沢)
36 地火明夷	22 山火賁	63 水火既済	37 風火家人	55 雷火豊	30 離為火	49 沢火革	13 天火同人	離(火)
24 地雷復	27 山雷頤	3 水雷屯	42 風雷益	51 震為雷	21 火雷噬嗑	17 沢雷随	25 天雷无妄	震(雷)
46 地風升	18 山風蠱	48 水風井	57 巽為風	32 雷風恒	50 火風鼎	28 沢風大過	44 天風姤	巽(風)
7 地水師	4 山水蒙	29 坎為水	59 風水渙	40 雷水解	64 火水未済	47 沢水困	6 天水訟	坎(水)
15 地山謙	52 艮為山	39 水山蹇	53 風山漸	62 雷山小過	56 火山旅	31 沢山咸	33 天山遯	艮(山)
2 坤為地	23 山地剥	8 水地比	20 風地観	16 雷地豫	35 火地晋	45 沢地萃	12 天地否	坤(地)

1 乾《けん》為《い》天《てん》

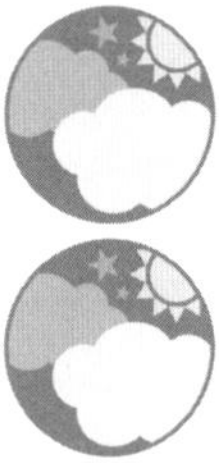

The Creative (Heven)

〈 天に昇る龍 〉

下から上まで六つの爻がすべて陽。一点の曇りもない純陽の力強さがあり、まさに六十四卦のトップバッターにふさわしい卦です。

中国では発音が近い音は同じ意味に取ることがあり、「乾」は「健」に通じます。『易経』では龍にたとえられます。現代ならスポーツ選手や社長を目指すビジネスマンなどが龍のイメージですが、自分の世界観で龍が意味するものを考えてみましょう。

龍が成長していく卦で内卦、外卦ともに天で、人間は手が届きません。そのため精神性が強く実態が伴わないことも。「ここではないどこかなら、大きな活躍ができる」と夢を見ている人は「乾為天」の裏側の顔です。初爻から順に龍は天へと近づいていきます。どの爻が出たかで出処進退を考えましょう。

テーマ別読み方例

恋愛・結婚

先方も自分も、「わが道」を邁進している状態。温かい交流を通して親密になっていく展開は期待できません。

ただし、家柄や資産、能力などスペックを重視する政略結婚なら、さくさくと話が進むでしょう。家業を継ぐための結婚、夫婦の共同事業といった縁組に向いています。精神的な潤いには欠けますが、上昇志向が強いセレブカップルとなる道はあります。

人間関係

人間らしい潤いに欠け、和気あいあいとしたつながりは期待できません。プライベートな交流であっても、お互いに切磋琢磨するスポーツチームや勉強会のイメージ。上下関係が厳しく、リーダーと部下のような関係になりがちです。

有力者とつながり、目標を達成するための団体ならぴったりの卦です。心の交流はひとまずあきらめ、礼儀作法に気をつけましょう。

仕事

飛躍のチャンスですが、責任は重くなる一方。意欲的にがんばっていても、常に上を目指さなくてはいけないプレッシャーが強く、ストレスも溜まります。

融通がきかないため、客商売ではうまくいかないことも。その反面、官公庁や法律関係などルールが第一という仕事には向いています。交渉を要する仕事では、なかなか手ごわい相手が出現するでしょう。

お金

精神的な卦なので、俗世的な利益とは無縁。仕事は多忙なのに、それに見合う収入はあまり期待できません。出世して地位は上がったけれど、手当が減ってしまったような状態です。

細かい出費をチェックするのが面倒になって散財しないように。また、自分への投資といった言葉にあおられて契約をする前に熟考を。働かせるのはお金ではなく頭や体です。

キーワード・象意

昇龍　剛健　能動的　盛運　父　男性的　社長　トップ

爻で見る運勢アドバイス

之卦《しか》	アドバイス	爻辞の解説	爻位
沢天夬 P.206	これ以上進むのはむずかしい状態です。調子に乗ってやりすぎないよう自戒を。過去の実績を鼻にかけて尊大な態度を取ってはいけません。後任を育て、退路を確保するなど根回しを。引退して世俗から離れるのには最適です。	高く飛びすぎた龍。下りるに下りられず悔いあり。	上爻
火天大有 P.119	ふさわしい地位を得て、自信を持って実力を発揮できます。時流に乗り、ふさわしい人とつながることで充実した日々。まさに盛運ですが、ここが頂点。爻が一つ進むと上爻の「悔いあり」となることを忘れずに。	飛龍が天空にいる。大人《たいじん》に会えば利あり。	五爻
風天小畜 P.104	空中に浮かぶようになりましたが、自在に飛べるレベルまで達していません。進退が定まらない状態で迷うことが多く、中間管理職のような存在で上下からのプレッシャーも。苦労した分、得られるものは大きいでしょう。	淵で飛び上がったり下りたり。咎なし。	四爻
天沢履 P.107	一人前の龍に成長して、朝から夕方まで多忙に動き回り充実した日々を送っています。しっかりした手応えも感じていますが、ミスも出やすい時期。やりっ放しにするのではなく、見落としがないか確認する必要があります。	君子は終日努力し、夜には自己を反省。危ういが咎なし。	三爻
天火同人 P.116	いよいよ活躍の時が到来。頭角を現し前途有望ですが、見習いから一歩進んだ段階。実力はまだ十分とは言えず、独力で道を開くのは簡単ではありません。徳があり見識の広い人とつながり、素直に耳を傾けることで大成します。	地上に姿を現した龍。大人《たいじん》に会えば利あり。	二爻
天風姤 P.209	入社したばかりの新入社員のようなもの。あるいは、設計図や計画を作成している段階。潜在的な能力はありますが、活躍するには時を待たなくてはいけません。実力があっても性格に難があり、声がかからないという場合も。	水中にひそんでいる弱い龍。まだ行動してはいけない。	初爻

2 坤《こん》為《い》地《ち》

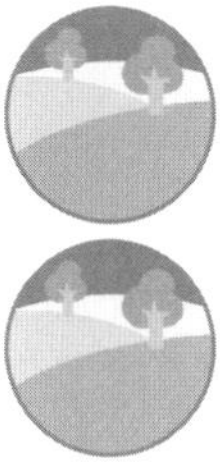

The Receptive (Earth)

〈 すべてを受容する母 〉

内卦も外卦も地。「母なる大地」として豊かさに通じる卦ですが、積極的に勝ち取るというよりは、すべてを受け入れる器の大きさや柔軟性が求められます。先頭を行くのではなく、後ろからついて行くタイプです。

それでいて、あれこれと雑事に忙しいとも読めます。専業主婦であっても、夫や子どもが重要な時期に差しかかっているのなら、サポート役としてかなりの労力を使わなくてはいけないようなものです。

『易経』でこの卦について「積善の家に余慶あり」と解説されていますが、善を積んだからといってすぐにいいことが起こるのではなく、次世代に結果が出るという息の長い話です。すぐに結果が出なくても、投げ出さずに根気よく取り組むべきという戒めでもあります。

テーマ別読み方例

恋愛・結婚

地味で堅実。お見合いや仲人を介した縁談に向いています。積極的な自己アピールより、お相手の話を受けとめる姿勢が好感を持たれます。受け身の立場なので、なかなか進展しない場合は、間に立つ人に相談を。

恋人や夫婦はマンネリ化していますが、安心してリラックスできる関係であることは確かです。いずれにしても相手の意向を尊重し、万事控えめを心がけましょう。

人間関係

強引な自己主張をする人がいない穏やかな集まりで、衝突も起こらず友好的です。気楽な関係ですが、刺激に欠けて退屈に感じることも。一方で、人の世話をしなくてはならないはめになり、気苦労があるかもしれません。

自分の方からしかけていく卦ではないので、新しい友人を求めても期待薄。周囲の流れに従うしかありませんが、自分に合わないことに、無理やりついていく必要はありません。

仕事

業務拡張や新規の営業には不向き。総務や経理などコツコツと積み上げていく仕事は、順調です。不動産や土地関係の業種も吉。

派手なパフォーマンスは封印し、裏方に徹するべき。従来のやり方を踏襲し、独断は避けること。上司への連絡は欠かさず、指示には素直に従ってください。いずれにしても、成果が出るまで時間がかかり、あせって結果を出そうすると足もとをすくわれます。

お金

リスクを取らず、地道に蓄財。時間を味方につける長期投資に最適な卦です。二代先、三代先の遺産相続を見越した投資もいいでしょう。不動産関係には吉ですが、アパート経営となると入居者を募集して建物を管理するなど、かなり労力を要します。購入物件は、性急に決めず慎重に検討してください。

日常生活では、庶民感覚を忘れず、分不相応な高級品を欲しがらないように。

キーワード・象意

牝馬　大地　従順　受容　母　女性的　大地　黄色

爻で見る運勢アドバイス

之卦《しか》	アドバイス	爻辞の解説	爻位
山地剥 P.146	陰が極まって暴発。陰が陽に転じ、天地が引っくり返った状態。じっと我慢していた人が、堪忍袋の緒が切れて反撃に出るようなもの。短気を起こすと、これまでの蓄積が無になります。そうなる前に少しずつガス抜きを。	**龍が野で戦い、黒い、黄色い血を流す。**	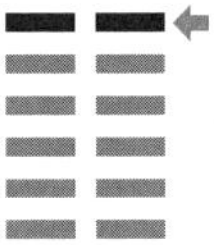 上爻
水地比 P.101	黄色は支配者の色ですが、陰なので、上着ではなく袴にたとえています。中心的な立場にいながら、謙虚な姿勢。年若いトップを支える経験豊かな補佐官といった役回りです。大吉といっても、野望の実現ではありません。	**黄色い袴《はかま》で大いに吉。**	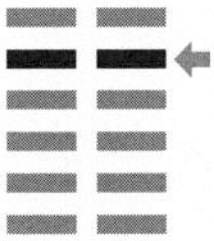 五爻
雷地豫 P.125	危うい ポジション。目立つことをすると、たたかれます。才能や野心は隠し、実生活では財布のひもをしっかりしめ、無駄な出費を防いでください。商売や取引きで大きな利益を得たら、このタイミングで手仕舞いを。	**袋の口をくくる。咎もなければ名誉もなし。**	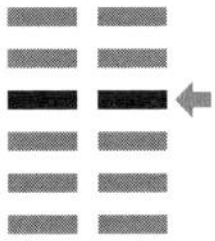 四爻
地山謙 P.122	内に大きな力を秘めているのに、外からは平凡に見られておもしろくないことも。しかし、そうした謙虚さがこの爻の美点です。役割を与えられたら、淡々と責任を果たしましょう。自己主張が強すぎると、うまくいきません。	**能力があっても、ひけらかさない。王の仕事に従事。**	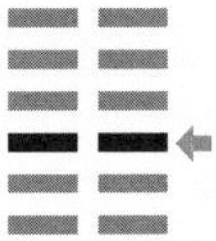 三爻
地水師 P.98	理想的な陰の状態。大地のように、広々としてすべてを受け入れて育てる力があり、実直で勤勉です。与えられた役割をしっかりこなせば、参謀役として大いに信頼を集めるでしょう。近道を探さず、まっすぐな道を進んでください。	**直方大《ちょくほうだい》（まっすぐ、正方形、大きい）。習わなくても利あり。**	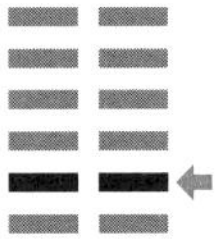 二爻
地雷復 P.149	陰（季節では冬）の兆しがあるので、準備が必要です。一気にやりとげようとせず、少しずつ。そして、何か問題があるなら「このくらい大丈夫」と見すごしていると、手がつけられなくなります。早めの対処を心がけて。	**霜を踏んで、固い氷が張る冬の到来を知る。**	 初爻

3 水《すい》雷《らい》屯《ちゅん》

Difficulty at the Beginning

〈 始まりの苦しみ 〉

天と地が交わって初めて生じるのが「水雷屯」。「屯」の字は、草木の芽が地面から出たばかりの状態を示します。季節でいえば、「水」は冬で「雷」は春。種子が芽を出そうとしても地上はまだまだ寒い状態。冬からいきなり春にはなりませんし、たとえば、妊娠が判明してから無事に出産できるまでは時間がかかります。

Well begun is half doneという英語のことわざがあります。何事も始めが肝心で、始めがうまくいけば半分終わったようなもの。この卦が出たら、困難なことでも思い切って始めてみましょう。

明治時代に北海道の警備と開拓に当たった部隊が屯田兵《とんでんへい》。極寒の地でさぞかし厳しい日々を送ったことでしょうが、そうした苦しみの上に、現在の北海道の発展があるのです。

テーマ別読み方例

恋愛・結婚

障害を乗り越えないと成就しません。タイミングも合わず、すれ違いも多くなります。しかし困難があればあるほど、気持ちは燃え上がるもの。二人とも「どうしてもこの人と」と決めたのなら、根気強く問題を解決しながら時期を待ちましょう。

反対にスピード婚は失敗しがち。初婚で失敗した人は、再婚に希望が持てます。苦い思いや反省を活かして、幸せをつかめるのです。

人間関係

こちらからは親しくなろうとしているのに、そっけない態度を取られることが起こりがち。無理に近づいても敬遠されるだけ。適度な距離感を保ちつつ、友好的な態度を維持すれば、いずれ雪解けとなります。

一方、極寒の時期だからこそ、長いつき合いの友人は貴重。疎遠になっているのなら、近況報告などで旧交を温めましょう。いずれにしても、相手に期待せず自分が譲る気持ちで。

仕事

二爻、四爻、上爻に「馬」というキーワードが出てきます（P.88）。馬車が馬の足並みをそろえなくては進めないように企業なら、やたらと人を採用する前に、内部の結束を固めて社内体制を固めるべきです。

なかなか結果が出ずあせりを感じますが、投げ出したらそれで終わり。今は勝ち目がなく、引き分けでもいいので、小さな勝負を重ねていき、実力を蓄えましょう。

お金

忍耐の時期。必需品や将来のために役立つもの以外は、安易にお金を使わず、将来に備えてください。投資は長期が鉄則。短期では利益は出ません。株式など一時的に値下がりして損失が出ても、あわてて売らずに保有を続ければ値を戻すことも多いでしょう。

外卦の「坎《かん》」には「穴に落ちる」という意味があるので、財布の紛失や盗難には要注意。貴重品は、むやみに動かさないようにしましょう。

キーワード・象意

出産　忍耐　厳しさ　悩み　苦労　停滞　逆境　水面下

爻で見る運勢アドバイス

之卦《しか》	アドバイス	爻辞の解説	爻位
風雷益 P.203	誰ともつながらず、孤立した状態で思うように動けません。しかし、上爻まで来れば悩みはそんなに深くありません。水雷屯は新しいものを生み出す苦しみですから、時期を乗り切れば、得られるものは大きいでしょう。	馬がばらばらの方向に。血の涙をさめざめと流す。	 上爻
地雷復 P.149	恵まれた立場にあるのに、先行きへの不安から力の出し惜しみをして評価を下げている状態。今は運気が停滞していると感じていても、もうすぐ道が開けます。少し大らかになり、組織の潤滑油のような存在になりましょう。	あぶら（恩恵）を出し渋っている。小事は吉、大事は凶。	 五爻
沢雷随 P.128	婚活や就職で高望みをすると、誰にも相手にされません。絶対にこうあるべきだという理想にとらわれず、自分とつり合った相手を選ぶことで、スムーズに展開。人助けをすれば巡り巡って幸運が舞い込みます。	馬がばらばらの方向へ。求婚のため下に行けば吉。	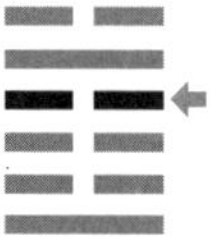 四爻
水火既済 P.266	準備不足のまま始めても、うまくいきません。そして、空振りに終わりそうだと予感したら、すっぱり見切ること。危険を事前に察知する力を養うために、経験者に話を聞いたり、指南書をひもとくことが効果的。	案内人なしの鹿狩りで林の中で迷う。君子はやめるべき。	 三爻
水沢節 P.257	伸び悩んで骨の折れることが続きます。正しい位置にいるのに、よくない相手につきまとわれ先に進むのに難航。回り道して時間はかかりますが、本来の自分にふさわしい人とつながるまであきらめないでください。	行ったり来たり。馬がばらばらの方向へ。強盗でなく求婚。十年後に婚約。	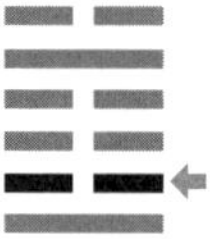 二爻
水地比 P.101	意欲も実力もあるのですが、上に大きな障害物が。会社員なら左遷させられたり、割り当てられたポジションが低くてがっかりします。そこで自暴自棄にならず、正しい姿勢を貫いていれば、適材適所に配置されます。	進みにくく悩むが、正しい場所にいる。公共の仕事によい。	 初爻

4

䷃

山《さん》水《すい》蒙《もう》

Youthful Folly

〈 若く愚かな者 〉

「蒙」は愚かな者という意味。啓蒙《けいもう》は、蒙を啓《ひら》いて知恵を授けること。「山水蒙」が教育の卦と呼ばれるのはこのためです。山に霞がかかってぼんやりした景色。しっかり学ぶことで霞が晴れて答えが見つかります。あるいは、山の下に泉が出て、最初は小さな流れだったのが、最終的には大河となります。

卦を立てて気に入らない結果だったとしても、再び占ってはいけないという戒めが「初《しょ》筮《ぜい》は告ぐ」として卦辞にあります。易だけでなく、卜術《ぼくじゅつ》すべてに当てはまる教えです。

かつては、いい年をして学びの卦である山水蒙が出るのは恥ずかしいという見方もありましたが、変化が激しく新しいテクノロジーが次々と開発される現代社会では、生涯を通じて山水蒙の心構えを持ち続けたいものです。

テーマ別読み方例

恋愛・結婚

相手あるいは自分の気持ちがはっきりせず、霧の深い山道を手探りで歩いているような状態。自分の心が決まっているのなら、一歩引いた姿勢を。それで離れてしまうのなら、もともと縁がなかったのです。反対に、自分の熱量のほうが少ないなら、会話を重ねて相性を見極めましょう。見切り発車は失敗します。

カップルや夫婦は、知識や経験に差があり、教師と生徒のような関係になることも。

人間関係

いい年をして何も知らない子どもじみた人か、あるいは、教えを乞いたくなるような教養のある人との縁がつながります。

自分が学ぶ立場か教える立場かで、読み方が異なってきます。学ぶ立場なら、師を求め意欲的な姿勢を。教える立場なら、知識を押しつけるのではなく、学ぶ意欲を育てる工夫を。どんなに教養や知識が深くても、興味のない人に延々と話すと敬遠されるだけです。

仕事

教師や講師、教授といった職業の人に出たなら大吉ですが、一般のビジネスでは、ルールや見通しが不透明で、やがて苦境に陥りがち。現状維持でよしとしていると、どんどん世間から取り残されて稼げなくなります。世界の流れにアンテナを張り、風向きを読んで技術を磨きましょう。

すでに地位を確立しているなら、指導者役を引き受けつつ知識のアップデートを。

お金

子ども時代の趣味に再び夢中になり、大人買いして懐が寂しくなる危険あり。

地道に暮らしていても、先行きが見通せず、諸経費も見込みより多くかかります。やみくもに貯金を増やそうとしても、古い知識のままでは歯が立ちません。この機会にお金に関する最新の知識を身につけましょう。新しいスキルや資格取得のために学ぶなど、ステップアップのためにお金を使うのも賢明です。

キーワード・象意

霧　児童　学生　若者　無知蒙昧　啓蒙　先生
師　初筮は告ぐ

爻で見る運勢アドバイス

之卦《しか》	アドバイス	爻辞の解説	爻位
地水師 P.98	熱心で厳格なのはいいことですが、やりすぎると反発されてトラブルに発展。道理が通じず、腕力に訴えるような乱暴な相手には勝てませんし、言いくるめられたことに怨みを抱かれるだけです。他人より自分を律しましょう。	無知な者を適度に懲らしめる。外からの誘惑を防ぐ。	 上爻
風水渙 P.254	どんなに高い地位にあっても、学ぶ姿勢を持ち続けたいもの。たとえば、配置転換になったり、新しい土地に引っ越したら、余計なプライドを捨て、新参者として年下や目下にも教えを乞いましょう。有益な情報が入ってきます。	幼くて無知蒙昧《もうまい》な者。謙虚に人に教えを乞えば吉。	 五爻
火水未済 P.269	知識や経験がある人でも、この爻が出たら、何も知らない手探りの状態。独学しようとしても、正しいやり方がわからず身につきませんし、昔のやり方は通用しません。力量不足を自覚して、適切な指導者を探しましょう。	無知蒙昧に苦しむ。恥ずべき状態。	 四爻
山風蠱 P.131	無知なのに身のほどを知らず、行動は軽率。異性がらみのトラブルを招かないように自戒を。また結婚に限らず、仕事上のパートナーや友人の選択は慎重に。外面はよくても、あなたの財布の中身ばかりうかがっている人かも。	結婚は凶。金に目がくらむような女性をめとることになる。	 三爻
山地剥 P.146	教育者的な立場。自分が学んだこと、身につけたことを社会に還元し、人を導きます。ただし、求められていないのにやたらと教えようとしては逆効果。初爻のような厳しさはなく、寛大な気持ちを。結婚、家庭運も良好。	蒙昧な者を包容して吉。妻を迎えるのも吉。子どもが家を盛り立てる。	 二爻
山沢損 P.200	何事も最初が肝心。習い始めは基礎をしっかり身につけること。そして、ルールを明確に定め、妥協してはいけません。その後の展開を観察し、柔軟な対応を。妥協はダメですが、厳しいばかりでは行きづまります。	蒙昧な者を啓発する。刑罰を加えて厳しく指導し、徐々に枷《かせ》をはずしていく。	 初爻

5

水《すい》天《てん》需《じゅ》

Waiting (Nourishment)

〈 飲食しながら需《ま》つ 〉

「山水蒙《さんすいもう》」の教育の卦に続くのが、人間が生きていくための必要な飲食の卦である「水天需」。内卦の天は進もうとしますが、外卦の水の困難が押しとどめており、願望実現には時間がかかることを示しています。

水と天は雨雲の象徴。「需」という字も雨と天を合わせたもので、天からもたらされる雨の恵みを待つという意味です。易では雨は陰陽の和合であり、農作物の実りをもたらします。日照りが続くと雨乞いの儀式を執り行いますが、後はじっと待つしかなかったのです。

どの爻を得たかでどんな態度で待てばいいかを判断できます。二爻と五爻なら事態の好転を待ち、初爻は時間がかかります。三爻は泥まみれになり、四爻は血を流し、上爻までいくと、待つのは終わりです。

テーマ別読み方例

恋愛・結婚

早急に進めようとするとうまくいきません。相手の気持ちがまだ固まっていなかったり、別の候補と天秤にかけられたりしています。駆け引きより、待った方が勝ちのゲームと考えると、気持ちが楽になります。

とりあえずは飲食を楽しむデートを重ね、ゆっくりと二人の仲が進展するのを待ちましょう。恋人や夫婦はおいしいものを食べる機会を増やしましょう。

人間関係

新しく知り合った人は、意外な大物だったり、反対に悪人だったり、予測がつきません。ある程度まで相手のことがわかるまでは一気に親しくなろうとせず、適切な距離を保つのが無難です。

積極的に動かない方がうまくいきます。主導権は渡して何事も相手のペースで進めるのもいいでしょう。飲食の卦ですから、会食の場を設けることで打ち解けられます。

仕事

期待した進展がなくても、あきらめずに待っていれば、朗報がもたらされます。交渉の結論をせかすと逆効果。静かに待てるかどうかが鍵を握っています。

ただし、ネットワークが発達している現代社会では、連絡もせずにただ待っているだけでは意欲に欠けると思われます。状況報告や季節の挨拶をしつつ、結論をせかさないという高度なテクニックが求められます。

お金

時間を味方にしてお金を増やす戦略を。少額でも積み立てを始める好機。何事も急いではいけません。一時的にマイナス運用となったとしても、あせって損切りするのではなく、のんびり待ちましょう。

おいしいものにお金を使うことが多くなるのでショッピングは堅実に。衝動買いや、まとめ買いは避けて、吟味して納得したうえでお金を使いましょう。

キーワード・象意

待望　待機　希望　順番　時節到来　飲食　宴　密雲

爻で見る運勢アドバイス

之卦《しか》	アドバイス	爻辞の解説	爻位
風天小畜 P.104	待つことは終わり、危険の極致。明治の易聖・高島嘉右衛門が日清戦争終戦時に「招かれざる客三人」から「三国干渉」を予見しました。邪魔が入って面倒な事態となり、気の重い事項を三つほど処理する必要があります。	穴に落ちる。招かれざる客が三人来る。敬意を尽くして応待すれば、最後は吉。	 上爻
地天泰 P.110	多少の時間がかかりますが、待っているものを手にできます。悠々とした心境で待ち時間を有意義に活用。あせって動くことなく、毎日の食生活を充実させましょう。本分を守って過ごしていれば、吉報がもたらされます。	酒食を楽しみながら需《ま》つ。正しい態度を守れば吉。	 五爻
沢天夬 P.206	敵に斬りつけられて出血し、穴に落ちるようなダメージを覚悟。命に別状はありませんから、傷が回復するのを待てば穴から脱出できます。この爻が出たら無駄な抵抗をせず、とりあえず休戦。自分からはしかけないように。	血を流しながら需《ま》つ。穴から抜け出す。	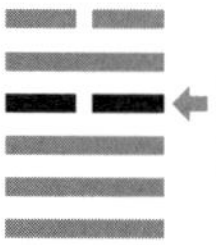 四爻
水沢節 P.257	足もとも悪く、外に敵がいる不穏な状況。しかも自分の力を過信して、不用意な行為に出がちです。仲間と心が通じず、味気ない思いをすることもありますが、今はひたすら無難に過ごすべき時期です。	泥の中で需《ま》つ。外から敵が攻めて来る。	 三爻
水火既済 P.266	最終的にはうまくいくので、あせらず悲観せず待ちましょう。砂の上に立っているような不安を感じるでしょうが、待ちきれずに不用意な発言をすると、信用を失います。少々不快なことを言われても、聞き流す心のゆとりを。	水辺の砂の上で需《ま》つ。少し非難されるが、最後は吉。	 二爻
水風井 P.221	危険(外卦の水)は遠くにあるので一安心。その一方、目標もかなり遠いところにあって、簡単には手が届きません。突飛な試みや私欲による行動は危険。入念に調べて、リスクが少ないことを確認してから行動しましょう。	遠い郊外で需《ま》つ。平常心で過ごせばよい。	 初爻

6 天《てん》水《すい》訟《しょう》

Conflict

〈 裁判は勝っても負けても消耗 〉

食べ物のうらみは恐ろしいもの。当事者同士で解決できなければ、公に訴えることも。そこで、「水天需《すいてんじゅ》」に「天水訟」が続きます。

外卦は天ですべてが陽なのに対し、内卦は水で悩みや苦しみを抱えています。天は上昇し、水は下降することからも、落としどころが見つけられず、訴訟となるとさらにあやうい状況に。自分のほうが正しいとしても、強引に主張せず、ほどほどのところで手を打つ大人の分別が求められます。

人と対立した時に出やすい卦で、五爻以外はあまりいい占断にはなりません。裁判に持ち込む前に妥協して解決するという処世術を説いています。外卦の天に対してどんな態度で向かえばいいか、内卦を変化させて（P.279）理想卦を考え解決法を探ってみるのもいいでしょう。

テーマ別読み方例

恋愛・結婚

正反対の方向へ進もうとしている二人。気持ちが離れ、しっくりいきません。自分は悪くないと相手を責めると、ますます険悪なムードに。意地を張らずに妥協点を探してください。縁談はまとまりにくいので、間に信頼できる人を立てるといいでしょう。

長く続いている関係は、性格の不一致を感じることが多くなります。別々に楽しめる趣味を持ち、お互いの自由を尊重する関係を。

人間関係

外面は立派でも、中に問題を抱えている人物と出会いがち。対立すると、双方とも譲らずトラブルに発展。理不尽な要求を突きつけられたら、争わずに距離を置くのが得策。どうしてもつき合わなければいけない相手なら、仲裁役を立てて直接対決を避けること。

主義や主張がぴったり一致する他人はいません。異なる立場であることを前提として、双方が妥協できる地点を探りましょう。

仕事

思うように進まないうえにトラブルも起こりがち。不満を口にすると広まってしまうので、黙って耐えるしかありません。上司や同僚と意見が対立しがちですが、正面からやり合っても勝てる見込みはあまりありません。

うまくいかないことを前提に、別のプランBも用意。余計な攻撃を防ぐために、入念な確認やチェックでミスを少なくしておくことも、「天水訟」が出たときの処世術です。

お金

予想外の出費に悩まされ、入金は遅れるなど踏んだり蹴ったり。無理な計画は立てず、家で静養を。無駄なこだわりを捨てて、シンプルに生きていく契機としてください。

懐具合が苦しい時期ですが、トラブルが起こったら金銭で解決するのが賢明です。お金を惜しんでトラブルを長引かせると、精神的に消耗します。生活全般にダメージが出て、働く意欲が失われては元も子もありません。

キーワード・象意

訴訟　裁判　トラブル　利害対立　敗訴　和解　示談

爻で見る運勢アドバイス

之卦《しか》	アドバイス	爻辞の解説	爻位
沢水困 P.218	正当性が認められても名誉は得られず、それどころかトラブルを起こす面倒な人だと敬遠されます。初対面で意気投合しても、すぐに幻滅するようなもの。苦労したのに、手に入れるものはあまりにも小さく、失望します。	**王から革帯《かわおび》を賜り、朝のうちに三度も取り上げられる。**	 上爻
火水未済 P.269	天水訟の中で唯一、裁判を勧める爻。訴えて勝てるのは、正しい判断力があるか、有能な弁護士のおかげ。主張が通り、トラブルは解消。自らが公平な裁判官の役割を果たして、人を助けることもあるでしょう。	**訴訟、大吉。**	 五爻
風水渙 P.254	勝算はありません。過度に主張せず、状況に応じて態度をやわらげて、平和的な解決を。新しいことには手を出さず、本来の仕事に集中してください。一歩引き下がって天命に従えば、気持ちも晴れてきます。	**訴訟に勝てない。心を入れ替えて正しい道に戻る。**	 四爻
天風姤 P.209	現状で十分恵まれていますから、野望は持たないでおきましょう。自分から事を起こさず、アドバイスには素直に耳を傾けてください。甘い誘惑に注意。目の前の仕事を着実にこなし、副業には手を出さないほうが無難。	**遺産で暮らす。危ういが正しい態度を保ち、王の命を受けて働く。**	 三爻
天地否 P.113	訴えを起こしても相手の地位が上。納得のいかない人事で地方に左遷となったら、黙って受け入れること。会社を訴えても立場が悪くなるだけです。そのうち運気は好転するので、下手にさわがず静かに英気を養いましょう。	**訴訟に勝てない。三百戸の小さい村に引きこもれば災いはない。**	 二爻
天沢履 P.107	こちらに道理があったとしても、訴訟に勝てる見込みはありません。争いを長引かせても不利になるだけですから、和解や調停の道を。当てにしていたことが期待はずれに終わりますから、別の道を探したほうが得策です。	**争い事を長引かさないように。多少のいさかいがあっても最後は吉。**	 初爻

7

地《ち》水《すい》師《し》

The Army

〈 軍を統率する冷徹なリーダー 〉

裁判で解決に至らなかったり、判決に不服な場合、血気盛んな人は戦争を起こします。「師」は教師ではなく、軍隊（師団）を率いる師で、二爻の陽を指します。冷静沈着なリーダーであり、絶対的な権力を持っています。

本来は五爻が君主の位ですが、戦争中は前線の軍師（二爻）に指揮権を委任します。二爻以外はすべて陰ですから、軍師が絶大な権力を握っているのがわかります。

地の下に水があり、地下水とも読めます。地下の水脈を蓄えるように国力を維持する指導者であり、困難（水）を乗り越えて平和（地）をもたらします。利害が相反する相手がいて、心の平安が乱されますが、最小限の損害ですむ解決策を探りましょう。そして、戦いが終わった後の処理も勝利以上に大切です。

テーマ別読み方例

恋愛・結婚

甘い恋愛でないことは確か。好条件の男性一人を女性五人が取り合っています。婚活なら、戦略を立てないことには出会いさえないでしょう。そして、自分を選べばどんなメリットがあるか、相手に納得させなければいけません。恋愛というより、一種の取り引きとして割り切る必要があります。

長いおつき合いの恋人や夫婦は、仕事が忙しくて相手を思いやるゆとりがなくなりがち。

人間関係

全方位に友好的な関係を樹立し、戦いを起こさないようにするのが無難です。どこに敵が潜んでいるかわかりません。不用意なことは口に出さず、感謝の気持ちはしっかり伝えること。多忙でも人からの頼みはできるだけ引き受け、味方を増やしてください。

爻で見た際、二爻が出たら、自らリーダーシップを発揮し、五爻なら優秀な人を見込んでリーダーになってもらいましょう。

仕事

シビアな局面が多く、気が休まりません。スケジュールと予算管理はきっちりと。言った、言わないのトラブルを防ぐために、記録もきちんと取りましょう。

管理職の立場なら、スタッフを育てて効率的に配置。結果を出して、栄達の道が開けます。部下の立場なら、上役の命令に忠実に従う駒として動くしかない時期です。内部での対立は自滅への道なので、絶対に回避を。

お金

まず予算を立て、入出金を記録する習慣を。戦争でも最終的に勝敗を決するのは経済力。蓄財に励み、非常時に備えましょう。極端な節約に走るのでなく、高価で質のいいものを買えば、長く使えてコストは安くすみます。

お金を巡っての争いが起こったら、知識がないと勝てません。税理士や会計士など専門家に頼りましょう。投資は勘に頼らず、データを読み込んで戦略を立てて始めること。

キーワード・象意

戦争　戦略　軍隊　師団　軍師　規律　勝利
敗戦　地下水脈

爻で見る運勢アドバイス

之卦《しか》	アドバイス	爻辞の解説	爻位
山水蒙 P.89	終戦。大変な時期を乗り越えて疲れていても、お世話になった人にはしっかり感謝を。そして、平和な時代を治めていくためには、戦時中とは発想を変えなくてはなりません。武力だけでのし上がった人には、政治はできません。	**君主が命を発令。戦功者に領地を与える。小人は任用すべきではない。**	 上爻
坎為水 P.164	戦いに勝って戦利品を得たからといって調子に乗り、すべてを自分で仕切ろうとすると失敗。専門外だったり、不得意なことは適任者に任せましょう。ここで人選を誤ると勝利が台なしです。欲を出しすぎないように。	**狩りに出て獲物あり。長男(君子)が指揮し、弟(小人)は屍を車に乗せて帰る。正しくても凶。**	 五爻
雷水解 P.197	勝ち目のない戦いは避けるべき。ひとまず休戦して、身の安全を確保して静観を。逃げ出したようでプライドが傷つくかもしれませんが、長い人生は、勝ったり負けたりの連続です。トータルで勝てばよしと割り切りましょう。	**軍隊が左に退く(退却して宿営)。大事には至らない。**	 四爻
地風升 P.215	自分の才能を高く見積もりすぎている状態。力もないのに無理な戦争を始めているようなもの。勝負しても勝てず、かなりのダメージを受けることに。損切りを恐れず、取り返しのつかないことになる前に、手仕舞いを。	**軍は敗走。戦死者の屍を車に乗せて帰る。**	 三爻
坤為地 P.83	人任せではいけません。リーダーシップを発揮すべきとき。今後の展開はすべてあなたにかかっていて、実力も備えています。引き立ててくれる人もいて、天からの助けも。ここで成果を上げれば、大いに評価されます。	**軍を率いる師。吉にして咎なし。王から三度もほうびをもらう。**	 二爻
地沢臨 P.134	準備も戦略もなく規律が乱れた軍隊が勢いだけで開戦しても勝てる見込みはありません。一度決めたルールやスケジュールはしっかり守ること。入会や入社、入居に際しては説明書や契約書にしっかり目を通しておくべき。	**軍師は出陣のとき、厳しい軍律で統制。乱れていると凶。**	 初爻

8

水《すい》地《ち》比《ひ》

Holding Together

〈 人と親しむ 〉

「比」の字は二人の人が並んでいる姿で、お互いに親しみ助け合っています。「地水師」の戦争が終わって平和な時代の到来。地の上に水があるのは、雨が降り注いで大地を潤している象。豊かな収穫が期待できる水田であり、穏やかな田園風景のイメージです。

平和的な卦ですが、争いが隠れています。唯一の陽である五爻は、高貴な君主の位にあり、注目を一身に集めるアイドルのような存在。5つの陰はすべて五爻と親しもうと競っていますが、関係性に濃淡があります。タニマチに厳しい序列があるようなものです。

「水地比」が出たら、タイミングが重要です。卦辞には「遅れて来る人は凶」とあります。グループが完成してしまうと、入るのはむずかしいもの。さっさと行動を起こしましょう。

テーマ別読み方例

恋愛・結婚

女性に出たら、一人の男性を巡ってライバルが乱立している状況。ためらっていては、手が届かない存在になってしまいます。この人だと確信したなら、積極的にアプローチを。男性に出たら、候補者が多く目移りするほどですが、結論を先延ばしするとタイミングを失います。心を決めましょう。

恋人や夫婦は、大地に水が染みわたっていくように親しんでお互いの理解が深まります。

人間関係

多くの人とつながりが持てる時期。フレンドリーな雰囲気を心がけ、初対面の人とも親しみましょう。ただし、誰とでも仲良くするのではなく、孤立して人となじまない人、約束に遅れてくるような人とは、平和的に距離を置くこと。人間関係によって運気が大きく変わりますから、人を見る目を持ちましょう。

そして、集団で決めたことには異を唱えず、仲間はずれにならないように注意。

仕事

共同作業に向いている卦です。職場の雰囲気がよくなるようなコミュニケーションを心がけましょう。業界内だけでなく、幅広いジャンルの人とつながっておくことも大切です。

和合の卦ですが、ライバルも多く気を抜いていると、大きく差をつけられることも。水(困難)が上に控えているとも読めるので、締め切りを守り、何事も早めに処理を。ミスを避けるためにチェックは入念に行いましょう。

お金

人間関係を広げるタイミングですから、交際費をケチケチしてはいけません。節約第一では印象が悪くなり、声がかからなくなります。グループでの行楽やレジャーも吉。単に参加するだけでなく、企画を立てて手配や世話役になると好感度が上がります。

共同出資やグループ購入にもいい卦ですが、トラブルに発展しないように、どんな人が関わっているのか確認してから決めましょう。

キーワード・象意

協力　協調　親しむ　親和　親善　平和
豊かな水田　田園

爻で見る運勢アドバイス

之卦《しか》	アドバイス	爻辞の解説	爻位
風地観 P.137	誰もついてきてくれず、人間関係の消滅。無理に引き留めても逆効果。悪と染まるぐらいなら、一人を貫く覚悟を。国際連盟を脱退し、日独伊三国同盟を結んだ戦前の日本のような状態です。一度あきらめて、方向転換を。	親しもうとしても、相手に首がない。凶。	 上爻
坤為地 P.83	この卦で唯一の陽であり、親しみの道の理想。三方から親しもうと来る人は拒まず、前方に去る者は追いません。そして王者の風格で、小人がよからぬことをしでかしても、逃げ道を空けておきます。風通しのよい人間関係。	親しみを明らかにする。王は三方から狩り、前方の獲物は追わない。村人は警戒しない。吉。	 五爻
沢地萃 P.212	現在の狭い人間関係で満足せず、広い視野で人と接しましょう。格上の賢人と親しむことができれば吉で、秘書やサポート役といった役割がうまくいきます。二人の交流から始まって、大事業に発展していくことも。	外の相手と親しむ。正しい態度であり吉。	 四爻
水山蹇 P.194	悪い相手ばかり出てくる時期。見込み違いも多いので、人を見る目を磨かなくてはなりません。特に一気に親しくなろうとする人は危険。あなたを利用しようとして近づいている可能性大。一人の時間を大切にして、小休止を。	相手は親しむべき人ではない。凶。	 三爻
坎為水 P.164	あこがれの対象と縁がつながります。相性もよくお互いに補完し合えますが、相手の立場が上なので謙虚さを忘れないこと。プライドが高すぎると対立します。相思相愛の恋愛でも、多少の苦労は覚悟しておきましょう。	内側から親しむ。正しい態度であり吉。	 二爻
水雷屯 P.86	親しむプロセスの第一歩。一時的なつながりではなく、時間はかかっても下心や損得勘定を抜きにした信頼関係を。キャリアや所有物をアピールするのは逆効果。自分が信頼できる人間であることを、行動を通じて示しましょう。	誠実な交流。真心が器に満ちるほどあれば、予想外の吉。	 初爻

9

風《ふう》天《てん》小《しょう》畜《ちく》

The Taming Power of the Small

〈 小さくとどめる 〉

内卦はすべて陽で、力強く上昇しようとしています。押しとどめているのは四爻の陰のみで、小さな力が大きな動きを止めています。

この卦が出たら、進めるようでいて進めません。予定は遅れ、目標に手が届きそうで届かず、もどかしい思い。かといって悪い卦ではなく、経済的な不安はなく、小さな幸せを感じることもあります。

日照りが続いて雨乞いをしたら「西の郊外に濃い雲が出ているが、雨はまだ降らない」。降りそうで降らない空模様。そのうち雨は降り、願いは叶いますが、今すぐというわけではありません。心に疑いが生じて、思うように行動できなくても、あせりは禁物。欲を出しすぎてはいけません。天気の変化を待つように、ゆったりとした気持ちで待ちましょう。

テーマ別読み方例

恋愛・結婚

風が天の上にあるので、女性主導。性急な展開は望み薄。なかなか本音が出てきませんが、少しずつ距離を縮めていきましょう。条件で選ぶのではなく、人生をともに歩けるかどうかを決め手にしてください。

長いつき合いのカップルや夫婦には、暗雲が立ち込めます。生活は順調で経済的にもうまくいっているのに、反目しがち。ここを乗り切れば、平穏な関係になれます。

人間関係

表向きは有効な関係ですが、ささいな不満が積もり積もって、もやもやした状態。一定のレベルを超えると大爆発する危険もあります。親しき仲にも礼儀あり。「これくらい大丈夫だろう」という甘えは禁物です。相手に言いたいことがあるのなら、溜めずに少しずつ話しておきましょう。

少しとどめる卦ですから、過剰な期待を抱かず、適度な距離を保てばうまくいきます。

仕事

進行が遅れがちで、目に見える成果がなかなか出ません。手が届きそうで届かないので、ストレスが溜まりますが、目立たないところで、小さなことを積み上げていきましょう。契約関係の書類は、あいまいなところがないかしっかり確認を。

大きく方向転換するより、現状の延長線上にある目標を。資格の習得など、次のステップに向けて力を蓄えておくのも有益です。

お金

一攫千金は狙えなくても、蓄財のスタートには最適。無駄な出費を省くのは大切ですが、行きすぎた節約はかえって金運にはマイナスです。人間関係を円満に保つための費用は予算に入れておくこと。そして自分への投資も惜しまず、経験や教養を積みましょう。

目標金額を達成できなくても、思いやりの心を持ち、平穏な日々を生きていること自体が大きな財産です。

キーワード・象意

堅実　毎日の習慣　小停止　倦怠期　夫婦反目
密雲　急がば回れ

爻で見る運勢アドバイス

之卦《しか》	アドバイス	爻辞の解説	爻位
水天需 P.92	雨は陰陽和合の象徴。長年の願いは叶いますが、少し不満も。これ以上の結果は出ないので、今の状態で満足しましょう。婚活してようやく巡り合った結婚相手に対して、あれこれと不満をあげつらうと、結婚自体がなくなります。	雨が降ったり止んだり。まだ蓄積できるが、女性は正しくても危うい。月は満月に近い。君子もこれ以上進めば凶。	 上爻
山天大畜 P.155	外卦の3つの爻が力を合わせて内卦が進んでくるのを止めようとしている状態。互いに手を取り合って協力しています。経済面では恵まれますが、人に分配するので取り分は減ります。利益を独占しようとするのは厳禁。	真心が連なっている。富を隣人と分かち合う。	 五爻
乾為天 P.80	風天小畜の唯一の陰。けがで出血しても、傷の程度は深刻ではないので、あわてないように。思うようにならないことが多くても、自重していれば危機は去ります。上からの助けがあるので、仲間と協力しながら乗り切りましょう。	真心がある。傷ついて血を流すが、咎なし。	 四爻
風沢中孚 P.260	進むべきでないタイミングに、間違った方向に行こうとしています。しかも仲間割れの危機。対立している場合ではありません。不倫や浮気が発覚したときによく出ます。方向転換するか、夫婦関係を修復するか、熟考の必要あり。	車軸がはずれる。夫婦は反目。	 三爻
風火家人 P.188	内卦の3つの陽が一緒に進もうとしますが、引き返します。仲間がいるので心強いとはいえ、最初の目的を達成するのは難しいでしょう。とはいえ、何らかの成果は期待できますから、誠実な姿勢で調和的な人間関係を。	牽引されて戻る。吉。	 二爻
巽為風 P.248	とりあえずストップ。もう一度、スタート地点に戻るべきです。せっかく歩いた道を引き返すのは、心理的に難しいものですが、このまま進んでも無駄足です。過去を整理し、正しい道を探す、いい機会だと考えてください。	道の途中で戻る。何の咎もなく吉。	 初爻

10 天《てん》沢《たく》履《り》

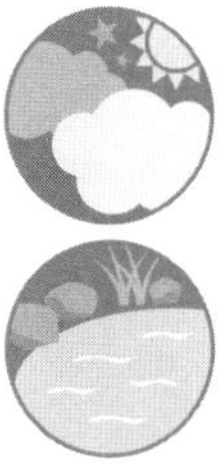

Treading (Conduct)

〈 慎重に履《ふ》み行う 〉

「履」は人として履《ふ》むべき正しい道で、「天沢履」は人が進むべき道を一歩ずつ着実に歩いて行く姿を示しています。二番目の英訳「Conduct」は決まった手順に従って、丁寧に執り行うという意味で、コンダクターは指揮者や添乗員。譜面や旅程に従いながら、演奏者や参加者に気を使わなければなりません。

それなのに、虎の尾を履むような危険な状態になるのは、内卦の沢が世間知らずの少女だから。外卦の天は、堂々とした壮年の男性。無礼なふるまいは許されず、一つ間違えるだけでも危険です。成りゆき任せ、自信過剰、手抜きは厳禁。目上を敬い、従わなければなりません。礼を尽くせば、虎の尾を踏む危険を回避できます。この卦が出たら、とにかく慎重に動きましょう。

テーマ別読み方例

恋愛・結婚

順風満帆とはいきません。一気に話を進めようとすると、横やりが入ります。お互いの気持ちを固め、周囲への根回しも必要です。

男性の恋愛を占って「天沢履」が出た場合は、相手側の女性の身辺調査をしたほうが安心です。卦を人体にたとえると、三爻は陰部に当たり、ここだけ陰になっていることから、「天沢履」は女子裸身の象と呼ばれ、不倫や援助交際など、色情によるトラブルも暗示します。

人間関係

先方は実力も地位もあり、こちらに勝ち目はありません。プライドも高いので、思慮の浅い行動を取ると、たちまち切られるでしょう。丁寧すぎるほどの低姿勢で、常に相手を立てること。親しみをこめたつもりでも、相手は軽く見られたと誤解するかもしれません。虎を前にした兎の気分で、取って食われないように細心の注意を。ここで好感を得れば、強い後ろ盾となってくれるでしょう。

仕事

思い切ったチャレンジをするには、周到な準備と根回しが必要です。まずはミスを犯さぬよう、スケジュールを守ることから。仕事さえできればいいだろうと、礼儀をおざなりにしたり、だらしない格好をしてはいけません。猛獣がいつ襲ってくるかわからないジャングルを探検するような気持ちで取り組みましょう。この局面をうまく乗り越えることができれば、ステップアップにつながります。

お金

確実に利益を得られる特別な投資など、めったにありません。熱心にすすめてくる人がいるなら、まず疑ったほうがいいでしょう。知識がないと自覚しているなら、よくわからない投資には手を出さないこと。リスクを伴う運用は、自分なりのルールを設定し、時には損切りをして撤退する勇気も必要です。

高額な買い物は慎重に。分不相応な金額のローンを組んではいけません。

キーワード・象意

履行　履修　実践　虎の尾　危険　礼儀　礼節
客観視　色難

爻で見る運勢アドバイス

之卦《しか》	アドバイス	爻辞の解説	爻位
兌為沢 P.251	「終わりよければすべてよし」の心構えで、最後まで手を抜かずに完成させましょう。そして、これまでのプロセスを振り返り、反省や再確認を。高齢ならリタイアして自伝の執筆。若者なら次は別の道を正しく進めます。	これまでの行動を振り返る。大いなる吉や喜びを得る。	 上爻
火沢睽 P.191	ためらわずに決行。喜んでついて来てくれる人もいますが、危ない橋です。やり手のワンマン社長がすべて取り仕切っている会社のような状態。自分の能力を過信せず、周囲の意見にも耳を傾けてルールや計画の見直しを。	確固として履《ふ》む。正しい態度であるが危ない。	 五爻
風沢中孚 P.260	危険に満ちた道を歩いています。虎の尾を履むリスクはありますが、致命的なダメージとはなりません。油断は禁物。用心しながら、足を進めましょう。意志は固く持つべきですが、目上に対しては従順な姿勢を。	虎の尾を履《ふ》む。恐れて慎重であれば、最後は吉。	 四爻
乾為天 P.80	6つの爻のうち唯一の陰で、最も危険です。能力もないのに出すぎた真似をしないように。無理だと思ったら、傷の浅いうちに撤退。そのまま続けると虎に食われます。武力に頼る王は長く天下を治められないのと同じです。	目が悪いのに見える、足が悪いのに歩けると思い上がる。虎の尾を履《ふ》んで食われる。武人が王になった。	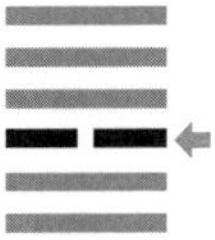 三爻
天雷无妄 P.152	人からの評価を気にせず、淡々と自分の適性に合った道を迷わず進んでいきましょう。無理して人とつながる必要はありません。欲張らず、ほどほどのところで満足を。一気に進もうとしたり、目立つと危険です。	平らな道を履《ふ》んで進む。幽人（世俗から退いた人）は正しい態度を守れば吉。	 二爻
天水訟 P.95	能力があっても、低い地位に甘んじている人。最初の一歩を踏み出す時。靴をはかず素足で歩いているようなものですから、そんなに遠くまで歩けません。自分を大きく見せようとせず、ありのままの姿で。	素履《そり》（本来の性質で履《ふ》む）。進んでも危険はない。	 初爻

11

地《ち》天《てん》泰《たい》

Peace

〈 陰陽が交わり安泰 〉

天が下にあり、地が上にあるのは、位置が逆に見えますが、天の気が上昇し地の気が下降して陰陽が交わるので大吉。易者の看板にはよくこの卦の形が掲げられています。

上下を通じて安泰な状態であることから、六十四卦のうち最も理想的な卦とされます。縁談は良縁で、生活は安定、家族は仲良く、世の中は平和。ただし、易はつねに変化しますから、現状をピークとして徐々に衰えていくとも読めます。

初爻から上に行くほど不穏になり、上爻になると栄華を極めた城も崩れます。フィリップ・K・ディックのSF小説『高い城の男』では、登場人物が独立して仕事をやってみようかと易を立てたところ、「地天泰」の上爻が出て「こりゃ、ひどい！」と叫ぶシーンがあります。

テーマ別読み方例

恋愛・結婚

陰（女性）陽（男性）が交わるのですから、恋愛には大吉。これまで出会いの機会に恵まれていなかった人も、大いに期待できます。相手が外卦の地で、自分が内卦の天ですから、自分のほうから積極的にアプローチすべきです。

恋人や夫婦は円満な関係を築いていきますが、交際や結婚期間が長くなるにつれ、ほころびが生じやすくなります。努めて二人の関係をリフレッシュする工夫を。

人間関係

これまでのグループとは円満な関係を続ける一方、新しい交流を求めて活動範囲を広げましょう。意外なところに接点があり、表面的な関係ではなくお互いを理解して、ともに人生を発展していく出会いも期待できます。

ただし、人の気持ちは流動的で関係は常に変化します。相手を甘く見てわがままを通そうとすると、てのひら返しが。どんなに親しくなっても、礼儀を忘れてはいけません。

仕事

順調にルーティンワークをこなしていけますが、それで満足してはいけません。積極性をアピールし新規開拓を心がけるべき。安泰だと慢心していると、いつの間にか時代に取り残されます。客商売なら、顧客のニーズの変化に敏感になる必要があります。

一方で、組織の内部から乱れが生じがちです。チームワークがいいと慢心しがち。外に目を向けるだけでなく、足元も固めること。

お金

貯め込むよりも、生きたお金の使い方を。エネルギーを循環させるイメージで、自分のためはもちろん、社会のためにも役立つ使い方を考えてください。出たお金はそれ以上の額となって戻ってきます。

リスクのある投資に挑戦してみるのもいいのですが、一定のラインを超えると危険です。あらかじめ枠を決めておき、欲張りすぎないようにしてください。

キーワード・象意

安泰　安らか　泰然　天と地　循環
和合　陰陽の交わり　発展

爻で見る運勢アドバイス

之卦《しか》	アドバイス	爻辞の解説	爻位
山天大畜 P.155	泰が極まって非常に危ういタイミングです。努力して運命を変えようとしても逆効果。信用をなくし、財産も失います。安全第一に、リスクを分散して身を守りましょう。プライドにこだわっていると失うものが大きくなります。	**城壁が崩れて濠が埋もれる。戦はするべきでない。領地から命令される。**	上爻
水天需 P.92	安泰な状態が終わりかけています。これまで通りのやり方で乗り切るのはむずかしくなります。しかし、頭を切り替えれば、新しい形の幸福が見つかるでしょう。周囲との協力関係を。特に目下の存在が頼りになります。	**帝が妹(あるいは末娘)を優秀な臣下に嫁がせる。幸福になり大吉。**	五爻
雷天大壮 P.179	安泰な状態が続いて気がゆるんでいますが、変化はすでに始まっています。現状維持が精一杯というところ。財や地位への執着を手放し、どんな状況にも対応できるように頭を切り替え、身辺整理をしておきましょう。	**鳥が飛び立つように富への執着を手放し、隣人と協力。誠実な交わり。**	四爻
地沢臨 P.134	安泰の頂点ですが、衰退が始まりつつあります。満ちれば欠けるのが世の習い。現状がうまくいっていても、いつまでも続くわけではありません。当面の心配はなくても、万事、手控えて慎重に。出口戦略を考えておきましょう。	**平らかなものは傾き、行ったものは戻って来る。困難に耐え正しい態度を。**	三爻
地火明夷 P.185	安泰の真ん中にあり、遠くまで思い切った冒険に出ても可。多くの人と心を通わせて、大事業を成しとげることができます。私利私欲にとらわれず、社会のためになる行動を。好き嫌いで決めずに、中正の立場を貫くこと。	**粗野な者も仲間に加え、決意して大河を徒歩で渡る。疎遠の人も忘れず、中庸の道を。**	二爻
地風升 P.215	内卦の3つの陽が力を合わせて上昇していくように、仲間とともに行動を起こしましょう。自分の力だけで動こうとしてもうまくいきません。求職中なら、やみくもに応募するより、人脈を使って突破口を開く作戦を。	**茅《ちがや》を一本抜いたら、根がつながって全体が抜ける。行けば吉。**	初爻

12 天《てん》地《ち》否《ひ》

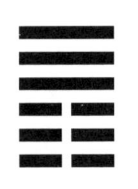

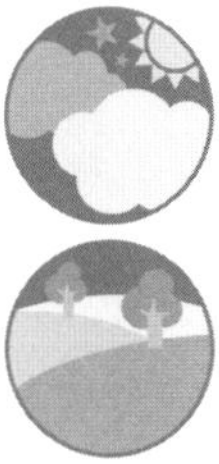

Standstill (Stagnation)

〈 否《ひ》塞《そく》が徐々に通じる 〉

天が上で、地が下という自然な形に見えるのですが、天が上昇し地が下降するので決して交わることがなく、どんどん離れて行く一方。政治に民衆の声が反映されず、階級が固定した格差社会にもたとえられます。

「地天泰」は上に進むにつれて安泰が崩れて危うくなっていきますが、「天地否」は上になるにつれて塞がったものが通るようになります。

占ったときの状態が重要です。幸福で満ち足りた人に「天地否」が出たらストレートに凶。反対に八方塞がりの人だったら、現状はまさに「天地否」ですが遠くに希望の光が見えてきます。占いに来る人は悩みを抱えていますから、「天地否」が出たらそれほど悪くないのです。そして雨漏りや浪費を占ったなら、まさに穴を塞ぐのですから吉となります。

テーマ別読み方例

恋愛・結婚

問題が多く、先行きが見えません。自分の方が積極的でも、相手は消極的。今は心の交流ができていない状態です。一見、行きづまった関係ですが、あせらず待つと状況は変わります。きっぱりと別れて新しい人との出会いに期待する新展開も可能性があります。

恋人や夫婦は、背中を向けて別々の世界に生きています。お互いに自立して不満を抱いていないのなら、問題はありません。

人間関係

共通点がなく、私は私、あなたはあなたという関係。親しくなりたい魅力的な人がいても、今は適切な距離を保っておきましょう。下手に近づいても敬遠されるだけです。

町内会やマンションの管理組合、ＰＴＡなど役割は割り当てられるけれど、親しくなりたいわけではないという関係なら好都合。余計なことにわずらわされないよう、淡々と義務を果たしていきましょう。

仕事

発展があまり期待できない不本意な状況。交渉はまとまらず、相手側が優位に立ちます。転職するにも突破口が見つかりません。といっても、苦しい時期はいつまでも続かず、今より悪くなることはありませんから、そう悲観することはありません。密かに実力を蓄え、そう予算カット、ミスの後始末、修理など穴が開いた部分を塞ぐ仕事には向いています。

お金

陰陽が交流してこそ、お金が天下を回っていくので、昇給や臨時収入はあまり期待できません。大きな出費は控えたほうが無難です。

収支のバランスが取れれば上出来です。支出をチェックし、無駄な出費の穴を塞ぐのが先決。利用しないのに払い続けている会費やサブスクなどの垂れ流しを止めること。それができたら、生活の質を上げるもの、心を満たすものを見極めてお金を使いましょう。

キーワード・象意

閉塞　塞ぐ　不通　閉鎖　否定　否認
背く　分離　天地交わらず

爻で見る運勢アドバイス

之卦《しか》	アドバイス	爻辞の解説	爻位
沢地萃 P.212	窮屈な思いをしてきた人はいよいよ解放されます。長い夜が明けて朝日が差し込んだ状態。好転の道が開けていくでしょう。天地否に続く卦は天火同人。疎遠になっていた人と再びつながることで、大いに発展します。	否が傾き、塞がっていた状態が極まり、最後には喜びがある。	 上爻
火地晋 P.182	不本意な状態が徐々に改善されてきましたが、ここで油断すると足をすくわれます。少しでも手を抜くと失敗するという危機意識を持ち続けるべき。自分の力は十分ではないと自覚し、リスクのある道は選ばないように。	否《ふさ》がっていた状態が休止。「亡びるかもしれない」と恐れつつ慎重な姿勢を。	 五爻
風地観 P.137	暗闇にかすかな光が差し込んできたような状態。まだ楽観はできませんが、協力者とつながることで状況は好転しています。ただし、天命に従った場合に限られます。プライベートな欲望を満たすことはできません。	天命に従う。同じ志を持つ仲間と協力して幸せをつかむ。	 四爻
天山遯 P.176	下心があり、落ち着かない状態。過去を悔やみ、反省すべき点を思い出して心は晴れません。力足らずなので、先頭に立って行動を起こそうとしてもうまくいきません。準備を整え、タイミングが巡ってくるのを待ちましょう。	心の中に羞恥心を抱いている。	 三爻
天水訟 P.95	思うようにならないことが多いので、積極的な行動は控えるべき。力のない人間がのさばっていて悔しい思いをしますが、自暴自棄にならないように。欲を出さずほどほどで満足し、自分の道を守れば、最終的にはむくわれます。	正しいことをそのまま受け入れる。小人は吉。大人は否《ふさ》がるが亨《とお》る。	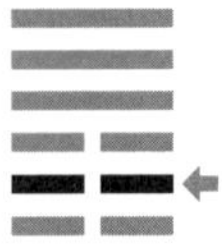 二爻
天雷无妄 P.152	よからぬことに誘われても、心を強く持って悪に染まらないように。悪い仲間と距離を置き、関わりを断つべき。自分の地位は低くても、正しい姿勢でいれば、閉塞した状況から抜け出せます。孤立することを恐れてはいけません。	茅《ちがや》を一本抜いたら、根がつながって全体が抜ける。正しければ吉で亨《とお》る。	 初爻

13 天《てん》火《か》同《どう》人《じん》

Fellowship with Men

〈 同じ志を持つ仲間 〉

同好の士が集まって執筆から編集、発行までを行う同人誌の「同人」です。内卦の火は、外卦の天に向かって上昇していく性質があります。明るい太陽の下、共通の思想や趣味で結びついた人々が、大きな目標に向かってともに進む姿を象徴します。

内卦の火は文明、外卦の天は健やかさを象徴し、公明正大で理想的な人間関係です。身内や親戚縁者だけで固まっていては、発展が期待できません。私利私欲を捨てたフェアな態度であれば、志を同じくする人を見つけることができ、新たな動きが生まれます。

しかし、現実には内輪もめばかりしているグループに戒めとして「天火同人」が出ることもあります。人と人とが結びつくからこそ、不和や衝突も生じるのです。

テーマ別読み方例

恋愛・結婚

同志、協力を意味する卦なので、あまり恋愛向けではありません。こちらは恋愛に発展させたいのに、先方は友人のままでいいと感じてグループ交際の状態が延々と続くことも。

長いつき合いのカップルや夫婦なら、共通の目標を持つこと。単に心安らぐだけの関係では退屈してしまい、刺激を求めたくなります。お互いに自立し、協力すべきときは協力する共同生活のような関係がうまくいきます。

人間関係

チームへの加入、新たなグループ結成などに最適。ただ何となく集まる友達ではなく、共通の目的を持った集団です。友達を作るのが目的ではなく、やりたいことがあって活動していたら結果的にいい友達ができます。

学びたいことがあるなら、独学ではなく講座やワークショップに参加してみるといいでしょう。仲間がいると励まし合いながら理解も深くなります。

仕事

チームワークが決め手となります。役職の上下関係があっても、同じ目的を持つ仲間としての意識を持てるよう、緊密なコミュニケーションを心がけてください。ただし、近親者との共同事業は避けるべきで、コネに頼るのもよくありません。異業種との交流も吉。新たな角度からヒントが得られます。

転職は競争者が多くかなりの難関。今の職場で実績を作りタイミングを待つべきです。

お金

交際費は節約しないこと。親しい人とのお茶会や食事会、仕事や勉強会後の交流会への参加費など、人間関係を充実するための出費は生きたお金の使い方となります。

上司という立場なら気前よくおごるべきですが、仕事を離れた場ではお金を出しすぎるのはマイナス効果。同じ目的を持った対等な仲間という関係を強調するために割り勘にするほうがすっきりします。

キーワード・象意

同意　同行　仲間　グループ　団結　協力　チームワーク

爻で見る運勢アドバイス

之卦《しか》	アドバイス	爻辞の解説	爻位
沢火革 P.224	野心も下心もない気楽な集いに顔を出してみましょう。本気の友情や恋愛を求めるのではなく、ひとときの交流で満足。あるいは一人の楽しさを味わうのも自由で気楽です。気分転換のために遠方への旅行も吉。	遠い郊外で親しむ人がいない。悔なし。	 上爻
離為火 P.167	信頼関係は一朝一夕に築けません。時間をかけて取り組むうちに、徐々に光が見えてきます。障害があってもあきらめないこと。トラブルを一つずつ解決する苦労を強いられますが、やった甲斐があったと思える結果が得られます。	最初は泣き叫び、最後に笑う。味方の大軍と合流できたから。	 五爻
風火家人 P.188	計画は中止し、勝てそうにない勝負からは撤退。たとえ勝ったとしても評判を落とし、人望を失います。費やした労力に対して得るものが少ないのですが、どこで間違ったか分析を。あえて損切りすることも必要。	垣根に乗る。敵を攻められないが吉。	 四爻
天雷无妄 P.152	実際以上に自分を大きく見せて、有力者とつながろうとしても空振りに終わります。人間関係に頼らず、自力で道を切り開くべき。やみくもに進もうとせず、3日あるいは3週間、3ヵ月、3年の準備期間を覚悟しておくこと。	くさむらに兵を伏せ、高い丘から戦況を見る。3年たっても挙兵できない。	 三爻
乾為天 P.80	狭い意味の仲間意識が強すぎます。親戚や長いつき合いの人との仲は大切ですが、それに頼っているだけでは発展しません。まったくの知らない人と会話して、人間関係を広げる必要あり。第一印象で判断せず、公平な行動を。	親族や仲間内だけで交わる。吝。	 二爻
天山遯 P.176	プライベートな狭い関係でなく、世間に出て幅広い交流を。同じ世界に閉じこもっていてはいけません。自分の意見に固執せず、柔軟な姿勢を。そして、一気に親密になろうとあせらず、適度な距離感を保って人と接すること。	門を出て、広く人と交わる。咎なし。	 初爻

14 火《か》天《てん》大《たい》有《ゆう》

Possession in Great Measure

〈 天高く輝く太陽 〉

明るく燃える真昼の太陽。内卦の天は、すべて陽で充実し、外卦の火は、文化文明を象徴します。

太陽が地上をくまなく照らすので、善悪がはっきり示されます。後ろ暗いことがある人に出たら、悪事が露見します。内卦を自分と見ると、すべてが陽で充実しており、外卦の火が情熱的に迎え入れてくれます。

太陽が天に輝くのは当たり前のことで、今はありふれた日々を送っていても、そろそろ転換点にきたとも解釈できます。また、人は所有しているものが大きくなると、自分まで偉くなったように感じてしまいがち。そうした傲慢さを戒める卦でもあります。知らず知らずのうちに生活が派手になり、人から妬まれ、無理なお願いをされることもあるでしょう。

テーマ別読み方例

恋愛・結婚

どこに出しても恥ずかしくない立派なお相手が出現。はっきりした意思表示に加えて、テキパキとした明るい印象を与えるとうまくいきます。ただし、都合の悪いことを黙ったままにするのは不誠実。隠し事が露見すると一気に破局へ。縁組みがまとまっても、派手婚で経費がかさむ心配もあります。

カップルに出たら、女性側が実権を握っています。時には男性を立てる心遣いを。

人間関係

人にやってもらうのを待つのではなく、自分が一歩前に出てリーダーシップを発揮。

派手で外に向かってアピールする集まりのイメージが強く、少人数の親密な関係には不向き。幅広くメンバーを集めるような活動が中心となり、私情を挟むとうまくいきません。誰に対しても平等で公明正大な態度を心がけ、情報の共有を。新しく入った人に偉そうに接すると、反感を持たれます。

仕事

太陽が大地を隅々まで照らす卦ですから、社会にアピールする仕事に吉。文筆業や映像関係など文化的な仕事もいいでしょう。組織で働いているのなら、実力が認められて昇格や昇給の可能性も大いにあります。

ただし、いい気になっていると思わぬところに落とし穴が。ごまかしたミスなど隠しておきたかった悪事が露見し、一気に信用をなくします。

お金

「大有」ですから、いかにもお金持ちというイメージですが、内実は火の車かも。大盤振る舞いして懐が寂しくなるというパターン。高級品が欲しくなりますが、出費は計画的に。いざという時に必要なお金が出せないようでは、大恥をかくことになります。

投資はツキがあっても長続きしません。相場は太陽のようにのぼることもあれば沈むことがあると肝に銘じておきましょう。

キーワード・象意

太陽　富裕　盛運　成果　順風満帆
大きな徳　輝き　文化文明

爻で見る運勢アドバイス

之卦《しか》	アドバイス	爻辞の解説	爻位
雷天大壮 P.179	火天大有で最も好ましい爻。上の立場にあっても、下の人々を思いやり富や権力を誇示しないこと。真の実力者や富裕層ほど物腰がやわらかで、高飛車な態度を取りません。そのようであれば天からも助けられ、万事順調。	天祐（天の助け）があり、万事吉。	 上爻
乾為天 P.80	堂々として立派な存在であり、賢明な判断ができます。目下や年下との良好な関係を築けば、協力者に恵まれ、スムーズな展開に。自分たちのやっていることを堂々と世間に告知し、賛同者を増やしましょう。	真心があり謙虚な支配者。それでいて威厳があり吉。	 五爻
山天大畜 P.155	調子に乗って、ついやりすぎないように。権力者の近くにいると、自分も偉くなったように錯覚する人がいますが、それは大きな間違いです。パートナーや子ども自慢も控えましょう。財産や地位を誇らず、謙虚な姿勢を。	態度が大きくなりがちだが自己を抑制する。咎なし。	 四爻
火沢睽 P.191	目上から引き立てられ、昇進や昇給のチャンスが到来。しかし、自分の能力とあまりにもかけ離れたポジションを引き受けるのは慎重に。調子に乗って大きく出ると失敗します。公私のけじめをしっかりつけること。	王に謁見して貢物を献上。小人だと、そんなことはできない。	 三爻
離為火 P.167	所有物あるいは実力のある豊かな状態であり、堂々とした振る舞いができます。実力もあるので、自信を持って進めます。ただし、荷車には荷物をバランスよく乗せる必要があるのと同じで、極端なやり方は避けてください。	大きな車にたくさんの荷物を載せて前進。咎なし。	 二爻
火風鼎 P.227	たくさん所有していても傲慢にならなければ、問題ありません。ちょっと仕事がうまくいったり、あるいは小金を得たからといって調子に乗らないこと。トラブルの芽を早めに摘んで、あまり欲張らずに進めば、結果は上々です。	害と交わらなければ咎はない。困難に耐えれば咎なし。	 初爻

15 地《ち》山《ざん》謙《けん》

Modesty

〈 謙譲の美徳 〉

高い山が低い地の下にあり、能力や富、人格に恵まれているのに、謙譲の徳を備えた人を象徴します。六十四卦の中で最も優れた卦とされ、初爻から上爻まで、悪いことがいっさい書かれていないのは「地山謙」だけです。

外卦の地には従順の徳、内卦の山は、とどまるという意味があり、周囲の声に耳を傾け、自らをおとしめてとどまっています。また、高い山が自分の身を削って、低い地に与えることから慈善事業も指します。

人体の腰にあたる三爻だけ陽になっているので「男子裸体の象」とも呼ばれます。権力やお金を持って威張っている男も裸になったら謙虚にならざるを得ないとも考えられますし、一人の男性を巡って多くの女性が争っているとも読めます。

テーマ別読み方例

恋愛・結婚

あまり積極的に出ず、控えめに好意を伝える程度に。異性に対してアピールポイントがあっても、これ見よがしにすると逆効果。徐々に「実はすごい人なんだ」と思われるほうがうまくいきます。男性はモテるときですが、いい気になっているとトラブルへと発展。

恋人や夫婦は、自分の要求はひとまず置き、相手が望んでいることを優先すると精神的な結びつきが強くなります。

人間関係

とにかく低姿勢を貫き、相手を立てるように。自慢話などもってのほか。実力がないので卑屈になっているのではありません。誇れるものがあっても、あえて目立とうとしない奥ゆかしさが、かえって評価されます。

相手が年下や目下であっても、何か学べることはあるものです。そうした姿勢を心がけていれば、誰からも慕われ、いざという時も孤立しないですむでしょう。

仕事

華々しい活躍というわけにはいきませんが、地道に実績を積み上げていく時期。縁の下の力持ちのような目立たない役割も手を抜かずきっちりこなしましょう。がんばっているのに認められないという不満は封印。

仕事の内容だけでなく、人柄も見られています。実力があるのに謙虚な性格と認めてもらえれば、今後の職業人生の大きなアドバンテージとなります。

お金

見栄のためにお金を使うのをやめ、堅実な生活を。だらしない体型でブランド品に身を包むより、鍛え上げた体にシンプルな服をまとうのが真のおしゃれ。目指すのは、かなりの財があってもそれを外に見せず、質素に暮らす富豪の生き方です。

趣旨に共鳴できる団体に寄付やボランティア活動を。お金の巡りがスムーズに。投資は自分の才覚を過大評価せず、低リスクで運用を。

キーワード・象意

謙虚　謙遜　へりくだる　礼節　地道　分け与える　無欲

爻で見る運勢アドバイス

之卦《しか》	アドバイス	爻辞の解説	爻位
艮為山 P.233	周囲から推されて役割を引き受けるのなら吉。自ら立候補したり、売り込む段階は過ぎています。身近なところに不穏な動きが出ることがあり、うまく収める必要があります。力任せではなく、双方が納得できる案の提示を。	**謙の徳が満ち、鳥の鳴き声が響き渡るように名声が広まる。軍隊を動かし内乱を征伐。**	 上爻
水山蹇 P.194	地山謙《ちざんけん》の中でも特に評価が高く、君子の中の君子として人望を集めます。しかし、内輪に不満分子を抱え込むことも。謙譲の徳を保ちながら、正すべきことは正していく姿勢を明らかにすべき。厳正な態度がさらに評価されます。	**富を誇らなくても隣人に慕われる。徳に同調しない者は征伐。大いに利がある。**	 五爻
雷山小過 P.263	人を助けても、恩着せがましい態度をとっては台なしです。善行は黙ってやってこそ、価値があります。そして、目下や年下でも知識や徳のある人の意見を尊重することで、計画がスムーズに進みます。	**上にも下にも謙虚な姿勢でいれば、大いに利がある。**	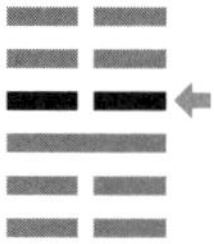 四爻
坤為地 P.83	6つの爻のうち唯一の陽。謙遜しておとなしくしているのではなく、実力や労力をフルに発揮。なかなか骨の折れることが多く、苦労の割に認められないかもしれませんが、ここを乗り越えたことが大きな糧となります。	**懸命に働く君子。成果を誇らず、有終の美を飾る。**	 三爻
地風升 P.215	控えめにしていても、世間はしっかりあなたの実績や努力を認めています。上からの引き立ても期待できるので、今の状態を維持しましょう。時間はかかりますが、周囲の期待に応えて多いに活躍できます。	**謙の徳が満ち、鳥の鳴き声が響き渡るように名声が広まる。**	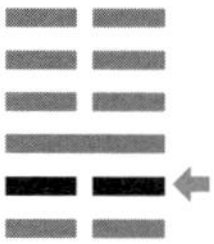 二爻
地火明夷 P.185	あたためていた計画に着手するタイミングです。最初は思うようにいかなくても、徐々に順調な展開となります。謙虚な君子ですから、大風呂敷は広げません。苦労をいとわず、胸に秘めた思いに従い、黙々と進めていきます。	**謙虚なうえに謙虚な君子が大きな川を渡る。吉。**	 初爻

16 雷《らい》地《ち》豫《よ》

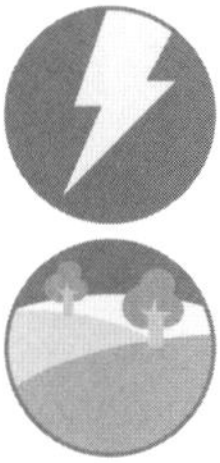

Enthusiasm

〈 大地を震わせる熱狂 〉

前出の「地山謙」の卦を百八十度回転させると「雷地豫」。唯一の陽である四爻に残り五つの陰が親しんでいる象です。人々の心がなごみ、喜びにあふれている状況。雷は音であり、地上に響き渡る美しい音楽。古代中国では、音楽は天を楽しませるために演奏されました。

雷は五行の木、季節は春です。春雷は冬眠している動物たちを目覚めさせ、大地を豊かにする働きがあります。

また「豫」は「予」の旧字で、予定や予約のようにあらかじめ準備しておくことが大切です。思いがけない幸運ではなく、努力を重ねた末の合格や就職、住宅取得などが叶えば、喜びを深く味わえます。また、旅行やイベントは準備しているときから心が弾むもの。季節を先取りして、先々の計画を立てましょう。

テーマ別読み方例

恋愛・結婚

心が弾むような楽しい恋ができる卦ですが、先を急いではいけません。二人の世界に一気に没入せず、ステップを踏んで徐々に親しくなっていく関係がベストです。

一人の男性を五人の女性が取り巻き、男性側が有利。結婚となると、きちんと予定を立て、周囲にも根回しをして入念な準備を。

恋人や夫婦は一緒にイベントの計画を立てると楽しい思い出ができ、絆が深まります。

人間関係

音楽やお祭りなどを象徴する卦です。楽しい時間を共有することで、人間関係が広がります。主催者としてイベントを運営してみるのもいいでしょう。

ただし、楽しさを優先するあまり時間にルーズになったり、礼儀を逸することのないように注意。あまり長時間のものにせず、「もっと楽しみたい」というタイミングで終わらせるのがうまくいく秘訣です。

仕事

準備さえしっかり整えておけば、半分は終わったも同然。行き当たりばったりではなく、計画や予定を立てて着実に。その日の仕事を終えるタイミングで翌日の段取りを組むことを習慣にしましょう。

効率だけを追求するのではなく、進捗状況に応じて自分へのごほうびを用意するとモチベーションが上がります。新規事業にも大いに勝算があります。

お金

春の雷は土壌を豊かにして豊作をもたらします。先々に大きな実りをもたらすようなお金の使い方を考えてください。目についたものに飛びつくのではなく、心から楽しめる対象に限定してください。

調子に乗って散財しがちなので、予算の範囲内で収めるように。趣味と実益を兼ねた副業を始めるのも吉。得られる利益は少なくても、継続すれば大きく育っていきます。

キーワード・象意

春雷　春の訪れ　和楽　音楽　喜び
楽しみ　予定　予告　予備

爻で見る運勢アドバイス

之卦《しか》	アドバイス	爻辞の解説	爻位
火地晋 P.182	パーティーも終わりだというのに、名残惜しくて立ち去らない人。さっと後片づけをして次の計画に着手。学校なら、休み時間が終わって、授業が始まった状態。怠け心を出して先延ばしすると、一人だけ取り残されます。	楽しみにおぼれて目がくらんでいる。心を入れ替えれば咎なし。	 上爻
沢地萃 P.212	一病息災。すべてを完璧にしようとせず、多少のトラブルを織り込み済みとしておきます。何か欠けているところがあっても無理に埋めようとせず、様子をみましょう。人間関係では目下や年下でも、能力を認めて自分は控えめに。	病気がちだが、それほど深刻ではなく死ぬようなことはない。	 五爻
坤為地 P.83	長年の苦労が実り、待ちに待った春が到来。人を楽しませるための計画を立てましょう。予約や連絡、手配など役割を引き受け、しっかり責任を果たすこと。人望が高まり、そこから新しい開運の種が芽生えます。	楽しみの場の中心人物。疑いを抱かず誠意を尽くせば友人が集まってくる。	 四爻
雷山小過 P.263	楽しみの場を利用して思いを通そうとするのはいけません。どこか卑屈で、心から楽しんでいないことが伝わります。上の人に取り入ろうとしても逆効果。純粋に楽しむことに集中し、利益や損得は考えないこと。	上目遣いで人の顔色をうかがう。後悔するようなことが次々と起こる。	 三爻
雷水解 P.197	爻辞の「石に介す」は蒋介石の名の由来。石のように堅い心を持ち、怠け心を抱いても日暮れを待たずに正す姿勢です。たとえ道をはずれても、一日が終わらないうちに軌道修正を。「今日一日ぐらいいいだろう」は禁物。	石のようにじっと節度を保つ。一日を終えないうちにすべてを見抜く。	 二爻
震為雷 P.230	喜びの気持ちがあふれて自分だけの楽しみにふけっています。周囲に配慮し、全員で楽しめるような気配りを忘れないように。華やかな毎日をしょっちゅうSNSで発信していると、嫉妬されてろくなことがありません。	楽しんで高らかに声を出し凶を招く。	 初爻

17 沢《たく》雷《らい》随《ずい》

Following

〈 人について行く 〉

春から夏にかけて大きく轟《とどろ》いていた雷も、秋になると力が衰えます。本来なら長男（雷）が少女（沢）の上に立って導くべきなのに、上下が逆になっているのが「沢雷随」です。「随」は従うという意味ですが、そこに喜びや楽しみがあるからこそ、ついて行くのです。ボブ・ディランが一九六二年に発表した「Baby, Let Me Follow You Down」という曲がありますが、まさに女の子について行きたくてしかたがない男性の気持ちを歌っています。

この卦が出たら、独立独歩はあきらめて、誰かと一緒にやりましょう。自分が先頭に立つのではなく一歩下がって随行する形です。そして、誰について行くかが吉凶の分岐点となります。年下の上司に従うのは不本意であっても、組織の判断なら素直に従うべきです。

テーマ別読み方例

恋愛・結婚

男性の側が女性について行きたいという強い気持ちを表しています。めでたく結婚が決まっても、女性主導で豪華な披露宴や新婚旅行などに気を取られ、肝心の生活基盤が整っていないという事態になることも。

沢雷随の悪い面が出ると、いい年をした男性が女の子に手玉に取られていたり、夫が若い女性と再婚したくて妻に離婚を切り出す、という不穏な展開になります。

人間関係

一緒に楽しめる関係。ついて行く立場なら、誰について行くかを選ばないと、よからぬ所に連れて行かれることになります。協調性が重要で、強引なやり方は嫌われます。

変化の多い時期なので、この人だけと決めずに多彩なルートを探ってみましょう。さまざまなシーンで臨機応変に人に従うことができれば、世界が一気に広がり、楽しむ機会も増えるでしょう。

仕事

いきなり大きな取り引きを狙わず、小口から始めれば徐々に取り引きを増やしていけます。その際、マニュアル通りではなく、状況に応じて柔軟に動くことで高く評価されます。

配置転換や出張を命じられたら、内心では気が重くても喜んで従いましょう。新天地では、元からいる人の助言に耳を傾けること。

外食や旅行など、楽しさを売るレジャー産業には最適な卦です。

お金

出費がかさみがち。フットワークが軽いのはいいことですが、収支の管理をしっかりしていないと赤字続きになります。衝動買いは控え、お金を使わなくても楽しめる趣味の世界を極めましょう。

知人からお金がらみの勧誘は要注意です。秋の雷は季節外れで、実りをもたらしません。どんなに魅力的な話でも、納得できないうちにお金を出してはいけません。

キーワード・象意

秋の雷　従う　随行　追随
臨機応変　中年男性と若い女性

爻で見る運勢アドバイス

之卦《しか》	アドバイス	爻辞の解説	爻位
天雷无妄 P.152	沢雷随の極致にあり、いったん従ってしまうと関係解消がむずかしくなります。そのためどのような人とつながるかで吉凶が変わります。悪縁だとなかなか断ち切れず厄介な事態に。世俗を離れ、神社仏閣をお参りするのも吉。	**人を引き寄せてつながって、一心同体に。王は西の山で祭祀を行う。**	 上爻
震為雷 P.230	名君と賢臣の関係のように、お互いに信頼して実力を発揮できます。目上の正しい人に従うのもいいですし、自分が先導者となってもいいでしょう。相手を利用したい、自分だけ得したいという下心は決して持たないこと。	**誠意があり喜ばしい結果に。吉。**	 五爻
水雷屯 P.86	現在のポジション以上の力を発揮できますが、上の立場の人に匹敵するほどの活躍で警戒されがち。わが物顔でいると足をすくわれます。ナンバー2の地位に甘んじて、サポート役をうまくこなすのも賢明な処世術です。	**地位の高い人に近づいて望むものを得る。正しいことであっても、世間から誤解されて凶。**	 四爻
沢火革 P.224	信用するに足りる人と組んで大きなことを成しとげられます。一方で腐れ縁は消滅。結婚は良縁で大吉。ただし、自分の貢献が大きいと思いあがっていると、肝心の人間関係が悪くなったり、世間のやっかみにもあいます。	**立派な人に従っていれば、つまらない人と関わらずにすみ、求めたものを得る。**	 三爻
兌為沢 P.251	誰に従うかの選択が重要。今、関わろうとしている相手は、本当に信頼できるでしょうか。従ってもいい相手かどうかを慎重に見極める必要があります。目先の利益や一時の楽しさに惑わされると、大きなものを失います。	**つまらない人と関わって、立派な人との関係を失う。**	 二爻
沢地萃 P.212	これまでのスタイルに固執せず、人からのアドバイスも取り入れて方針変更を。転職や転勤の可能性もあります。同じタイプばかりで固まらず、この機会に新しい人間関係を。気さくにオープンな態度を心がけましょう	**仕事や役割が変わる。正しい態度でいれば吉。門を出て、広く交際を。**	 初爻

18 山《さん》風《ぷう》蠱《こ》

Work on What Has Been Spoiled (Decay)

〈 腐敗を正す 〉

風は、あちこちを吹き抜けるものなのに、山があって阻まれています。空気のよどみが生じ、虫が湧いているイメージです。「蠱」は皿の上に三匹の虫で、汚れた皿を放置して食物が腐り、虫が湧いている状態。何か手を打って刷新しなければいけませんが、「蠱惑」の「蠱」であり、果物は腐りかける前が一番甘いもの。恋愛占なら成熟した女性の魅力と読むこともでき、上卦の山の若い男が熟女の魅力のとりこになった状態です。

この卦が出たら、乱れたものを復元するために手を尽くしている状態ということもよくあります。新たな気持ちで一気に片づけてしまいたいところですが、見切り発車は厳禁。たとえば老いた親の終活を手伝うなら、心に寄り添って丁寧に進める必要があります。

テーマ別読み方例

恋愛・結婚

ストレートに読めば腐れ縁。つり合いのとれた相手ではないけれど、妙に相性がよく離れられない関係。将来を嘱望された青年が年上の女性に誘惑され道を踏み外すなど。結婚はむずかしいのに、別れることもできません。あるいは風は女性を指しますから、女性を束縛しているのかもしれません。

男性側が意識を変えれば突破口が見つかります。再婚、復縁などには吉。

人間関係

「言わなくてもわかってもらえる」と安心していたら、思わぬ誤解をされます。誹謗中傷されたり、説明しても聞く耳を持たない相手なら、この機会に切ってしまうのも一つの解決策。緊密な関係でなく、ある程度の距離を置くとうまくいくこともあるでしょう。

古くからの集まりは、暗黙のルールが多く新しい人が入って来ません。新しい風を入れないと衰退していきます。

仕事

進行が乱れ、目標の達成がむずかしくなります。内部のもめ事が起こりがちで、やる気も減退。報告が滞っているなど、意思の疎通がうまくいっていません。口頭だけでなくメールや文書で記録を残し、言った、言わないのトラブルを避けましょう。

組織のトップが二代目、三代目の場合は、問題の根は先代からのもの。腐敗を一掃して一からやり直す必要があります。

お金

節約しているつもりでも、目に見えない出費があり帳尻が合わない状態。大きな買い物には慎重に。欠陥品をつかまされる危険があります。あやしげな投資話が持ち込まれても、心を動かされないように気をつけてください。

遺産問題も起こりがち。身内に高齢者がいるなら終活を勧め、連絡先や財産のリストを作成。後々のもめ事を防げますが、あまりに厳しく接すると憎まれ役となる羽目に。

キーワード・象意

腐敗　湿気　破綻　混乱　腐れ縁
蠱惑　色難　後始末　処理

爻で見る運勢アドバイス

之卦《しか》	アドバイス	爻辞の解説	爻位
地風升 P.215	悠々自適の隠居のような存在。俗世のもめ事からは距離を置き、高みの見物を。支援を求められても、アドバイスするだけにとどめておきましょう。昔の経験を過大に美化して、現場に首を突っ込んでもうまくいきません。	王に仕えるのをやめ、高尚なことに取り組む。	 上爻
巽為風 P.248	業績の悪い会社に乗り込んで再建を果たすコンサルタントのような役回り。正しいと思ったことを堂々と執り行い、問題を解決できます。文字通り家を継ぐ立場になり、相続などの処理に追われることも。	父の残した問題をみごとに解決して、名声を得る。	 五爻
火風鼎 P.227	問題解決のためには、抜本的な改革が必要。しかし、前任者からの圧力があったり、人間関係の調整に手間取るなど前途多難。三代目が家業をつぶすような成りゆきです。情に流されて判断を誤らないように。	父の残した問題をゆるく処理する。このまま進めば恥をかく。	 四爻
山水蒙 P.89	腐敗は根が深いので一気に解決するのは無理。「我こそは正義の味方」と勇み足になっても、周囲から反発されるだけです。できることから少しずつ着手を。長期的な人間関係を視野に入れ、控えめな姿勢を心がけましょう。	父の残した問題の後始末をする。少し悔いが残るが、大きな咎はない。	 三爻
艮為山 P.233	たとえ自分が正しくても、徹底的に相手を糾弾してはいけません。おだやかに説得して平和的な解決を。一気に片づけられる問題ではないので、少しずつ手をつけましょう。生ぬるいかもしれないと思う程度でいいのです。	母の残した問題の後始末をする。あまり厳格にすべきではない。	 二爻
山天大畜 P.155	父親が始め、軌道に乗っていない商売を経験の少ない息子が引き継ぎ、何とか利益が出るようにします。自分はまだ力不足だと謙遜せず、思い切って挑戦を。先延ばしや放置は禁物。早めに手を打てば、うまくいきます。	父の残した問題の後始末をする。多少は危ないが終わりは吉。	 初爻

19 地《ち》沢《たく》臨《りん》

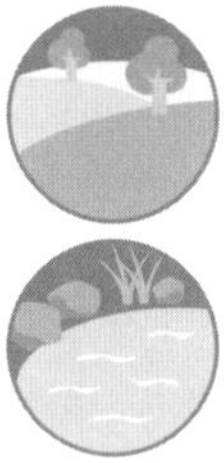

Approach

〈 高地から下を見渡す 〉

地より低いところに、沢があります。上から下を見下ろす形です。沢のほとりの眺めのいい旅館の部屋から、階下の水面を眺めているイメージ。「君臨」という言葉から、宮殿のバルコニーで国民の前に立つ王、あるいはステージから客席の群衆の声援に応える女性アイドルの姿も浮かびます。沢は少女で地は母親で、仲睦まじい母娘とも読めます。

易の卦は下から上へと見ていくため、下の二つの陽がだんだん伸びて陰へ迫っていく勢いが見て取れます。卦辞に「八月に凶」とあるのは、八月になれば秋が到来し、陰の勢いが増して形勢が逆転するからです。チャンスに臨んでいるとしても、その期間が案外短いもの。幸運の女神には後ろ髪がありません。ためらわずに今、手を伸ばしましょう。

テーマ別読み方例

恋愛・結婚

ぐいぐい迫っていくイメージで進展が期待できます。眺めのいい場所で甘い言葉をささやいてみましょう。

結婚を視野に入れているなら早めの行動を。「いずれそのうち」と先延ばししていると、今の上げ潮ムードは遠のいてしまいます。臨機応変が悪いほうに出ると、移り気に。一度は燃え上がって将来の約束をしたものの、気持ちが冷めて関係解消という可能性もあります。

人間関係

表向きはソフトだけど最終的には自分の要求を通すやり手のイメージ。一度は断っても、言葉巧みに迫ってきます。勢いに負けて不本意な要求を受け入れないようにしましょう。

自分が相手を説得する立場なら、見込みは大いにあります。一本調子でなく、さまざまなアプローチ方法を試みてみましょう。時期はあけずに、こまめに電話やメールでコンタクトを取り続けるのが効果的。

仕事

組織で働いているのなら、昇進のタイミング。目上からの引き立てがありますが、一気に成果を出そうとすると足を救われます。基本に立ち戻って、一歩ずつ着実に積み上げて信用を得ましょう。

かといって同じパターンを繰り返すだけでは不十分です。時代の流れを読んで新しい方針やサービスを打ち出さないと、取り残されてしまいます。

お金

将来のために貯蓄を始める格好のタイミング。ただし、一攫千金を狙ってはいけません。卦の形のように、下から規則的に陽を重ねていく積立式の貯蓄が最適です。時間を味方につけることで、確実な備えができます。

リスクのある投資にチャレンジするのは、ある程度の種銭ができてから。株式投資なら、将来の伸びしろがたっぷりありそうな若い会社が狙い目です。

キーワード・象意

臨む　君臨　臨席　臨機応変
高いところから低いところへ　八月に凶

爻で見る運勢アドバイス

之卦《しか》	アドバイス	爻辞の解説	爻位
山沢損 P.200	やるべきことが終わったら、もう出しゃばらず一歩引いて謙虚な姿勢を。ゆくゆくは有能な後継者が現れ、安心して引き継ぐことができます。自分より若い世代を応援する気持ちで、寛大にふるまってください。	慈愛に満ちて手厚く臨む。咎なし。	 上爻
水沢節 P.257	リーダー的な立場にあっても、一歩引いて実力のあるメンバーに活躍してもらいましょう。成果が出たら、実際に動いた人を讃えましょう。君主の理想的な姿です。極端なことはせず、中道を守っていれば問題は起こりません。	知性を持って臨む。王者としてふさわしい姿勢。	 五爻
雷沢帰妹 P.239	自分一人では力不足。協力者が不可欠です。たとえ目下であっても、能力がある人を引き立てて協力しましょう。自分の至らないところをちゃんとわかっていれば、恋愛もスムーズに進展して良縁に恵まれます。	申し分のない態度で臨む。咎なし。	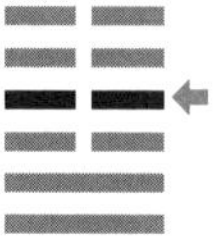 四爻
地天泰 P.110	計画の見直しが必要です。楽観的な予測で進むとうまくいきません。特に言葉のトラブルに気をつける必要あり。口先だけで人を誘っても相手にされません。自分の発する言葉が本心から出ているか、今一度考えてください。	甘い言葉やへつらった態度で臨む。反省して改めれば咎なし。	 三爻
地雷復 P.149	港を出た船は順調に航海を続け、そろそろ外海に出ようとしています。今はスピードが遅いように感じても、心が通じ合う人と協力して事態が好転。相手が上の立場であっても、堂々と意見を交換して進められます。	咸《かん》じて臨む。吉にして大いに利がある。	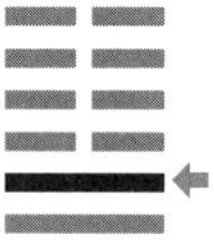 二爻
地水師 P.98	勝海舟の咸臨丸の由来。大海原に出向するような大胆な計画も、最初の一歩から始まります。賛同者も現れ、意気投合できる仲間ができるでしょう。ただし、出航したばかりですから、いきなり大冒険というわけにはいきません。	咸じて臨む。正しければ吉。	 初爻

20 風《ふう》地《ち》観《かん》

Contemplation (View)

〈 仰ぎ見て自省 〉

「地沢臨《ちたくりん》」は君主が高い所から民衆に臨むのに対し、卦を回転させた「風地観」は君主が民衆から仰ぎ見られます。ただ見るのではなく、観察の「観」。目に映る事象が示すものをじっくり考察し、自省しなくてはなりません。

内卦は地で、平坦、外卦は風ですから、大地を吹き抜けていく風の象。風は情報でもあり、行方を目で追って世界の変化を考えます。「地沢臨」では「八月に凶あり」でしたが、「風地観」は八月の卦。陰の力が下から伸びて来て、陽をしのぐほどになった衰退の時期です。

どの爻を得たかで、視点が変わってきます。下から上へと成熟していくプロセスの中で、自分はどこに位置しているのかを知り、自分が見ているもの、あるいはどう見られているかを考えてください。

テーマ別読み方例

恋愛・結婚

理想が高すぎて、なかなか出会いがありません。譲れる部分は譲り、現実的な判断を。やみくもに出会いを求めるより、昔ながらのお見合いや結婚相談所など、まず条件から候補者を絞っていくのもいい方法です。ただし、あまりにも積極的に動くと逆効果。

長年続いた関係には飽きが生じやすいので、同じ興味の対象を見つけるなど、意識して新しい風を入れるようにしましょう。

人間関係

旅行や観劇などを一緒に楽しむ相手を大切にしましょう。

もっと親密な関係を望むなら、「この人とは気が合いそう」「何となく苦手」といった感覚で動いては失敗します。しっかり相手の人となりをつかむこと。そして自分も観察されていると意識し、言動に気をつけてください。お互いを認め合った関係は、精神的な結びつきとなるでしょう。

仕事

与えられた仕事を、何も考えずにこなしているだけではいけません。ルーティンワークだとしても「なぜこれをするのか」「どうしたら効率的に働けるか」を考えるべきです。

よくわかっていないのに、わかったふりをしていると恥をかきます。勉強不足を素直に認め、情報はただ受け取るのではなく、自分の仕事にはどう関係するのかを考え、先を読みましょう。

お金

出費がかさみがち。まず収支を記録し、自分が何にどれだけを使っているかをしっかりと把握すること。使わないのに払い続けているサブスクなどのムダを省いていけば、生きたお金の使い方ができるようになります。

リスクのある投資はまずは様子見。無理して飛び込むと痛い目に。残高を増やすことだけを目標にせず、視野を広げ自己研鑽のためにもお金を使いましょう。

キーワード・象意

観光　観察　観念　主観　客観　自省　学習　高い山

爻で見る運勢アドバイス

之卦《しか》	アドバイス	爻辞の解説	爻位
水地比 P.101	やるべきことを終えて、一息入れたくなる状況ですが、ここで気を抜いてはいけません。人の目はごまかせても、自分に嘘はつけません。自分が満足できる生き方の追求は、最もむずかしく、やりがいのある目標です。	**その生き方を観る。君子なら咎なし。**	上爻
山地剥 P.146	自分の行いが人に見られても恥ずかしくなければ問題ありません。「誰にも見られていない」という言い訳は封印。人に見られて恥ずかしいことをすれば、いずれツケを払うことに。最後まで緊張感を持ってやりとげましょう。	**自分の生き方を観る。君子なら咎なし。**	五爻
天地否 P.113	観光の語源となった「国の光を観る」。為政者が立派なら、その国は光にあふれています。自分が置かれている状況は光に満ちているのなら、そのまま維持。光がないのなら、別の場所に移るか、今の環境を変えましょう。	**国の光を観る。その国の王の賓客になるといい。**	四爻
風山漸 P.236	自分が進んできた道、これから進むべき道をしっかり観ましょう。自分のことは自分が一番わかっています。アドバイスされても、最終的に決めるのは自分だという覚悟を。共同作業より一人でやったほうがうまくいきます。	**自分の行いを観て進退を決める。**	三爻
風水渙 P.254	もう少し目を開いて、社会全体に関心を持つこと。友人のSNSをチェックするのもいいですが、世界のニュースにも目を通すべき。小事なら問題なく進みますが、もっと大きな望みがあるのなら、視野を広げましょう。	**隙間からこっそり観る。女性ならよろしい。**	二爻
風雷益 P.203	物事を単純にしか見ておらず、視野が狭くなっている状態。ただ生活しているだけならそれでもかまいませんが、都合のいい事実だけ取り出して大局を判断すると失敗します。観察眼を磨き、背景まで推察する習慣を。	**子どものように観る。小人は咎なし。君子は吝。**	初爻

21 火《か》雷《らい》噬《ぜい》嗑《ごう》

Biting Through

〈 固い肉をかみきる 〉

上爻が上の顎、初爻が下の顎。「山雷頤《さんらいい》」だと上爻と初爻のみ陽で、口の中の陰（やわらかいもの）を簡単にかめるのですが、「火雷噬嗑」は、四爻の陽が固い食べ物です（P.142解説）。上下の顎でしっかりかまなければなりません。

火と雷の組み合わせですから、過激です。光と音が炸裂する、にぎやかな情景も浮かびます。生活力があり、食欲旺盛。多少強引な手段でも、欲しいものを手に入れようとしているかもしれません。邪魔が入っても、見事に粉砕して先に進みます。

悪人を牢に入れ、刑罰をはっきりさせよという意味があり、一筋縄ではいかないことも起こります。望む結果を出すためには、集中して圧をかけ途中で投げ出してはいけません。

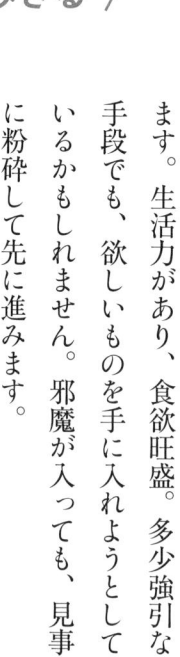

テーマ別読み方例

恋愛・結婚

二人の前に立ちはだかる障害があり、ますます燃え上がります。感情的にエスカレートしやすいので、冷静な話し合いを。自分の思い込みだけで動かないように。仲人的な立場の人がいるとかえって邪魔になりやすいので、直接話し合ったほうがスムーズです。

恋人や夫婦は二人の間に問題が生じて派手なけんかに。しっかり向き合って解決することで、絆が強くなります。

人間関係

はっきりと本音を告げないと、いつまでも距離感は縮まりません。関係を深めたいのなら、飲食の場を設けるといいでしょう。

トラブルが起こると、激しい対立に発展します。そうなる前に自分の非を認めて謝罪を。ただし相手の言い分があまりにも理不尽なら、安易に妥協せず、これを機にきっぱり決別すべきです。あいまいさを残さず、白黒はっきりさせる卦です。

仕事

本気を出して取り組む重要な時期。あいまいな姿勢ではなく、真正面から取り組みましょう。しっかりと目標を設定し周囲にアピールを。苦手なジャンルにあえて取り組み、克服する好機です。新規取り引きには邪魔が入りやすいのですが、原因を解明して取り除く努力を。

交渉や契約は文書にして確認を。双方の認識がずれたまま話が進むと、修復できない大きな亀裂が生じます。

お金

自分への投資は惜しまないこと。仕事のスキルアップにつながる講座や資格は積極的にチャレンジし、有益な人脈が広がる場にも顔を出しましょう。

投資を始めるのも好機。漫然と銀行にお金を寝かせておかず、無理のない範囲で蓄財の道を探りましょう。ただし、あまりにもうますぎる話は毒のある肉です。すぐに利益を出そうとして欲張ってはいけません。

キーワード・象意

上顎と下顎　合同　障害　妨害
干し肉　金の矢　牢獄　刑罰

爻で見る運勢アドバイス

之卦《しか》	アドバイス	爻辞の解説	爻位
震為雷 P.230	罰するのではなく罰せられる側。道をあやまって深刻な事態に。人の言い分に耳を傾けなかった傲慢の罪が、重くのしかかってきます。一人よがりの計画は失敗。細部まで根回ししておかないとうまくいきません。	首かせをはめられ、耳がつぶれるような厳しい刑罰。凶。	 上爻
天雷无妄 P.152	目下の協力を得て、思う通りに事が運びます。ただ、王道を外れて安直な道を選んでしまうと、期待した結果は得られません。堂々と正面から取り組みましょう。そして、自分の判断がすべて正しいという思い込みを捨てること。	干し肉をかんで黄金を得る。正しい態度を守っていても危ういが、咎なし。	 五爻
山雷頤 P.158	固い肉をかみ切れば、ごほうびがあります。障害を乗り切るのはむずかしいと思っても、根気よく続けましょう。苦労もするし多少の損害も出ますが、最終的には望んでいた以上の結果が得られるので、あきらめないで。	干した骨つきの肉をかみ、金の矢を得る。苦しい時期を乗り越えれば吉。	 四爻
離為火 P.167	力足らずで思うようにいかないこともありますが、何とか結果を出せます。多少の不満は残るものの、分不相応なレベルを望まず、適当なところで手を打ってください。あまりにも好条件の話がきたら疑ってかかること。	骨つきの肉をかんで毒にあたる。少し恥ずかしいが、咎なし。	 三爻
火沢睽 P.191	障害物を取り除いたり、悪を正すのなら、手加減せず徹底的にやるべきです。ここで侮って手加減すると失敗します。自分を過信して、状況を楽観的に見ると失敗。簡単そうなことが意外と困難だったりします。	柔らかい肉をかんで鼻がのめり込む。咎なし。	 二爻
火地晋 P.182	引き返すなら今のうち。「どこかが間違っている」と感じながら進むと、取り返しのつかないことに。小さな罰ですんで反省し、これ以上の悪事を企てなければ、重たい刑はありません。再スタートを切るのを恐れないように。	足かせを履き、足首を傷つける。咎なし。	 初爻

22 山《さん》火《か》賁《ひ》

Grace

〈 最高の美は飾らない素顔 〉

「賁《ひ》」という漢字は、光り輝く美しい貝殻のこと。古代、貝は通貨として流通し、「財」「買」「資」などお金に関係する漢字に貝の字が使用されているのはこのためです。

外卦は山で、内卦は火。夕映えの山の美しい景色がイメージできます。あるいは紅葉に彩られた秋の山。火は文化文明ですから、人家の灯りが見える山とも読めます。

大事業を成しとげるというより、日常生活を慈しむささやかな幸せを示します。学問や芸術など文化的活動には大いに吉。

上辺だけ取り繕って内面が伴わない状態を戒める爻辞が並んでいます。一番下の初爻が足、次の二爻が髭を飾り、上爻までいくと「白く飾る」となります。色を使わないありのままの美しさです。

テーマ別読み方例

恋愛・結婚

一見、華やかですが、恋愛や結婚は持続してこそ意味があるもの。出会ったときの高揚した感情が消えても気持ちが続いていくか、冷静に分析する必要があります。

新たに出会う人については、外見は飾っているものの、内面はそれほどではないかもしれません。結婚相談所のプロフィールは鵜呑みにせず、いわゆる仲人口は話半分に聞いておきましょう。

人間関係

おしゃれでお金持ちふうの人が、実は見かけ倒しかもしれません。対抗しようと見栄を張って自分を大きく見せないように。シンプルな格好をしていても、最終的には中身で勝負。外見で張り合うのは無意味です。

年齢や職業などの属性は大きく異なっても、共通の趣味で盛り上がれる仲間こそ人生の大きな宝。特に芸術、芸能などの分野での交流には大吉の卦です。

仕事

言葉より行動。企画書を整然とまとめるのもいいですが、ここで試されるのは実行力です。第一印象で判断すると失敗します。羽振りのよさそうな会社が、内実は火の車だったということも。データを集めて客観的に分析する必要があります。

ファッション、インテリア、装飾関係の業種は吉ですが、最終的に選ばれるのは上質でシンプルな商品です。

お金

美しい装飾品を買ってファッションに凝るのもいいですが、筋トレやウォーキングで鍛えた体に知性と誠実さがあれば最強です。体や心の健康維持のためにお金を使いましょう。ただし、予算を守ること。あまりにも高額な会員制クラブは元が取れません。

お金より精神を重視する卦なので投資には向いていません。財運よりも人望や名誉を求めたほうが、うまくいきます。

キーワード・象意

沈みゆく太陽　紅葉　飾り　装飾
天文　文明　文芸　芸術

爻で見る運勢アドバイス

之卦《しか》	アドバイス	爻辞の解説	爻位
地火明夷 P.185	究極の飾りは無色の白。外面を飾ってばかりで内面をおろそかにしていた人は、ツケを払わされます。虚飾を取り払った自分の本質は何か、じっくり考えましょう。目指すは俗世の欲から自由になり、精神的に満たされた状態。	白く賁《かざ》る。咎なし。	 上爻
風火家人 P.188	虚栄心を捨てましょう。身の丈に合わない派手なイベントに顔を出すのはやめたほうが無難。きれいな飾りより実体が大切です。そしてプライベートな領域だけではなく、環境を守るという大きな目標もできます。	郊外の丘や田園を賁《かざ》る。絹が少なくて質素。ケチだとそしられるが最後には吉。	 五爻
離為火 P.167	誰と手を組むべきか迷っている状態ですが、自分にとって正しい相手から声がかかります。身近な存在よりも、本当に共鳴できる人とつながるようにしましょう。敵だと思っていた人が、実は味方かもしれません。	美しい白馬に乗って颯爽と走って来る者。敵ではなく求婚者。	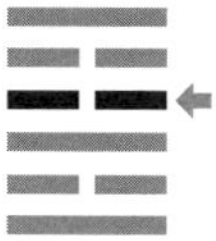 四爻
山雷頤 P.158	高価な装飾品を身につけて、賞賛を集めている状態です。花は散り、月はいつか欠けるからこそ、美しいのです。美しさがいつまでも続くと慢心しないように。貧弱な中身を外の飾りでごまかそうとしても、うまくいきません。	つやつや、きらきらとした美しい賁《かざ》り。	 三爻
山天大畜 P.155	今はまだ実力不足。自分の力だけではうまく飾れず、上の立場にある人の力を借りて何とか形を整えている状態です。まだまだ自分は一人前ではないと謙虚に考えないと、「虎の威を借る狐」になってしまいます。	ひげを賁《かざ》る。	 二爻
艮為山 P.233	金回りがよくなったから安易に自家用車を買うような贅沢への戒め。しっかりと地面を踏みしめて歩くべき。真の美しさに到達するには、自分の足で歩くしかなく、近道はありません。過度な接待や贈答品は受けないこと。	足を賁《かざ》る。車を捨てて徒歩で行く。	 初爻

23

山《さん》地《ち》剥《はく》

Splitting Apart

〈 剥落して最後に残るもの 〉

「剥」は刀でそぎ落としていくという字。外卦の高い山が徐々に崩れて、内卦の平坦な地と一体化していく卦です。

陽光は衰え、長く厳しい冬が迫っています。六爻の唯一の陽は、一つだけ残った大きな木の実。社会に当てはめれば、実力のない人がのさばっている心もとない状態ですが、時期が来れば季節は巡り、木々がまた芽吹きます。

陽が善で陰が悪という一面的な見方だけでは、易の卦を読み解けません。何事も過剰な現代社会では「山地剥」はそれほど悪い卦でないと考えられます。貧しい時代は、ふくよかな体型でたくさんの物を持つことが豊かさを意味しましたが、今はいかに無駄な物を手放すかを考える時代。ダイエットや物が多すぎる家の片づけには向いています。

テーマ別読み方例

恋愛・結婚

出会った頃の情熱が冷めたときからが本当の恋愛。このままフェイドアウトするか、踏みとどまるのかの分岐点にいます。いったん距離を置いて、本当の気持ちを確認するのもいい方法。なれ合いで続けると腐れ縁が切れず厄介なことになりかねません。

これから始まる関係で「山地剥」が出たら、見かけ倒しの人。あるいは、一人の男性に五人の女性で、競争が激しくアンバランスです。

人間関係

SNSで他人の生活をのぞいては心乱れることが多い人は、ネットワーク断ちを。

何事も控えめに。相手に期待を持たせるような言動は控え、淡々とした関係を。こちらからも、人を当てにしてはいけません。好ましくない人物と距離を置くにはいい卦です。そして、たとえ好感を抱いている人でも「去る者は追わず」で、無理やり引き留めようとしてはいけません。

仕事

トラブルが起こりがち。自分が担当していることだけやっていればいいと思うのではなく、プロジェクト全体に目配りを。手薄になっている分野をカバーできれば、人望がぐっと上がります。

能力がない人が大きな顔をして牛耳っているので、腹立たしさを感じます。人間社会で働いている以上、避けられないことだと割り切って、流れが変わるのを待ちましょう。

お金

出費がかさんで懐が寂しくなります。先行きの不安から逃れようと、ますます散財する悪循環にはまらないように。

余計なものを手放すにはとてもいい時期。家中を片づけて不用品を手放せば、無駄な物欲もなくなります。昔は何もない部屋はわびしいイメージでしたが、今の時代はお金持ちほどシンプル。中途半端な物が雑然と置かれた部屋は、貧しさの象徴となっています。

キーワード・象意

剥落　剥奪　浸食　削減　逆境　大いなる果実

爻で見る運勢アドバイス

之卦《しか》	アドバイス	爻辞の解説	爻位
坤為地 P.83	重大な岐路に立っています。大切なものは奪われていないので、対処法によっては盛り返せます。人に言えないような後ろ暗い行為に手を出してはいけません。目先の損得にとらわれず、「君子ならどうするか」を行動基準に。	**大きな木の実が一つだけ食べられずに残っている。君子は車を得て、小人は小屋を奪われる。**	 上爻
風地観 P.137	剥落でたいへんな時期に自分だけ抜け駆けしようとしてはいけません。出してしまった損失は潔くあきらめましょう。仲間と団結すれば苦難を乗り越えられる可能性が。上の立場の人からの引き立ても期待できます。	**貫魚《かんぎょ》(魚が連なっている状態)のように女官を率いる妃。王の寵愛。万事うまくいく。**	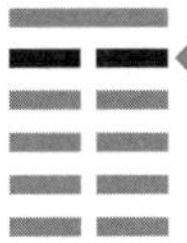 五爻
火地晋 P.182	かなり厳しい状況で、危険が差し迫っています。家が焼けているのに、家財道具を持ち出そうとすると命まで落としてしまいます。失うことを過度に恐れず、余計なものをさっぱり手放したと開き直り、一から出直す覚悟を。	**寝台はすでに形がなくなり、皮膚まで剥落。凶。**	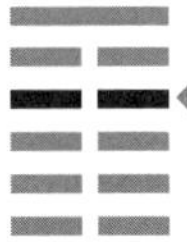 四爻
艮為山 P.233	窮地ですが、助かる希望があります。信頼できる人に助力を求めること。あまりよろしくない仲間から裏切り行為と見られても、そこをきっぱり断ち切らなくてはいけません。たとえ転んでも、立ち上がってまた歩き出せます。	**剥落の最中だが、咎なし。**	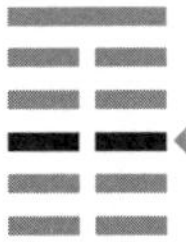 三爻
山水蒙 P.89	危険がいよいよ迫っておちおち寝ていられませんが、身の危険が及ぶところまでは来ていません。「耐えられないほどではないし」と静観していると危機から抜け出せなくなります。何も手を打たなければ崩れる一方です。	**寝台の本体まで剥落。正しい道から外れ、凶。**	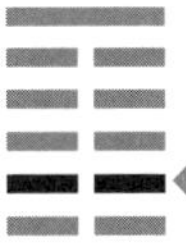 二爻
山雷頤 P.158	剥落が始まったばかり。まだ危険は差し迫っていませんが、安心して眠れなくなるまで時間の問題です。できるだけ早く手を打つ必要があります。予想していなかった裏切りが起こりがち。すべてに慎重に、安全策を。	**寝台の足が剥落。正しい道から外れ、凶。**	 初爻

24 地《ち》雷《らい》復《ふく》

Return (The Turning Point)

〈 陰極まって陽に転じる 〉

「山地剥《さんちはく》」の最後の陽が陰となり、「坤為地《こんいち》」に。そこに一つの陽が生じて「地雷復」となり、再び陽が伸びていきます。植物の芽が地中に眠っている姿。内卦の「震」は始まる力で、外卦は「坤」ですべて陰ですから、陽を止めるものは何もなく、順調に伸びていきます。

季節でいえば冬至。東洋占術では立春を一年の始まりとしますが、易では一陽が生じる冬至に次の一年を占う年筮《ねんぜい》を立てます。卦辞に「七日にして来復す」とあるので、七が占断のポイントになることも。失せ物、待ち人などは七時間、七日、七週間後の動きが期待できます。

繰り返すことがよしとされますが、前回とまったく同じことをしろというわけではありません。毎年、陰陽が巡って四季となりますが同じ年は二度と来ないのと同じです。

テーマ別読み方例

恋愛・結婚

一目惚れのドラマチックな大恋愛ではなく、知り合いから徐々に距離を縮めていきます。一度別れた人とやり直す復活愛や復縁の可能性もありますが、前回の別れに至ったプロセスを反省し、同じ轍《わだち》を踏まないように。

初婚で「地雷復」が出ると、また最初からやり直さなくていいように、じっくりと関係を固めてください。夫婦は時にはけんかしながら「雨降って地固まる」で再構築されます。

人間関係

第一印象はそれほど強くなくても、徐々に信頼を強めていく関係。一気に関係をつめようとするとうまくいきませんし、妙になれなれしい相手は下心があります。何度も顔を合わせるうちに、相手の本心が見えてきます。

同窓会などで昔の知り合いと旧交を温めるのもいいでしょう。一回だけ会ってそのときはご縁がなくても、状況が変われば深い関係性が生まれることもあります。

仕事

とにかく時間がかかり、やり直ししなくてはいけないことも出てきます。後退しているように感じることもありますが、冬の次は春と季節の巡りは決まっています。いきなり夏の陽気を求めず、打つべき手を打ったら、事態が好転するタイミングを待ちましょう。

過去にうまくいかなかったことに再び挑戦してみるのも吉。前回の経験を活かして、実力を発揮できます。

お金

身内や知り合いから頼られて一時的な出費がかさみます。懐は寂しくなりますが、気持ちよく出してあげましょう。持ち回りで次は助けられることもあるかもしれません。

一攫千金は期待薄。一時的に大きな利益が出たらかえって危ないので用心を。欲を出しすぎず、ほどほどで利益確定を。時間をかけて蓄財する卦なので、貯蓄や投資に回せるゆとりがないという人は、まず種銭作りから。

キーワード・象意

再び　往復　復元　復帰　回復　復活　復縁
一陽来復　冬至

爻で見る運勢アドバイス

之卦《しか》	アドバイス	爻辞の解説	爻位
山雷頤 P.158	方針が定まらず、手を広げすぎています。相場で出した損を取り返そうとして、ますます損失がふくらんでいるような状態。進むことばかりで退くことをしないと失敗し、長期間のダメージを受けることに。	復《かえ》る道に迷う。凶。災害が起こる。軍隊を動かして大敗。十年間、出兵できない。	 上爻
水雷屯 P.86	威張ることもなく、自らの過ちも認める器の大きさも持っている名君。何の心配もなく、温和な心で行動できます。目下や年下の意見でも正しいと思ったら取り入れましょう。どのタイミングからでも、正道を歩き始められます。	誠実に復《かえ》る。後悔することはない。	 五爻
震為雷 P.230	交差点に立っている状態。「みんながそういうから」「今までこうしていたから」は禁句。平常心を保ってどちらの道が正しいか、しっかり見極め一人で進む勇気を持ちましょう。キーワードは独立独歩。	途中で一人だけ復《かえ》る。	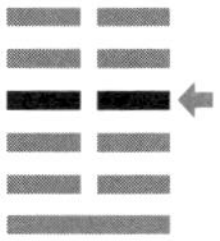 四爻
地火明夷 P.185	一進一退。道をまちがえてしまうので、常に地図を見ながら進んでいる状態。近道を探すより、わかりやすい道を選んだほうが無難。ムダなエネルギーを使わないためにも、兆しをキャッチし、先を読む目を養いましょう。	しきりに動いては復《かえ》る。危ういが、咎なし。	 三爻
地沢臨 P.134	初爻より進んでしまった状態ですが、間違いを正すのに遅いということはありません。気づいたときに態度を改める柔軟さがあれば、失敗することはありません。運がよさそうな人に相談するといいでしょう。	謙虚に正しい道に復《かえ》ることができる。吉。	 二爻
坤為地 P.83	一陽来復の主役となる唯一の陽爻。過失を犯しても、早めに方向転換できます。多少遠回りになったとしても、すぐに挽回でき結果的に大きなリターンを得られます。あせらずゆっくり進み、人と自分を比べないこと。	遠く行かないうちに復《かえ》る。後悔することもない。大吉。	 初爻

25 天《てん》雷《らい》无《む》妄《もう》

Innocence (The Unexpected)

〈 成りゆきに任せる 〉

「无《む》」は無。妄想やいつわりがない状態です。外卦の天を信じ粛々と足を進める内卦の雷。疑うことをせず、誠実に進みます。

天の下に雷があり、一雨降りそうな状態。日照りが続いていたら、慈雨を期待したいところですが、人間の力で雨を降らせることはできず、天を信じて待つしかありません。

期待しすぎると、失望することになります。季節が来たら種を蒔き、黙々と耕作を続ける農夫のイメージです。この卦が出たら成りゆきに任せるのが一番で、下手な小細工は逆効果です。計画を立てるのはいいですが、予備の時間や費用を大目に確保して、ゆとりを持って進めてください。

たとえ期待外れに終わっても、誰のせいでもありません。もう一度種を蒔きましょう。

テーマ別読み方例

恋愛・結婚

相手の気持ちがつかめず、不安になりがち。結婚というゴールを一方的に設定して、作為的に相手を追い込むのは悪手です。成りゆき任せで二人の気持ちが盛り上がり、気がついたら結婚していたという展開がベスト。

すでに夫婦になっているのなら、今の調子で淡々と生活を続けていきましょう。相手に過剰な期待をせず、日々を送るうちに銀婚式、金婚式を迎えるでしょう。

人間関係

過度の期待を抱かず、ありのままの相手を受け入れること。自分の思い通りに相手を変えようとしても無理です。

初対面の人となごやかに会話を楽しむのはいいのですが、必要以上に距離を縮めようとしないこと。自己アピールは逆効果になりがち。また、損得勘定で相手とつながろうとしてはいけません。ばれないと思っても、下心が見透かされています。

仕事

成りゆき任せにするしかない時期ですから、努力が空回りすることもあります。がんばっているのに評価されないという不満を抱きますが、今は勝負に出るタイミングではありません。スタンドプレーは控えるべき。連絡ミスに注意し、メモや記録を残しておくこと。

天候や突発的なアクシデントでプロジェクトが中止になることがあっても、人間にはどうしようもないことだと割り切りましょう。

お金

天と雷は一見、壮大ですが実体はなく、お金にはあまりつながらない卦です。収入に応じた身の丈に合った暮らしで満足しましょう。

大きくもうけることもなければ、損失も出ませんが、欲を出して勝負に挑むと失敗しがちです。今は積み立てなどで地道に貯めて種銭を作っておくべき。景気のアップダウンの中で、しかるべきタイミングが巡ってきたときに、効率的な投資ができます。

キーワード・象意

成りゆき　天の運行　無作為　無心　無垢　不意の災い

爻で見る運勢アドバイス

之卦《しか》	アドバイス	爻辞の解説	爻位
沢雷随 P.128	我を通すべきでないのに、無理やり不自然な道を進もうとして行きづまります。自分の力を過信しないように。欲ばって利益を得ようとすると損を出します。無理をせず、静かに休養して英気を養う時期です。	いつわりがない。進むと災いがある。万事によろしくない。	 上爻
火雷噬嗑 P.140	思いがけないアクシデントがありますが、心配しすぎないこと。順調な時期ですから、わざわざ手を回して、うまく立ち回ろうとする必要はありません。すべて自然に任せるつもりで、自己回復力を信じましょう。	予期せぬ病気になる、薬を飲まずに自然に治癒する。	 五爻
風雷益 P.203	出すぎた言動は禁物。目上の人には逆らわず、現状維持でよしとして、欲を出しすぎないこと。勧誘され、よさそうな話だと思い込んで安易に了承すると厄介な目にあいます。ガードを固めて、ミスのないように目配りを。	正道を踏み外さなければ危ういことは起こらない。	 四爻
天火同人 P.116	自然に従うといっても、あまりにも無防備で何も考えていないようでは、無実の罪を着せられます。やりとりの記録をしっかり取っておくこと。相思相愛だった恋人がライバルに奪われるということも起こり得ます。	つないでいた牛を旅人が盗み、村人が疑われる。身に覚えのない災い。	 三爻
天沢履 P.107	小細工を弄さず、流れに従いましょう。期待通りの結果が得られなくても、心配する必要はありません。結局、それでよかったと思うことになるからです。あらゆる場面で対立を避け、柔和な物腰を心がけてください。	耕したり開墾したら、収穫は自然の成りゆきに任せる。往来してうまくいく。	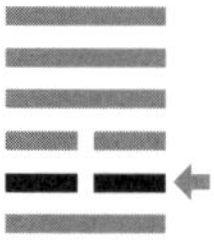 二爻
天地否 P.113	考えるのは後回しにして、まず体を動かしましょう。家にじっとしていては何も起こりません。行動を起こすことで何かのスイッチが入ります。ただし、精神的なメリットはあっても実利はあまり期待できません。	無心に進めば吉。	 初爻

26 山《さん》天《てん》大《たい》畜《ちく》

The Taming Power of the Great

〈 大きくとどめる 〉

「天雷无妄《てんらいむもう》」で虚心に取り組んでいると、結果的に大きな蓄積ができます。「畜」は田の上に「玄」。中国では澄んだ水を玄水と呼び、農作物の豊かな恵みをもたらします。また、爻辞に馬や牛が出てくるのは、昔は家畜が大切な財産だったからです。

そのため、この卦には大きな富を蓄えているイメージがありますが、お金や物だけでなく時間やエネルギーもたっぷりと集めます。

卦の形を見ると、天が動こうとするのを山が止めています。山と天、どちらも大物で力が拮抗しているスケールの大きな卦。卦辞に「家食《かしょく》せずして吉なり」とあるのは、家で耕作して食べていくのではなく、公に仕えよという教え。無難に小さくまとまるのではなく、広い世界に出て活躍すべきです。

テーマ別読み方例

恋愛・結婚

軽い恋ではなく、相手の価値をお互いに理解して尊重する組み合わせ。そのため二人の仲は簡単には進展しません。急いで話を進めようとすると壊れるので慎重に。仲人を立て、両家の顔合わせをするなど、伝統を重んじる結婚に向いています。お互いに成熟してからの年齢の結婚にも最適。

恋人や夫婦は広い空の下、高い山など自然が満喫できる場所に行くと絆が強くなります。

人間関係

旧知の間柄を大切にして信頼を深めていきましょう。相性がよければ一生を通じて陰に日向《ひなた》にサポートし合える仲になります。新しく知り合った人とは、急がずゆっくりとお互いを理解するようにしましょう、

プライドが高い者同士が衝突し、譲ったら負けだと張り合いになることも。本当に器の大きい人は、腰が低く人に譲ることができますから「負けるが勝ち」で解決しましょう。

仕事

手を抜くことなく真剣に取り組んでいけば、大きな仕事を任されて一気に評価が上がります。日頃から実力を蓄え、準備しておくこと。言われたことだけやっておけばいいという態度では、この卦のよさを活かせません。

積み上げて大きくする卦ですから、新規事業や方向転換は慎重になるべきです。積み重ねてきた仕事やネットワークを第一に。器用に立ち回ろうとすると足をすくわれます。

お金

いかにもお金に縁のある卦であり、蓄財を始める絶好のタイミング。ただし、リスクのある投資で一気に増やすのには向いていません。時間を味方につける長期投資を前提に、複利で増やす戦略を。

買い物では手軽な品に飛びつくのではなく、熟考して生きたお金の使い道を。家具や家電などは高額でも、長い目で見ればしっかり元が取れるようなら思い切って決断を。

キーワード・象意

蓄積　畜力　蓄財　大豊作　徳を積む

爻で見る運勢アドバイス

之卦《しか》	アドバイス	爻辞の解説	爻位
地天泰 P.110	とどめる力が究極に達し、何も制限しなくてもいい解放状態に。天への道が四方八方に通じているのですから、願うことが叶います。大畜の最後にふさわしく、私利私欲は捨て、スケールの大きな望みを抱きましょう。	天の道が大いに通じる。望みが通る。	 上爻
風天小畜 P.104	厄介そうな問題にぶつかっても、去勢された猪のようなもの。牙があってもそれほど危険ではなく、問題の原因を探れば根本から解決できます。少し癖のある人を相手にしても、お互いに納得して協力できます。	猪を去勢して突進する力を弱める。吉。	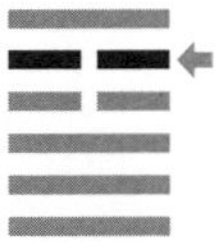 五爻
火天大有 P.119	闘牛の牛を相手にするのはたいへんですが、童牛ならそうむずかしくありません。未然に危害を防げという警告であり、気になることがあるのなら、問題が小さいうちに解決しましょう。そこをクリアすれば万事順調です。	童牛（まだ角の出ていない子牛）に横木を当てて止める。大吉。	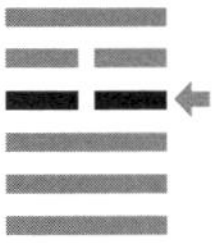 四爻
山沢損 P.200	これまでせき止められていたエネルギーが一気に噴出。そのためスピードを出しすぎてしまいます。正道を守り、ゆっくり着実に進むべき。困難を感じたら、誠実な人の助けを借り、リスク対策もしっかりと。	良馬に乗って疾走。忍耐して努力し、護衛術を身につければ行ってもいい。	 三爻
山火賁 P.143	進行中のものは一時中止を。準備が整っておらず、スタッフも器具も足りません。メンテナンスをせずに車を走らせようとしている状態。悠然とした態度でとどまりましょう。じたばたしても得られるものはありません。	車軸が外れて進めない。	 二爻
山風蠱 P.131	自分を過信して、能力以上に進もうとしている状態。ちゃんと準備するべきだし、方々への根回しも必要です。見切り発車はみすみす失敗するようなものです。計画をじっくり練って適切なタイミングを待ちましょう。	危うい目にあう。やめたほうがいい。	 初爻

27 山《さん》雷《らい》頤《い》

The Corners of the Mouth
(Providing Nourishment)

〈日々の糧《かて》を得る〉

外卦が上の顎《あご》、内卦が下の顎。大きく開けた口に食べ物が入っている状態です。下の顎は雷でしきりに動き、上の顎は山で、じっと止まっています。

人間は食べないと生きていけませんし、子どもが生まれたら食べさせるのは親の義務。まずは自分を養い、それができたら家族、社会を養っていくことが求められます。

歯や胃腸のトラブルがあるときにもよく出る卦です。また、発言という点に注目すると、言うべきでないことを漏らしたり、言うべきなのに黙っているなど、口をうまく使っていない場合もあります。

日々の糧を手に入れることが問題なくできている状態なら、知識や思想を取り入れる精神的な活動に余念なく取り組めます。

テーマ別読み方例

恋愛・結婚

しっかりとかみ合った好相性ですが、ロマンチックなムードには欠けます。結婚を視野に入れているのなら「二人で食べていけるかどうか」「経済負担の分担」という現実的な問題にスポットが当たります。

男性任せにせず、女性もしっかりと稼ぐ現代の結婚のスタイルには向いています。二人で食卓を囲む回数を重ねるにつれ、夫婦の絆も深くなっていくでしょう。

人間関係

おしゃべりが弾んで一気に親しくなることがある一方、余計なことを口走って険悪になりがちです。口は災いの元だと実感するでしょう。うわさ話にも要注意。不用意にその場にいない人のことを話題にしたり、ネットに無責任な内容を書き込まないように。

言葉だけに頼らず行動で示すことも必要です。交際費はケチケチせず、お世話になった人にはちゃんとお礼をしましょう。

仕事

企画書やキャッチフレーズで言葉だけ整えても、実体が伴っていなければうまくいきません。コスト計算をきっちり行い、どれだけ利益を出せるか説得力のある進め方を。文書や手形の問題が起こりがち。相手の話をそのまま受け取らず、しっかり裏を取りましょう。

レストランなど飲食関係のビジネスは吉。見栄えより栄養バランスやコストパフォーマンスで顧客を満足させましょう。

お金

背伸びした出費で経済的に苦しくなりがち。美食や贅沢を求めるのはほどほどにして、地味でも生活の質を上げるものにお金をかけましょう。特に健康維持の費用は節約してはいけません。

自分で稼いでいる人に出る場合は吉ですが、誰かに養ってもらおうとしている場合は戒めの卦です。学業や家事が忙しくても、自らの手でお金を稼ぐ経験を積んでおくべきです。

キーワード・象意

顎《あご》　養う　飲食　料理　言語　口実　口論

爻で見る運勢アドバイス

之卦《しか》	アドバイス	爻辞の解説	爻位
地雷復 P.149	上爻になると自分だけではなく人も養う立場となります。組織の大黒柱的存在として、責任は重くリスクもありますが、うまくいきます。周囲から頼られるので出費もかさみますが、必要経費と割り切り、快く払いましょう。	万民を養う立場。苦労があっても吉。大川を渡ってもいい。	 上爻
風雷益 P.203	間違っていると気づいたら、態度を改めること。一人ですべてを取り仕切ろうとしても、うまくいきません。知恵のある人に頼るべき。壮大な目標ではなく、少し頑張れば達成できる身近なゴールを目指しましょう。	常識に反しているが正しい態度でいれば吉。大川を渡ってはいけない。	 五爻
火雷噬嗑 P.140	能力に恵まれ、与えられた役割を果たしています。大きな野望を抱いており、目下や年下を積極的に登用すると達成に近づけます。自分だけを養うのではなく、共存共栄や、社会貢献まで考えられるようになればさらに吉。	口の中に食べ物があり吉。虎視眈々と獲物を狙う。欲が深いが咎なし。	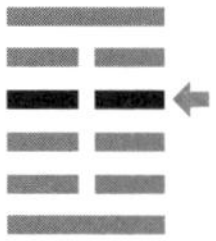 四爻
山火賁 P.143	養われ方を根本から変える必要があります。分不相応な望みは封印。あやしげなビジネスに手を出すのも厳禁。今がよければいいという姿勢を改め、長期的な視野を。まずは日々の生活態度を改めることから始めましょう。	不正手段で養ってもらおうとしても、十年は無理。何の利益もない。	 三爻
山沢損 P.200	人に食べさせてもらおうという甘い考えはうまくいきません。しかも、順序が逆で年下や目下に頼っている状態。ひどい場合は酒やゲームにおぼれたり、楽な商売でもうけようとしています。心を入れ替え、自立の道を。	目下に養ってもらおうとするのは、常道からはずれている。丘に進んで行くのも凶。	 二爻
山地剥 P.146	能力があるのに、誰かに養ってもらおうとしています。そんな甘えた姿勢を卒業すべき。他人と比べて社会を恨むなどもってのほか。自分の食べる分は自分で稼ぐという気概を持ち、貪欲にならず分相応の生活を。	霊亀《れいき》(占いに使う亀)を捨て、物欲しげにしている。凶。	 初爻

28 沢《たく》風《ふう》大《たい》過《か》

Preponderance of the Great

〈 大いに度がすぎる 〉

内側に四つ並んだ陽は力が充満し、はちきれんばかり。それらを挟む二つの陰。真ん中が強く端が弱い材木が棟木《むなぎ》(屋根の横木)となり重さに耐えられず、たわんでいる状況です。

長女の風と、少女の沢が大きな商売を切り盛りしているような状態です。過剰労働ながらも、従順で快活な姉妹ですから、何とか続いています。ただ、棟木がたわむほど大きなプレッシャーにあるときは、「まだ大丈夫」と思ったときが危なく、自分の弱点を知っているほうが安全です。

二爻は老いた夫と若い妻、五爻は若い夫と老いた妻の組み合わせ。前者は子が生まれるので由《よし》とし、後者は恥ずべきとあるのは、家系の存続を第一とした価値観の名残り。占的に合わせ現代ふうに読み解きたいところです。

テーマ別読み方例

恋愛・結婚

理性が働かず、その場のムードに流されてしまいがち。いい年の中年男性と若い女性、あるいは有閑マダムと若いホスト。極端な年齢差など、平均的なイメージからかけ離れた組み合わせですが、関係を断ちきれません。どちらかの負担が大きすぎて生活が成り立たなくなれば、関係は終わりです。

婚活では、高望みがすぎて出会いの機会さえもない、という場合もあります。

人間関係

対等な関係ではなくバランスが崩れています。過剰に頼られたり、あるいはその逆で甘やかされるなど。それでも得るものがあるのなら、とことんつき合ってみるのもいいのですが、結局はどちらかが音を上げます。

古いつき合いの人からトラブルが持ち込まれることも。人にあまり期待せず、適切な距離感を保つことを心がけてください。情におぼれると抜け出せなくなります。

仕事

能力や適性とかけ離れた荷の重い仕事。ワークライフバランスも崩れています。人生の一段階と割り切ってこの時期をやりすごすのもいいですが、「ここまでやる」という限度を定めておかないと、体調をくずす危険も。

組織を経営しているのなら、事業を拡張しすぎて人が足りなくなっているか、あるいは人員過剰の状態です。資金も不足し、財政的にも苦しくなります。

お金

極端な浪費あるいは節約に走り、生きたお金の使い方ができていない状態。収支のバランスを取るという基本に立ち戻るため、家計簿の記入を。期間を定めて決められた予算内で暮らしてみるのもいい方法です。

投資やギャンブルは読みが当たれば一攫千金ですが、リスクも相当なもの。なくしてもいい金額までなら冒険してもいいですが、生活に必要なお金に手をつけてはいけません。

キーワード・象意

過剰　重荷　苦難　棟たわむ　アンバランス
色難　年の差婚

爻で見る運勢アドバイス

之卦《しか》	アドバイス	爻辞の解説	爻位
天風姤 P.209	無理がたたり、ギブアップ。身のほど知らずの大きな挑戦をして、全身が災いに見舞われます。ここまで来たら引き返せないかもしれませんが、撤退する勇気を。心意気は立派です。また機会が巡ってくるでしょう。	**身のほど知らずに大川を渡ろうとして、頭まで水没。**	 上爻
雷風恒 P.173	とりあえずは平穏無事で、楽しく暮らせますが、実態はかなりアンバランス。実益も期待できません。今すぐに変える必要はありませんが、いつまでもこのままではいられません。長期的な視点で堅実な人生計画の一考を。	**枯れた柳が花を咲かせる。老いた未亡人が若い夫と再婚。咎もなく誉もない。**	 五爻
水風井 P.221	重たすぎる状況ですが、何とか耐える力があり、ぎりぎりのところで踏みとどまれます。結果的に予想外の成果を手にすることができるでしょう。つまらない人と関わって、せっかくの労力を無駄にしないように。	**棟木が高くそびえて吉。ただし援助を期待すると恥をかく。**	 四爻
沢水困 P.218	なまじ体力があるために、過重なノルマを課せられて倒れる寸前の社員のような状態。頑張って踏ん張るのはいいのですが、それが日常となると、限界を越えます。器以上のことは引き受けるべきではありません。	**屋根が重くて棟木がたわむ。凶。**	 三爻
沢山咸 P.170	見かけはアンバランスでも、気にすることはありません。第一印象で自分とは合わないと思ったことでも、意外と順調に進みます。最初から決めつけず、オープンな姿勢で人と親しみましょう。特に若い人と積極的に交流を。	**枯れかけた柳から新しい芽。老人が若い妻を娶ったようなもの。万事によろしい。**	 二爻
沢天夬 P.206	何かと行きすぎが多い困難な時期です。気の重いプロジェクトも、慎重に進めれば問題なく終わります。自分の力不足を自覚し、謙虚な姿勢を心がけることも大切です。プレッシャーに押しつぶされないよう、入念に準備を。	**神様へのお供えの器の下に白茅《はくぼう》(チガヤ)を敷きつめる。**	 初爻

29 坎《かん》為《い》水《すい》

The Abysmal (Water)

〈 一難去ってまた一難 〉

水は一般的には清らかで流れるイメージがあるのですが、八卦では悩みや苦しみの象徴。「坎《かん》」は「陥」であり、凹みに落ちることから、「坎為水」は悩みや苦しみが二重になった困難な卦であり、四難卦(※11)の一つです。しかし、坎は二つの陰が一つの陽を挟んでおり、苦難にあっても真心を失わない人間の姿です。

水は、どんな形にも合わせて自らの姿を変える柔軟性があり、学習能力の象徴ですから、学問や研究、精神的な探求には向いています。世俗的な幸運が期待できない時期こそ、じっくりと腰を据えて心静かに過ごして自らを磨く最適なタイミングでもあります。

「坎為水」は別名「習坎《しゅうかん》」。ヒナが羽を動かし飛ぶ練習をするのが「習」。人間も苦しみを耐えることで人生を生き抜く力を学ぶのです。

テーマ別読み方例

恋愛・結婚

世間には公にできない恋愛の場合が多く、もしかしたら相手にはもう一人、恋人がいるかもしれません。相手をいくら責めたところで状況は好転しません。一時の感情に引きずられず、冷静に結論を出しましょう。

問題が経済的なものに限られているのなら、解決する方法が見つかりますし、打算がなく精神的な結びつきを重視しているのなら、うまくいきます。晩婚や再婚にもいい卦です。

人間関係

悪い仲間に誘われてトラブルに巻き込まれがち。流されないように自分のポリシーをしっかり保ち、断る勇気を持つこと。

誤解されることも多く、真意が伝わりにくく苦労します。無理に人とのつながりを求めず、孤高の道を選ぶのも賢明な選択です。

知的な関心を通して人とつながることもありますし、この時期に誠意を持ってつながれる人こそ真の友です。

仕事

苦労ばかり多く成果に結びつきません。出世や昇進も望み薄。新しい事案には手を出さないほうがいいでしょう。裏面工作をしたくなりますが、露見したらますます困った状況に陥ります。

モチベーションを保つのがむずかしい状況ですが、これ以上悪くならないと吹っ切って目の前の課題に取り組みましょう。仕事に役立つ資格の取得など、自分へ投資を。

お金

日常生活に必要な支出だけに限り、大きなお金を動かさないほうが賢明です。

支出してもいいのは、書籍や情報機器など学習のための費用。ただし留学や大学院、高額な講座はいきなり決めず、情報収集してからじっくり検討してください。

追徴課税や家屋や家電の修理交換など予想外の出費も。どうせ払わなければいけないお金なら、惜しまず気持ちよく払いましょう。

キーワード・象意

悩み　苦労　穴　陥没　艱難　転落　四苦八苦
真心　忍耐

爻で見る運勢アドバイス

之卦《しか》	アドバイス	爻辞の解説	爻位
風水渙 P.254	穴から抜け出せず、苦難が続くばかり。改めるなら今。なぜ自分が苦しまなければならなかったかを考え、非を認めなければ穴から抜け出せません。問題の大小によって、3日、3週間、3ヵ月、3年後に解決の糸口が。	太い縄で縛られ、いばらの草むらに置かれた状態。3年間は出られない。	 上爻
地水師 P.98	苦難の時期もようやく終わりに近づき、少しずつ明るさが。まだ油断はできませんが、これまでの経験を糧にすれば、大きな学びがあるでしょう。個人的な苦しみではなく、組織や社会の問題を解決する使命も帯びています。	穴の中の水があふれるところまでいかず、平らになってきた。	 五爻
沢水困 P.218	目立たないところで誠意を尽くしましょう。つらい時期だからこそ、真心のある交流のありがたさをしみじみと感じます。苦しい身ながらも困っている人がいればに手を差し伸べ、神社仏閣を参拝して心を落ち着かせましょう。	樽酒と竹皿、素焼きの器を窓からそっと差し出す。質素でも真心があり、最後には咎なし。	 四爻
水風井 P.221	進退極まって、坎為水の中でも最も苦しい状況。じたばたしてもエネルギーを消耗するだけです。行くことも戻ることもできず、覚悟を決めて今の場所に腰を据えるしかありません。苦難は永久に続かず、過ぎ去ります。	進めば危険、退くと不安。ますます深い穴に落ちるので動いてはいけない。	 三爻
水地比 P.101	希望の光が少し見えてきましたが、欲張っては元も子もありません。悩みは全面解決までは遠くても、解決の糸口を探っていくうちに、ゆっくりと状況は好転していきます。日常生活でのささやかな幸福を大切に。	重なった穴の中にいる。小さな望みなら、叶えられる。	 二爻
水沢節 P.257	どんなに順風満帆な人生でも、どん底に落ちることはあります。暗中模索の状態ですが、じたばたせずに観念しましょう。これ以上落ちることはない、と気持ちを切り替えれば、浮上へのヒントが浮かんできます。	穴の中のさらに穴の底に落ちる。凶。	 初爻

30 離《り》為《い》火《か》

The Clinging (Fire)

〈 付《つ》き、離れる火 〉

火の手が次々と燃え移るさまは「付き、離れる」という「離」の性質そのもの。それが二つ重なっています。内卦と外卦が同じ卦は八つあり「重卦」（P.46）と呼ばれ、同じことが二度繰り返されることが多く、「離為火」は、日の出と日の入りを示し、特に繰り返しの傾向が強く出ます。規則的な運行でありながら、心の移り変わりもあり、目的がつかみにくくなるなど読み方のむずかしい卦です。

「離は麗なり」で美しく輝きますが、卦辞には「牝牛のように従順であると吉」とあります。火は美しく、生活には欠かせないものですが、扱いを間違えると危険。何かと目立つからこそ、控えめで謙虚な姿勢がトラブルを遠ざけるという戒めです。文化文明の意味もあり、学問や芸術に親しむのもいいでしょう。

テーマ別読み方例

恋愛・結婚

一気に燃え上がる恋ですが、離の悪い面が出ると心変わり。どちらがより輝くか、競争相手の関係になってしまうこともあります。長続きさせたいのなら、適度な距離感を。

相手のことを知りすぎて、ときめきが消えてしまうのも離為火にありがち。倦怠期の夫婦のように「離婚」がちらつくのです。あるいは、複数の恋愛が同時進行して、どれも決め手に欠けるという悩ましい状況に。

人間関係

学究肌で知的な人。あるいは性格の激しい人が出現。ライバルでありよき友人になっても、情の結びつきは薄くドライです。

頭脳明晰、博学な面が評価されるので知的なイメージを前面に押し出すと人脈が広がりますが、信頼関係を築くには時間がかかります。新しく知り合う人が多い反面、疎遠になる人も多く、人間関係の移り変わりが激しくなります。特定の人に執着してはいけません。

仕事

目的が一つに絞れず、あれこれ手を出しては中途半端に終わりがち。それでも結果を出せば一気に名誉名声が得られます。

文書関係のミスに要注意。新規の取引先は、羽振りがいいように見えて、内実は厳しいということもあるので、事前調査を念入りに。美容、出版、映像関係にいい卦ですが、華やかな表舞台の裏には地味な作業があります。先を照らすという意味から占い業にも吉。

お金

ファッションや美容など見栄えをよくするための出費がかさみます。お金ばかりかけても、本質が伴わなければ意味がありません。知性や教養のためにもお金を使いましょう。

高額商品を衝動買いしそうになったら、冷静に検討する時間を置くべき。

有利に見える金融商品の中身は、見込み違いということがありがち。相場は上がりムードですが変動が激しいので利益確定は早めに。

キーワード・象意

麗　太陽　燃え移る　別離　離婚　文化文明　知性

爻で見る運勢アドバイス

之卦《しか》	アドバイス	爻辞の解説	爻位
雷火豊 P.242	大いに実力を発揮できますが、目立つ場所ではなく、中央から離れたところ。うまくいっているからといって、強引にルールを押しつけてはいけません。自分が強い立場のときほど、寛大な姿勢を心がけるべきです。	王が遠くに出陣。敵の大将の首を取るが、配下は捕虜にしない。	 上爻
天火同人 P.116	多事多難でどうしたらいいかわからず、戸惑います。それでも根拠のない自信で暴走するより賢明です。周囲に相談して謙虚に協力をお願いすれば、応じてくれる人はいます。保険の見直しなど、リスク管理は万全に。	涙をさめざめと流して憂い嘆くが、慎重にしていれば吉。	 五爻
山火賁 P.143	前日の太陽が沈み、翌日の太陽が昇る微妙な時期。誰しも神経質になり不安になっています。人を押しのけ強欲に動くと、嫌われて孤立。また、自分の知性を過大評価して恥をかくはめに。派手な動きは控えるべき。	突然やって来て過激な行動をするようでは、焼き殺されて棄てられる。	 四爻
火雷噬嗑 P.140	一つのことが終わりかかっています。名残惜しさを感じても、執着は禁物。老人は若さを失ったことを嘆きますが、天命を受け入れて余生を楽しむべき。若者なら、明日は再び朝日が昇り、新しい日となります。	西に傾いた太陽。酒の器をたたき歌って楽しまなければ、老いの嘆きばかり。凶。	 三爻
火天大有 P.119	太陽のような存在として周囲から注目を集め、スムーズな展開。知性も冴え、読みも当たります。このタイミングを利用して、やりたかったことに挑戦するといいでしょう。文化的な活動でも大きな成果が得られます。	黄色は五行の中央の色であり、太陽の色で大いに吉。	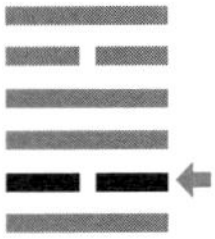 二爻
火山旅 P.245	勢いよく足を踏み出すのですが、まだ力不足。夜明け前の暗さで、方向がわからずうろうろしています。自分が何を成しとげたいのかがはっきりすれば、一気に進めます。準備を整えてから、スタート地点に立ちましょう。	足もとが散らかっているが、慎重に進めばよし。	 初爻

31

沢《たく》山《ざん》咸《かん》

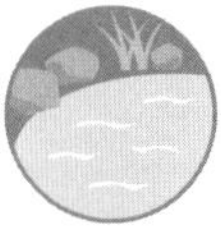

Influence (Wooing)

〈 少年と少女の恋 〉

見た目にもさわやかな山と渓谷。若い男女のグループがハイキングに出かけて、恋が芽生えます。内卦の山は、若い男性、外卦の沢は、若い女性。出会ってすぐにお互い感じるところが大いにあるわけです。男女がお互いに好感を抱くのは、天地の交わりから万物が生じることに通じます。ただし、二人だけの世界に酔いしれるのは危険な一面もあり、感情のみに支配された暴走を戒めています。

心と心が感応して、相手の話を自分のこととして耳を傾ける誠実な態度が喜ばれます。ただし、理性を忘れては厄介なことに。初恋や一目惚れは心を大きく弾ませますが、一過性のことも多いのです。この卦が出たら、少年や少女の心を持ちながらも、成熟した大人としての処世術も求められます。

テーマ別読み方例

恋愛・結婚

まさに恋愛の卦ですから、運命の人との出会いを暗示。相性のよさを実感して、とんとん拍子に二人の仲が親密になります。ただし、恋がどれだけ燃え上がっても、社会生活の中で結婚へと向かうには、心のエネルギーだけでなく理性や計算も必要となってきます。

結婚後も順調ですが、思わぬアクシデントに見舞われた時に、二人で協力してどこまでうまく対処できるかがカギです。

人間関係

オープンな姿勢を心がけていると、意気投合する人と出会えます。背景をよく知らなくても「この人と相性がよさそう！」という直感に従いましょう。

一夜の盛り上がりも楽しいものですが、価値観が同じ人なら、連絡を取り合って建設的な関係に発展するのもいいでしょう。ただし、仲のよさを理由に無理なお願いをされるようになったら、距離を置く冷静さも必要です。

仕事

打てば響くような迅速な対応が高評価を得ます。創造性が求められる仕事に最適。若い世代をターゲットにする業種、あるいはこれまで世の中になかった新規事業は上向きになっていくでしょう。

プレゼンや会議では、斬新な意見を発表して存在感を発揮。その反面、正確さを求められる仕事ではミスが多くなりがち。勤務時間中は、目の前のタスクに集中すること。

お金

本当に好きな物、必要な物が見つかり生きたお金の使い方ができますが、高額商品にはすぐに財布を開かないこと。冷静に考える時間を置いてから購入しましょう。節約ばかりの窮屈な生活は、将来のために今を犠牲にするようなものですが、お金をかけなくても楽しく過ごせる方法も見つけられます。

投資は世の中のムードに流されず、データを分析してから決断を。

キーワード・象意

初恋　一目惚れ　感応　敏感　感情　感覚　情熱　新婚

爻で見る運勢アドバイス

之卦《しか》	アドバイス	爻辞の解説	爻位
天山遯 P.176	人を感動させるために、言葉を使います。実態や行動が伴わなければ不誠実です。そして、人からかけられる言葉も鵜呑みにしないこと。やたらと恋愛ムードで接近して来る人は敬遠すべき。口がもたらす災いに注意。	**上顎、頬、舌に咸《かん》じる。**	 **上爻**
雷山小過 P.263	背中は感じることが少ない部位。外からの刺激にも反応せず、他人を感化させることなく、静かな状態。少々退屈で物足りないかもしれませんが、私情に惑わされずに正しい判断が下せます。仕事と恋愛もしっかり両立。	**背中の肉に咸《かん》じる。後悔せずにすむ。**	 **五爻**
水山蹇 P.194	この爻だけ体の部位が出てきません。心で感じるという沢山咸の本来の意味を持つからです。狭い対象に限らず、広い心で自分が感応する対象を探しましょう。そして、感応する対象を定めたら、思い悩まないこと。	**正しい道を守れば後悔せずにすむ。心定まらず動き回ると、仲間内の関係しか持てない。**	 **四爻**
沢地萃 P.212	若い男女が性欲のおもむくままに関係を持ってしまった状態。理性の力でコントロールできず、恥ずかしい事態を引き起こしがち。止めるのはなかなかむずかしいことですが、誘惑に負けない克己心を養うべきです。	**足の股《もも》に咸《かん》じる。人に従って行くと恥をかく。**	 **三爻**
沢風大過 P.161	こむら(ふくらはぎ)は、歩こうとする時にまず力が入る場所で、かなりせっかち。ふらふらと心のおもむくままに勢いで動くと、こむらがえりを起こして痛い目に。一気に進まず、段階を踏んでゆっくりと。	**こむらに咸《かん》じる。動けば凶。じっとしていれば吉。**	 **二爻**
沢火革 P.224	人体の一番下である足の親指で探り合っている状態。第一印象が心に残り、男女なら淡い恋心が芽生えたところですが、具体的な行動には移していません。自分の感情の流れを意識して、次はどう動くか冷静に考えましょう。	**足の親指に咸《かん》じる。**	 **初爻**

32 雷《らい》風《ふう》恒《こう》

Duration

〈 安定と倦怠 〉

「沢山咸《たくざんかん》」の少年と少女がおじさんとおばさんになったのが、「雷風恒」。「恒」は、いつもの通り、常にある姿という意味で、恋愛映画でハッピーエンドとなったその後の物語です。新婚時代のときめきは失われ「釣った魚に餌はやらない」とばかりに妻の誕生日を忘れる夫に対し、家事や育児に追われて所帯じみてきた妻。ロマンスは枯れましたが、長年、生活を共にしてきた安定感があります。

外卦は雷で、内卦は風。雷が風に乗って動き、風は雷によって力を得るという協力関係。外卦の男性が外で働き、内卦の女性が家の中を整えるという伝統的な夫婦の姿です。刺激には欠けますが、安心して物事を進められます。長く続いてきたことをみだりに変えず、平凡な日常に感謝すべきという教えです。

テーマ別読み方例

恋愛・結婚

ときめきよりも安心感を優先。一時の感情に走らず、将来設計を重視しましょう。今のお相手に少々飽きたとしても、新しい恋を探すより、二人の関係をリフレッシュするのが得策です。一から婚活を始めるなら、合コンやマッチングアプリより、オーソドックスな結婚相談所やお見合いを。

長期の関係を築いてきたパートナーには、さりげない思いやりを示し絆を深めましょう。

人間関係

目上には礼儀正しく、目下には寛大に。突飛なことをせず、これまでの慣習に従うとうまくいきます。新しいネットワークを広げるより、今の人間関係をメンテナンスしましょう。

長いつき合いだからといって甘えすぎるのは禁物。「親しき仲にも礼儀あり」で、無理なお願いや不謹慎なジョークは封印。これまで関係が続いてきたことを感謝し、よき友人であり続ける気遣いを忘れないように。

仕事

老舗やロングセラーなど、長い歴史の流れに耐えてきたビジネスに分があります。手堅くやっていくうちに拡大していくので、ルーティンワークを大切に。急成長を狙うより現状維持を心がけてください。新規開拓よりも、現在の顧客の満足度を上げることに注力したほうがいいでしょう。

転職は時期尚早。今の仕事で実績を上げて、声がかかるのを待つべきです。

お金

家具や食器など毎日目にして長く使うアイテムは、価格で妥協せず上質な品を選ぶべき。旅行にお金を使うのなら、新規オープンや個性的なプランより、定宿で予定調和を楽しむ旅がリラックスできて満足できます。

蓄財は一発勝負に出ず、淡々と積み立てを継続。リターンは大きそうでもリスクの高い投資には手を出すべきではありません。株式なら、安定した業績と高配当の銘柄を。

キーワード・象意

恒常　恒久　恒産　恒心　日常　平穏　現状維持
中年夫婦　倦怠期

爻で見る運勢アドバイス

之卦《しか》	アドバイス	爻辞の解説	爻位
火風鼎 P.227	マンネリ状態に飽き飽きして、新しい目的や方針を模索してふらふらと揺れ動いています。苗を植え替えて枯らしたり、転職を繰り返してじり貧になるようなもの。進みたい方向が明確になるまでは、動くべきではありません。	不安定な状態。凶。	 上爻
沢風大過 P.161	力が弱く、国を治めることができない君主のような状態で、自分の意見を言えず、人に従ってしまいがち。ストレスを感じないのなら現状維持でもかまいませんが、勇気を出せば流されてばかりの人生を変えられます。	節操を固く守る。妻は吉。夫は凶。	 五爻
地風升 P.215	自分の居場所がないと感じる不安定な状態で、期待したような結果が得られません。好意を抱いた人と恒常的な関係を結ぼうと思っても、相手にその気がなければ無理。見込み違いに気づき正しい目的と手段を選ぶべき。	狩りに出ても獲物は得られない。	 四爻
雷水解 P.197	安定した日常に飽き飽きして浮気心が芽生えます。人に言えないような恥ずかしい事情を抱えていると、運気も低調に。やみくもな方針転換は控え、一度決めたことはやり通すべき。落ち着いた大人の態度が求められます。	ふらふらと態度を変えるようでは、恥をかく。	 三爻
雷山小過 P.263	重要なポストを与えられ、実力を発揮している状態です。手抜きもやりすぎも禁物。ちょうどいい中庸の態度を心がければ万事順調です。目の前の仕事、今の恋人だけに集中して、他には目をやらないこと。	悔いがなくなる。	 二爻
雷天大壮 P.179	最初から期待しすぎると失望します。あれこれ条件を出すのは控えるべき。また、相手のプライバシーを聞き出そうとしたり、口出しするのは禁物。まだ先は長いのですから、あせらずゆっくりと進みましょう。	深く立ち入りすぎる。正しくても凶。	 初爻

33 天《てん》山《ざん》遯《とん》

Retreat

〈 静かな山へ逃れる 〉

「遯《とん》」は隠遁、遁走。古代中国では政治が乱れると、聖人君子は山の上に隠遁して世の中が治まる時期を待ちます。それが「天山遯」です。人生は進むばかりではなく、退却すべきときもあります。この卦がでたら、ひとまず手を引いて静観するのが無難です。

卦の形を見ると、陰の力が下から伸びて来て初爻と二爻はすでに陰。このままだとさらに陰の勢力が拡大していくのは明らかで、小人が跋扈《ばっこ》する世の中となります。

今の情勢は自分に不利だから一歩退き、力を蓄えタイミングを待つという戦略的な後退という意味もあります。企業ならリストラを進めなければいけませんし、家運が衰退しているのなら、大きな家を売って引っ越し、家計を切りつめなければならないでしょう。

テーマ別読み方例

恋愛・結婚

とりあえずおつき合いを始めても、盛り上がりに欠けます。衰退の卦ですから、結婚もなかなかまとまりません。一生、天山遯の状態が続くわけではないので、とりあえず婚活を休止して仕事や趣味に打ち込んで時期を待つのが得策です。

長期のパートナーがいる人は、一歩引いたところから、お互いにとって心地いい距離感を探る必要があります。

人間関係

人間関係は人気投票ではありません。たくさんの人とつながっていても、数には意味がないのです。むしろ、ネットワークを維持するためのエネルギーの消耗に気づいてください。グループでの活動も、人数が増えすぎて収拾がつかなくなってきています。

つき合いで顔を出していたイベントや飲み会はパス。「去る者は追わず」で自然と疎遠になるなら、それもよしとしましょう。

仕事

組織の内面から崩れが生じ、目標達成がむずかしくなります。問題を一人で抱え込まず、自分が休んでもスムーズに回る状態にしましょう。休暇を取って気分を変えるのも効果的。エネルギーが満たされれば、運気も反転して新たな意欲も出てきます。

ホテルやレストラン、旅行、エンターテインメントなど、リフレッシュしたい人に向けたビジネスには最適の卦です。

お金

衰退していく卦なので、蓄財には向いていません。相場の下がり始めの初期に損切りして、大暴落によるダメージを避ける形です。

貯めるよりも、出費を抑えるべきですが、節約ばかりでは息がつまります。リフレッシュの旅に出るなら、スケジュールがぎっしりつまったパックツアーではなく、自由時間の多い旅程を組みましょう。山奥のひなびた湯治宿なら、天山遯にぴったりです。

キーワード・象意

退く　逃れる　退避　逃避　転身　退却　引退
隠遁　休息

爻で見る運勢アドバイス

之卦《しか》	アドバイス	爻辞の解説	爻位
沢山咸 P.170	理想的な隠遁。政治やビジネスとの関わりを捨て、仙人のような暮らしへ。風流な趣味を楽しむのもいいでしょう。欲を手放してこそ、新しい地平が見えてきます。悠々自適の境遇を手に入れたら、若い世代のサポートを。	ゆったりと余裕のある引退。万事によろしい。	 上爻
火山旅 P.245	もう十分やったので引き際をきれいに。成功した実業家が引退し、悠々自適の生活をするようなもの。別のジャンルに手を出したいのなら、過去の成功体験は忘れて一から挑戦を。昔の自慢話をすると人に嫌われます。	おめでたい引退。正しい道を守れば吉。	 五爻
風山漸 P.236	逃げる力はあります。しかし、つまらないことに関わり、思いが断ち切れず面倒なことになりがち。執着心を捨てられるかどうかが運気の分かれ目。大局的な視点で不要なものを手放すことができれば、新たな展開が。	りっぱな引退。君子なら吉。小人には無理。	 四爻
天地否 P.113	責任がある立場なので、何もかも放り出して逃げることはできません。大きな決断は避け、とにかく無事に過ごすことを優先させましょう。目下や年下との関係を大切に。小さなことは、さっさと損切りを。	逃げようとしてもしがらみがある。病気になって危うい。家来や妾を養うのは吉。	 三爻
天風姤 P.209	逃げ遅れそうになっている危うい状態。なるべく目立たないように、やるべきことに取り組みましょう。余計なことには手を出さず、周囲を観察して改めるべきところは柔軟に変革。過去の成功パターンは役に立ちません。	黄牛の革でつながれた豚。誰もほどくことができない。	 二爻
天火同人 P.116	時代の流れから取り残されています。過去の栄光にしがみついて、若者を怒鳴り散らす高齢者のようになってはいけません。わからないことを素直に認めて、謙虚に教えを乞いましょう。勝ちめのない勝負には出ないこと。	逃げ遅れて最後尾にいる。危ない。早急に進めてはいけない。	 初爻

34 雷《らい》天《てん》大《たい》壮《そう》

The Power of the Great

〈 大いに盛んな勢い 〉

天の上に雷があり、意気盛ん。初爻から四爻までの四つの陽爻がぐんぐん伸びています。このまま順調に進めば、上の二爻も陽になり、陰は退いていきます。

天も雷も、男性的で大きな力を連想させる卦です。陰陽三爻ずつだった「地天泰《ちたいてん》」に陽が一つ増えた形で、安泰から一歩進んだ勇ましいイメージです。卦辞には「君子以《もっ》て礼にあらざれば履《ふ》まず」とあり、勢いがあるときだからこそ、礼儀を忘れて暴走してはいけないと戒めています。

行きすぎ、やりすぎに傾くので、エネルギーを保留して一歩引いた姿勢でいるぐらいがちょうどいいのです。道はただ進めばいいというものではありません。その道が正しい道であるかどうかをよく考える必要があります。

テーマ別読み方例

恋愛・結婚

こちらは盛り上がっていても、相手はそうでもなく足並みがそろいません。心の高まりをそのままぶつけるのではなく、会話のキャッチボールを心がけましょう。勢いに乗って結婚ということもありますが、肝心な点をつめていないと、先が思いやられる新婚生活に。

長く関係を続けてきたパートナーに対し、自分勝手なふるまいをしていないか反省を。親密さに甘えず、相手の立場を尊重して。

人間関係

話は弾みますが、結局、何が伝わったのかがあやふや。その場のノリで盛り上がっただけ。かけ声だけが大きくて内容が伴わない人も出てきます。話半分で聞いておき、厄介なことに巻き込まれないように気をつけましょう。

自分が中心となって人をまとめるなら、強引にならないように注意。気が進まない人を無理やり引き込んでもうまくいかず、人間関係にひびが入ります。

仕事

意気込みだけは人一倍あるのですが、なかなか結果が出ないことも。無理な目標に向けて猛進するよりも、小さなステップを確実にこなしていきましょう。周囲との協調も求められています。スタンドプレーは禁物です。

新規のプロジェクトや取引先は、話が大きくて実利が伴わないことも多いので、最初から風呂敷を広げすぎないように。切り上げ時や撤退のタイミングを誤ってはいけません。

お金

やたらと気が大きくなり出費がかさみます。調子に乗ってクレジットカードで払っていると、支払いに苦しみます。「一生ものだから」と分不相応なアイテムを入手するのも、考えもの。何年もたてば体型も好みも変わります。

投資で少しもうかって調子に乗ると痛い目にあいます。もっともうけたいと投資額を増やしたとたんに、暴落するようなことがあります。景気のいい投資話には乗らないこと。

キーワード・象意

勢い　盛ん　壮挙　壮麗　猛進　疾走　暴走
拡張　騒音

爻で見る運勢アドバイス

之卦《しか》	アドバイス	爻辞の解説	爻位
火天大有 P.119	力不足なのに暴走して抜き差しならない状況に。進むことも引くこともできず、気ばかりあせります。これまでの無理がたたって心身にも疲れが蓄積していますから、できる範囲で慎重に動きながら打開策を探りましょう。	雄の羊が生け垣に角をひっかけ進むことも退くこともできない。困難に耐えれば吉。	 上爻
沢天夬 P.206	多少の損失が出ても必要経費だと割り切って、さっさと損切りを。道を間違えたら、引き返して正しい道に戻ればいいだけのこと。細かいことは気にせず、自分に合ったペースで進んでいけば、目標は達成できます。	雄の羊を見失うが、悔いはない。	 五爻
地天泰 P.110	障害物は取り除かれ、視界がぱっと開けました。ゴーサインが出て、今こそ決断、実行のタイミング。この機を逃す手はありません。多少のトラブルに見舞われても、勢いがあるので乗り越えることができます。	正しい道を守れば吉。雄の羊が生け垣から抜けられる。車軸も頑丈。	 四爻
雷沢帰妹 P.239	見切り発車して身動きの取れない状態に。最初は勢いがあるので、このまま行けると楽観していたら思わぬ障害にぶつかります。自分の力を過信せず、確実にこなせるスケジュールを。課題を見くびってはいけません。	小人はやみくもに進むが、君子は無理に進まない。雄の羊が突進し生け垣に角が引っかかる。	 三爻
雷火豊 P.242	進み出しても大丈夫ですが、安易な道を選ばないこと。心から正しい道だと確信してから歩き出しましょう。急ぎすぎるのもよくありません。先は長いのですから、全力を出し切るのではなく、ゆとりのある進行を。	正しい道を選べば吉。	 二爻
雷風恒 P.173	意欲満々で第一歩を踏み出そうとしているのですが、まだ機が熟していません。そのため、身のほど知らずの危険な道に進みがち。歩き始める前に、自分の立ち位置をしっかり確認し、周囲にもしっかり根回ししておくべきです。	足が壮《さか》んに進もうとしているが、進めば凶。	 初爻

35 火《か》地《ち》晋《しん》

䷢

Progress

〈 着実に進む 〉

「晋」は「進」と同音同意です。大地の上に輝く太陽。地平線から昇った太陽は、世界に朝の到来を告げ、お昼には天頂に輝きます。卦辞《かじ》には、「諸侯が功労によって王と三度も謁見でき馬を賜る」とあります。会社の理念に従って素直な姿勢で頑張れば、日の出のような大出世をとげます。運気はまさに上昇気流に乗っており、この機に乗じてぐんぐん足を進めましょう。

「進む」イメージの卦は、「雷天大壮《らいてんたいそう》」や「風山漸《ふうざんぜん》」があります。「雷天大壮」は勇み足になって、障害物に足を取られがちなのに対して「火地晋」はスムーズ。「風山漸」は山に植えた苗が成長していくので、長い年月がかかります。それに比べると「火地晋」はスピーディー。先延ばしせず、すぐに着手しましょう。

テーマ別読み方例

恋愛・結婚

順調に進展していきます。明るくさわやかに、周囲にもオープンな関係が吉。外卦の火は、離れるという意味があるので、腐れ縁を断ち切ることが必要なこともあるでしょう。そして内卦の地を母、外卦の火を次女の美しい娘と見ると、母親が娘の良縁のために、万全の準備を整えている姿と読むことができます。

出会いを求めているのなら、結婚したいという気持ちを明らかにし周囲に声をかけて。

人間関係

閉じた関係でなく、開かれたネットワークで、知り合いの知り合いといった具合に広がっていくでしょう。ただし、あまり順調だと仲間内から嫉妬されて足を引っ張られることもあります。盛運のときこそ恵まれない仲間を思いやる気持ちを忘れないように。

また「この人とつながったら利益になる」といった下心で人間関係を広げていくのは極めて危険。誠実な友人を失います。

仕事

昇進のチャンスが舞い込んできます。商売や事業も売り上げの上昇が見込めます。業績が評価され、上司からの評価も高くなり、まさに順風満帆。

しかし、すべてが順調だからこそ気を引き締めなければなりません。有頂天になって油断が生じると、太陽が傾くように評価が下落します。自分一人で手柄を独占すると孤立して仕事がやりにくくなります。

お金

おおむね順調ですが、派手なことに使いたがるのは危険サイン。知識を蓄えスキルを磨いたり、体調を整えるための出費は惜しまないように。二重帳簿や脱税などの不正は暴かれるので、経費の処理は適正に。

明るい卦ですが、実利という点ではいまーつ。欲張りすぎると思わぬ落とし穴がありますから、リスクの大きい投資には手を出さず、一定額を積み立てる手堅い蓄財を。

キーワード・象意

日の出　進む　前進　積極的　昇進　昇給
立身出世　貪欲

爻で見る運勢アドバイス

之卦《しか》	アドバイス	爻辞の解説	爻位
雷地豫 P.125	実績を誇り、自信過剰になりがち。気持ちが通じ合っているはずの仲間から抜けていく人も。仕事ばかりに目を向けてきた人は、家族や友人と疎遠になっています。広い視点から周囲を見渡してみましょう。	**昇りつめて頂点に。領地を征伐。危ういが大丈夫。**	上爻
天地否 P.113	火地晋の中で最もスムーズに進める状況。損得勘定を気にせず、君主のように堂々と前進を。小さなことに一喜一憂せず、自分の選んだ道を信じるべき。努力が報われ、これまで抱いてきた不満も解消されます。	**後悔がなくなる。損得を心配する必要はない。行けば吉で万事によろしい。**	五爻
山地剥 P.146	野心が強すぎます。不当に出世してもびくびくするだけです。やっていることは正しくても、最後に決断を誤り、八方ふさがりに。落とし穴にはまらないためには、あまり欲を出さず、方向を誤る前にとどまる勇気を持つこと。	**大きくて貪欲な鼠《ねずみ》。正しい道を守っても危ない。**	四爻
火山旅 P.245	一人でやるより、仲間と協力して進んだほうがうまくいきます。高尚な理屈は封印し、誰にでもわかりやすい平易な言葉を使うこと。やたらとスピードを速めるとアクシデントが起こるので、周囲と歩調を合わせて進みましょう。	**仲間と一緒に進む。後悔がなくなる。**	三爻
火水未済 P.269	一進一退ですが、開運の兆しがあります。朝日の最初の光が差したタイミングであり、最終的には願いがかなうので、あせる必要はありません。祖母や年配の女性から助けられることも。アドバイスに耳を傾けましょう。	**進もうとすると心労も多くなる。正しい道を選べば吉。祖母から大きな福を授かる。**	二爻
火雷噬嗑 P.140	今はまだ力が弱く、思うようになりません。希望が打ち砕かれ、すごすごと引き下がることも。経験を積み、準備を整えて出直せば、そのうち進めるようになります。夜明けは遠くても、明けない夜はありません。	**進もうとしても邪魔がある。信用されなくても、公明正大に。**	初爻

36 地《ち》火《か》明《めい》夷《い》

Darkening of the Light

〈夜中の太陽〉

「火地晋《かちしん》」が地上の太陽なら、「地火明夷」は地下の太陽。本来なら明るく輝くはずの太陽が、傷ついて地下にもぐっている状態です。内卦は火で、文化文明、外卦は地で、従順。本当は賢いのに外に出さず周囲に従う姿。爻辞にはわざと狂人のふりをして危機を乗り切った箕子《きし》の故事が出てきます。知性や才能に恵まれていても、ひけらかさないこと。妬まれて攻撃されたり、ろくなことがありません。

一般的にはあまりよい意味を持たない卦ですが、日中は休み、夜になるときらきら輝く水商売などには吉。占い師に出たら、人生が暗闇のように感じた人に進むべき道を示す役割を果たせます。運気の低迷を感じているのなら、たっぷり睡眠を。夜の間に気力を回復させれば、夜明けに備えられます。

テーマ別読み方例

恋愛・結婚

相手は、あなたの知らない顔を持っているかもしれません。何もかも明らかにしようとすると傷つきます。あるいは、お互いに疑心暗鬼となって過剰に反応しているのかもしれませんから、急いで結論を出さないこと。

正式な結婚には向かない卦です。どうしても一緒になりたいのなら、まず同棲して様子を見るのも手です。相手の欠点に寛容になれるなら、うまくいきます。

人間関係

見た目だけで人を判断してはいけません。高級な服を着ていてもやりくりに困っている人や、反対に質素なのに実は裕福だったり。性格的にも裏表のある人が多いので、少し親切にされただけで全面的に信用しないこと。

この卦が出たら、目立つ行動は控えること。食事や旅行を楽しむのはいいのですが、こっそりと。SNSで発信する必要はありません。下心のある人が近づいてきます。

仕事

夜の仕事の水商売や目立たない地味な分野には大吉。治療やカウンセリング、占いなど傷ついた人を相手にする職業にも向いています。

一般的な仕事では、頑張っているのに認められません。忍耐の時ですが、あまりにもつらいのなら、今の仕事にしがみつくことはありません。一時的な仕事で食いつなぎながら、実力をひそかに蓄えておけば、流れが変わったタイミングで一気に開花します。

お金

突発的な出費が多く、苦しい懐事情。ムダを省き、本当に必要な物を絞ること。

勘も鈍っているので投資やギャンブルも控えたほうがいいでしょう。見込みのない投資先にしがみついていると損失がふくれるばかりですので損切りも考えるべきです。

あやしげなもうけ話には耳を貸さないこと。この卦が出たら大きなお金は動かさず、安全策を取ってください。

キーワード・象意

傷つき破れる　破綻　傷心　日没　暗闇　闇夜
暗君　雌伏

爻で見る運勢アドバイス

之卦《しか》	アドバイス	爻辞の解説	爻位
山火賁 P.143	始めはうまくいっても、無事に終われません。能力も器もないのに分不相応な高い地位にいるような状態。転落が避けられないので、どうしたらソフトランディングして被害を最小限に抑えられるかを検討すべき。	明るくなく、無知。天に登る勢いがあっても最後は地に落ちる。	 上爻
水火既済 P.266	むずかしい立場にあり胃が痛くなる日々が続きますが、今は耐えるしかありません。出すぎたことはせず、ひそかに準備を整えてタイミングを待ちましょう。自分の才能や財力をひけらかすのは絶対に避けてください。	狂人のふりをして難を逃れた箕《き》子《し》のように、生き延びる道を正しく選ぶ。	 五爻
雷火豊 P.242	目立つ行動は控え、敵対する相手の機嫌を取ることも必要です。会社なら、部下や同僚の気持ちをつかんでおけば、上司が暗愚であっても、危険はありません。自分だけで動くのではなく、チームの和を重視。	へりくだって相手の心に取り入る。自分の家の門から出ず危険を回避。	 四爻
地雷復 P.149	正しいことだと確信できたなら思いきって実行。今は不遇の身であっても、知性を発揮して成功します。効果的なタイミングを選び、一度の勝負で決着をつけるべき。地火明夷の中で唯一、クーデターが成功する爻。	暗闇を脱して明るい南へ向かい、敵の大将の首を取る。急ぎすぎてはいけない。	 三爻
地天泰 P.110	かなり傷ついています。手を差し伸べてくれる人もいるので、さっさと逃げ出しましょう。迷っている時間はありません。静観しているうちに事態はますます悪化し、傷は深くなります。問題を先送りせず今すぐ決断を。	左のももが傷つく。名馬に乗って逃げれば吉。	 二爻
地山謙 P.122	困難な状況から抜け出すことはできますが、明るい展望は望み薄。かといって、今の状況のままではいけません。たとえば仕事で限界を超えていたら、休職か失業保険、あるいはアルバイトで食いつなぐなど、逃げる道を探すべきです。	危険な場所から飛び去り、羽が傷つく。君子は三日も食べ物がない。主人に小言を言われる。	 初爻

37 風《ふう》火《か》家《か》人《じん》

The Family (The Clan)

〈理想の家庭〉

外卦の風は、五行では木。木造の家の中に、かまどの前で風を送って火を起こしている主婦がいます。ガスも電気もなかった時代、家の中に煮炊きの火があるのは、主婦が家事にいそしんでいる証拠です。

五爻の陽が一家の大黒柱である父、二爻の陰が母で陰陽が応じ合っています。古代中国では各家庭が正しい姿にあれば、天下国家も安泰だと考えられてきました。国家の基本は家庭にあり、それを支えるのが一家の主婦。

男女平等、ジェンダーフリーの価値観からは、ずれているところも多く、いかに現代に合わせて読むかがポイント。男女の性別にこだわらず、組織内の役割に当てはめることもできます。基本に立ち戻り、よそ見せずに本業に打ち込むことで好結果が出ます。

テーマ別読み方例

恋愛・結婚

きちんとした紹介者を介したお見合いなど、昔ながらのスタイルの結婚が吉。両家の関係者に祝福されて新生活のスタートです。お相手は細かいことが気になるタイプかもしれません。窮屈に感じることがあっても、夫婦で協力して安定した家庭を築くでしょう。

妻が家を守り、夫が外でしっかり働くという保守的な結婚を受け入れたくないのなら、しばらく婚活は休んで自分の活動に集中を。

人間関係

それぞれが役割と責任を自覚し、力を合わせています。目上の人を立て、目下はへりくだるという保守的な面もあります。過度な自己主張は避け、グループとしての調和を第一に考えてください。

一匹狼タイプだと家庭的な人とつき合うのは少々気疲れするかもしれませんが、人生修行の一つだと割り切りましょう。円満な人間関係から学べることはたくさんあります。

仕事

日常的な業務はスムーズに回りますが、大きな契約は期待薄。自分だけでうまくやろうとせず、チーム一丸となって動くこと。強引に進めると失敗するので、目上や経験者の意見を参考に策を練ってください。

新たに外に打って出るよりも、内側を固めることが重要です。副業や多角経営はうまくいきません。昔から続いている本業に集中して強みを伸ばしましょう。

お金

記念日にはちょっとした贅沢を。離れて暮らす家族にも心のこもったメッセージを送ると喜ばれます。家具や家電、カーテンなど室内で長期的に使う物こそ、こだわりたいもの。妥協せず、高品質な品を選べば生活の質が上がり、生きたお金の使い方となります。

リスクのある投資には向いていない時期。大きく増やすより、少しずつでも着実に積み立てていく方法が長続きします。

キーワード・象意

家族　家庭　主婦　養育　良妻賢母
家内安全　内助の功

爻で見る運勢アドバイス

之卦《しか》	アドバイス	爻辞の解説	爻位
水火既済 P.266	実権は下に譲ってそろそろ引退を考える時期。ここで気を抜くと、せっかくの業績に傷がつきます。最後まで気を抜かず有終の美を飾りましょう。そして、これまでの経験を活かして次の世代のサポート役に。	**誠意があって威厳もあれば、最終的に吉。**	上爻
山火賁 P.143	王のような偉い人が訪問してくるような一大事があっても、家族や仲間の協力を得て、うまくいきます。つり合った相手と自然につながれるときですが、自分に徳がなくレベルが低ければ、それなりの相手しか現れません。	**徳の高い王が成婚し王家を治める。心配することなく吉。**	五爻
天火同人 P.116	ことさら自己主張しなくても、自分の持ち場をしっかり守っていれば、うまく運びます。仕事運も好調で、収入アップが期待できます。商売にも吉。自分だけでなくグループ全体が豊かになるように心を配りましょう。	**家を富ませる。大吉。**	四爻
風雷益 P.203	憎まれ役になっても、正しいことなら主張すべき。あいまいな態度でやりすごしていると、取り返しのつかないことに。会社なら社内の風紀の乱れをチェックし、ルール厳守を徹底する必要があります。	**家庭内を厳格に仕切り、家族は悲鳴を上げる。婦女子が笑い転げるようでは恥をかく。**	三爻
風天小畜 P.104	自分の場所を確立し、規則正しい日常、バランスのいい食生活を。一歩引いて家長を補佐する内助の功を発揮しましょう。男性に出たら、組織に忠実に仕え、縁の下の力持ちの役割を。新分野の開拓には不向きです。	**傲慢、怠惰を戒め家の中で神に供える食事を作る。**	二爻
風山漸 P.236	何事も最初が肝心。家の乱れが生じないように、子どもを厳しくしつけます。一度決めたことは厳守。例外を認めていると乱れる一方です。変化を求めず現状維持で円満。会社なら新規事業より既存の仕事を大切に。	**家族の過失を防ぎ、家を守る。**	初爻

38

火《か》沢《たく》睽《けい》

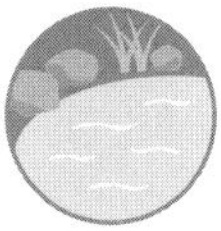

Opposition

〈 背《そむ》き合う嫁と小姑 〉

火の中年女性と、沢の若い女性が同じ家にいて、反発しています。二人はまったく異なる性質で、お互いに長所を否定されていると感じています。大吉とはいえませんが、あくまでも家庭内の諍《いさか》い。国同士の戦争のような深刻な事態にはなりません。大きなことは成しとげられなくても、小さなことなら吉。

火と沢は正反対の気質なので気が合わなくて当然。自分の持っていないものを相手が持っているのですから、敵対関係にあるとしても、うまく利用すればいいのです。

英訳のオポジションは西洋占星術で180度の対角にある星座同士のこと。昔は凶とされましたが、まったく違う相手から刺激を受けることは必ずしも凶ではなく、新しい発見や奮起がもたらされるとも解釈できます。

テーマ別読み方例

恋愛・結婚

価値観も趣味も異なるのに、なぜか気になる人。スムーズな展開は期待できませんが、刺激的で楽しい組み合わせです。恋愛に安らぎを求めるなら、やめておいたほうが無難。

結婚となると双方の母親や姉妹から反対されるかもしれません。そうした試練を乗り越えるためには、強い決意が必要。あくまでも当事者である二人の決断であると割り切れるかどうかが運命の分かれ目です。

人間関係

気心の知れた仲間というわけにはいきません。過度に親しくなろうとすると対立するので適度な距離を保つこと。

政治や宗教、生き方など価値観を問うような深刻な話題は避けること。お互いの違いを認めて、違っているからこそおもしろいと考えれば、新しい情報や刺激を与え合う創造的な関係に。あえて異質な存在とつき合うことで人生の幅は大きく広がるのです。

仕事

内部で反目して職場の居心地が悪くなりがち。職場は仲良しクラブではありませんから、和気あいあいとした人間関係を求めず、自分の役割と任務に集中しましょう。

交渉は難航し、こちら側の利益を主張すると決裂します。お互いの落としどころを探り、適当なところで妥協することも必要です。小さな案件や定期的な仕事はうまくいきますから、現状維持でよしとしましょう。

お金

必要な出費を節約する一方で散財するなど、ちぐはぐなお金の使い方をしがち。大きな買い物は避け、決められた予算内で生活を。それでも、美容やファッションの出費はやや多めでもよしとしましょう。

投資は一気にもうけようとせず、リスクの低い金融商品を選ぶこと。値上がりしている株を保有しているのなら、いったん利益を確定するのもいいでしょう。

キーワード・象意

小姑　背《そむ》く　仲たがい　反目　不統一　不和
平行線　幻覚

爻で見る運勢アドバイス

之卦《しか》	アドバイス	爻辞の解説	爻位
雷沢帰妹 P.239	64卦384爻の中で最も幻想的な爻辞。人を敵対視するのは、被害妄想。疑いは捨てて、相手の真の姿に目を向けましょう。あるいは人からの誤解が解消。雨は天地の和合の象徴。対立が解消され、協力関係となります。	**孤立。背中に泥を塗った豚、幽霊を乗せた車を見る。すべて幻想。敵ではなく求婚者。雨は吉。**	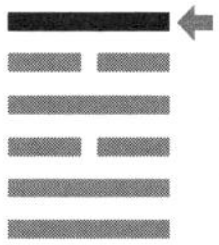 上爻
天沢履 P.107	最初は力不足でうまくいかないと感じることもありますが、心配しすぎないように。長いつき合いの人が応援してくれるので、安心して進みましょう。困難を乗り越えれば、たくさんの楽しみや喜びが待っています。	**一族と再会し、やわらかい肉をかむ。進んで事を行ってもよい。**	 五爻
山沢損 P.200	始めは困難ですが、終わりに近づくにつれて好転。みんなと仲良くはできませんが、協力者が現れます。そのおかげでトラブルを乗り越え、共通の目的を果たせます。むずかしい時期だからこそ、信頼できる人は貴重な存在。	**背《そむ》き合って孤立するが、志を同じくする仲間と誠実な交流。危ういが大丈夫。**	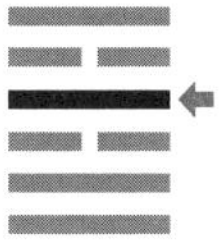 四爻
火天大有 P.119	邪魔されて思うようにいきません。誤解されて悪者にされないように、言葉を尽くして説明を。小さなことを軽んじてはいけません。最後には打開の道が開けるので、希望を捨てないで問題解決に取り組みましょう。	**車も車を引く牛も止められる。刑罰として額に入れ墨、鼻を切り落とされる。終わりはよい。**	 三爻
火雷噬嗑 P.140	街でばったり会った人から耳よりな情報を得るなど、偶然をきっかけに幸運が舞い込んできます。家に閉じこもっていないで外に出るべき。受け身ではなく自分からもメッセージを発して、人とつながりましょう。	**街中で仕えるべき君主に出会える。**	 二爻
火水未済 P.269	失ったものをすぐ取り返そうとせず静観しましょう。うまくいきそうにないことが、意外とスムーズに進展します。他人の欠点や失敗を目にすることがあっても、大らかな心で接し、責め立てたりしないこと。	**逃げた馬を追うな。ひとりでに戻ってくる。悪人に遭遇しても大丈夫。**	 初爻

39

水《すい》山《ざん》蹇《けん》

Obstruction

〈 雪山で遭難、立ち往生 〉

「水山蹇」の蹇《けん》は、「寒」の下を足にした漢字です。八卦の「坎」は険に通じ、悩み苦しみを象徴。苦しみの前に立ち尽くすのみで進めません。四難《しなんか》卦の一つ（P.315）です。

五行の水の季節は冬ですから、貧弱な装備で経験もない登山者が雪山で立ち往生している状態。寒くて足が萎えています。山の上の水は、地中をつたって谷川に到達し、やがて海に注いでいきます。困難な中でも活路はあるはず。時期を待ち、最初の一歩を踏み出すことで状況は変わります。

卦辞に「東北ではなく西南に行け」とありますが、東北は「艮」で山、西南は「坤」で地。わざわざ山に登らず平坦な大地を進んだ方がよく、高い理想ではなく、実現可能な計画を手堅く進めていけというアドバイスです。

テーマ別読み方例

恋愛・結婚

二人の間に邪魔が入り、進展できなくなります。自分たちだけで解決しようとせず、信頼できる人に相談し客観的な視点で考えてみましょう。「どうしてもこの人でなければ」と思い込んでいるだけで、実態は縁をつなぐべき相手ではないかもしれません。

あるいは先方には同時進行でおつき合いしている方がいる場合も。関係が複雑で、収拾がつかなくなり心身ともに消耗します。

人間関係

雪山で遭難したような状況を一人で乗り切るのは不可能です。ガイド役となる人さえ見つければ、苦境を脱することができます。やせがまんせず、素直に助けを求めましょう。

力を貸してくれた人には、心を尽くしたお礼の言葉を。今後、充実した人生を送ることが何よりの恩返しとなります。そして、次はあなたが困難な状況にある人に手を貸せる立場になってください。

仕事

冬山登山のつもりでしっかりと準備し、無理のない計画を。手に余る仕事は引き受けないよう、自分の能力の限界を知っておくことも大切です。

共同作業は足並みがそろわず暗礁に乗り上げます。その場しのぎの対策ではなく、経験豊かなリーダーが必要です。自分にそれだけの実力がなければ、素直に認めて席を譲ること。そうした謙虚な態度が評価されます。

お金

予定外の出費がかさんで、きびしい状況になりますが、必要なものまで削ってはいけません。バランスの取れた金銭感覚でピンチを乗り切りましょう。

リスクの高い投資やギャンブルは失敗します。欲を出さず市場を静観し戦略を練りましょう。金銭の貸し借りは避けること。相手も困窮した状態なので、返してもらおうとしても徒労に終わります。

キーワード・象意

雪山遭難　悩み　苦しみ　艱難辛苦　トラブル
災難　破談

爻で見る運勢アドバイス

之卦《しか》	アドバイス	爻辞の解説	爻位
風山漸 P.236	これまでよく耐えて来ました。よき協力者を得て苦難を脱します。ともに苦労してきた人と喜びをかみしめられます。過去のいざこざは水に流して、寛大な心ですべてを受け入れる器の大きい人間になりましょう。	**進んで行けば悩み苦しむが、引き返せば大きな収穫が。援助者が現れる。**	 上爻
地山謙 P.122	苦しいからといって、本筋を曲げてはいけません。苦難を乗り越える力は十分にあるし、助けもやって来ます。雪山で救助隊が現れた状況。大変な困難のようでいて、大きなチャンスが舞い込み、大凶と大吉が混在しています。	**苦難は大きいが、友が助けに来てくれる。**	 五爻
沢山咸 P.170	一人では身動きが取れませんが、すぐ近くに頼りになる存在がいます。自分だけで解決しようとせず、周囲からのアドバイスに耳を傾けること。冬山の雪が解けるのを待てば、みんなと協力して登ることができます。	**進んで行けば悩み苦しむが、一歩退けば仲間と協力できる。**	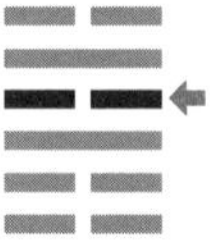 四爻
水地比 P.101	大きな障害があって上に進めません。上司からの評価より、自分を必要としている人のために尽くしましょう。外に出るより内部や足元を固めていれば、やがて飛躍のチャンスが巡ってきます。お手軽な成功は求めないこと。	**進んで行けば悩み苦しむが、今の場所にいれば安全。**	 三爻
水風井 P.221	苦境に陥っている君主を救い出そうとする臣下。自分の力が弱く思うように活躍できなくても、献身的な努力は大きく評価されます。私利私欲は忘れ、公のために奉仕を。そのうち障害が消えて進めるようになります。	**苦労の連続の大臣。自らのためではなく、国のために尽くす。**	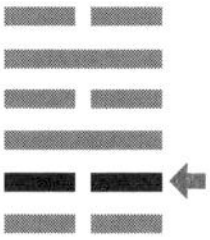 二爻
水火既済 P.266	強行すると失敗します。遭難するとわかって登山を強行する人はいません。傷が浅いうちに計画を中止し、その場でできることに全力投球を。無理に冬山に登ることはありません。季節が変われば登りやすくなります。	**進んで行くと苦難があり、退けば名誉を得る。**	 初爻

40 雷《らい》水《すい》解《かい》

Deliverance

〈 春雷が氷を溶かす 〉

「水山蹇《すいざんけん》」の卦を回転させると「雷水解《らいすいかい》」。解決や解放の「解」で、目の前の障害物がなくなりました。雷は、季節では春。雪が解け、春の雷雨が降り注ぐ頃、地中の果実や草木は固い殻を破って芽を出します。木を船と見ると、冬の間凍結していた北の港からようやく出航の時を迎えた船がイメージできます。

悩みや苦しみが解消する一方で、解散の解でもあります。まとまりかけた商談がご破算になるなど、現状がうまくいっている人には不利。助けてくれる人がいなくなり、自分の力で進まなければなりません。あるいは気持ちがゆるみ、だらだら過ごしがちです。

学問や研究には吉。解は、刀で牛の角を分けること。理解や解釈が進み、系統立てて考えることができます。

テーマ別読み方例

恋愛・結婚

障害がなくなり、二人の仲が進展していきます。結婚へのステップを進めていくのもいいでしょう。スピードがカギとなります。長引かせることなく、さくさくと話をまとめていきましょう。

反対に婚約までしたのに、解消ということもありますし、だらだらと続いた関係なら、長すぎた春にピリオドを。区切りをつけ、心を切り替えるタイミングでもあります。

人間関係

冷戦状態の雪解け。わだかまりが解けて相互理解が深まります。心を割って話し合うこと。誤解が生じないように単刀直入なコミュニケーションを心がけましょう。

一方、知りたいこと、やりたいことを共有できる人とタイミングよくつながれる好機ですから、アンテナをしっかり張っておくこと。初対面の緊張を解くために、相手に合わせた会話のネタを用意しておくとうまくいきます。

仕事

新しいことはなかなか始められませんが、これまで力を注いでいたわりに進展がなかった事案は、苦労が実ります。

反対に順調だった取り引きが急に解消されることも。仕事で手を抜いてきた人は、契約解消や解雇といった目に。仕事に対する態度を反省して、解かれる前に手を打っておくべきです。その一方で、既成概念にとらわれず、新しいビジネスチャンスを探しましょう。

お金

経済的な悩みがあるなら、信頼できる人や機関に相談を。一人で抱え込んでいても解決できません。厳しい冬が過ぎれば、仕事も見つかり収入のめどが立ちます。これまでの不遇から抜け出せるチャンスです。

経済的に恵まれている状況なら、油断しないように。贅沢に慣れてしまうと節約がむずかしくなり、いつの間にか赤字体質に転落。大きな買い物はよく考えてから。

キーワード・象意

解放　氷解　解散　解消　春雷　春雨　和解　ゆるむ

爻で見る運勢アドバイス

之卦《しか》	アドバイス	爻辞の解説	爻位
火水未済 P.269	障害を取り除くために高いところから害鳥を打ち落とすような大胆な解決策が必要です。タイミングを逃さず、一気に問題解決に持っていきましょう。分不相応の地位を狙うつまらない人と関わってはいけません。	**公《かっこう》が高い墉の上にとまっている隼《はやぶさ》を射る。大いに利がある。**	 上爻
沢水困 P.218	運気が低迷しているのなら、その原因は人間関係にあります。腐れ縁を切り、これからの自分にふさわしいと思える人とだけつき合うようにすべきです。情に流されず、きっぱりと決断して人生をシンプルに。	**小人との関係を解いて君子とのみ交わるようにすれば、困難が解決。小人も悔い改める。**	 五爻
地水師 P.98	足の親指を切るような痛みがあっても、身辺整理を。身辺をきれいにしてこそ、次の展開があります。つまらない人とつながっていると、自分も同じ一味だと見られます。流れを変えるために、人間関係を見直しましょう。	**足の親指のような親しい腐れ縁を断ち切れば、友が来て信頼関係を結べる。**	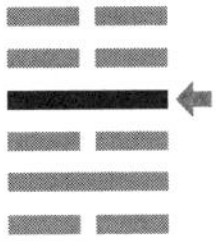 四爻
雷風恒 P.173	調子に乗って、贅沢しがち。正しい目的があったとしても、能力を超えるような任務に手を出してはいけません。身分不相応なものを求めては自ら災いを引き寄せているようなもので、苦しくなるだけです。	**荷物を背負い、分不相応な車に乗っていると、賊に襲われる。恥じるべき。**	 三爻
雷地豫 P.125	困難を乗り越えるためには正攻法で。邪魔をしていた人が消え、上からも信頼され、問題解決に向けて順調に進めます。苦労のしがいがあるときです。自分にとって「黄金の矢」は何であるかイメージを広げてください。	**狩に出て三匹の狐と黄金の矢を得る。正しい態度でいれば吉。**	 二爻
雷沢帰妹 P.239	まだ力不足ですが、幸先のいいスタート。悩み苦しみの時期は過ぎようとしています。問題解決に向けての第一歩を。一気に解決しようとせず、目立たないところから。信頼できる人の力を借りるとうまくいきます。	**咎《とが》なし。**	 初爻

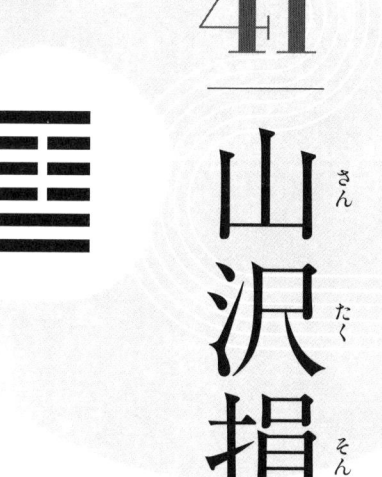

41

山《さん》沢《たく》損《そん》

Decrease

〈 損して得取れ 〉

損と聞いただけで拒否反応を示す人もいますが「山沢損」の損は将来へつながる損です。

山の下に、沢があり、沢に削られた山の土は肥沃な土壌となります。「地天泰《ちてんたい》」の内卦の陽爻の一つを減じて外卦に益すと「山沢損」となり、国を治めるために民から税金を集める形です。社会生活を維持するコストを国民が負担するのは当然のことで、何も負担したくない人ばかりでは国が立ち行かなくなります。

人を喜ばせるために、自分が持っているものを差し出し、それが再び自分への益となって返ってきます。会社の経営者なら、利益を内部留保せず社員にボーナスとして還元します。

また、卦辞には質素なお供えでも誠意があれば神は喜んで受け取ってくれるとあります。損をしても心まで貧しくなってはいけません。

テーマ別読み方例

恋愛・結婚

自分の大切なものを差し出して、相手に幸せを与える理想的な関係。愛する人の喜ぶ顔が自分にとっての幸せなのです。長所も欠点もわかり合っているので、トラブルも少ないでしょう。

経歴や収入など条件ばかりを求めては、結婚はまとまりません。そして「自分はこれだけのことをしてあげたから、その分の見返りがほしい」など打算的になると、愛は冷めます。

人間関係

損得勘定抜きでつき合える友人を大切に。便宜を図ってもらおうとするとせっかくの関係がぎくしゃくします。トラブルが起こっても、自分の正当性を主張して相手を言い負かそうとせず、負けるが勝ちの精神でやりすごしてください。

サービス精神旺盛な人とつながることがありますが、お世話になりっぱなしは禁物。自分ができる精一杯のことを返しましょう。

仕事

すぐに結果は出ませんが、種を蒔いておくと大きく成長します。厄介な役割も敬遠せずに引き受けること。苦労しても、その甲斐があったと思えるでしょう。性急に結果を求めたり、欲を出すとうまくいきません。

結果を出したときは、手柄を独り占めせずに上司や部下を立てましょう。経営者の立場なら、手持ちの資金を減らして設備投資を。公共的な仕事には大吉です。

お金

本当に必要な出費は惜しまないこと。出したお金は、何らかの形で戻ってきます。自分への投資もぜひ始めてください。将来的に何倍にもなって返ってきます。あまりゆとりがないなら、試験的に少額からのスタートを。

投資では最初に大きくもうけると、慢心してしまいます。損失が出たらいい勉強になったと思うようにしましょう。少額でも寄付すると相場での胆力が養われます。

キーワード・象意

損失　犠牲　尽くす　差し出す　先行投資
損が極まれば益　公益

爻で見る運勢アドバイス

之卦《しか》	アドバイス	爻辞の解説	爻位
地沢臨 P.134	損が極まって益に変じます。願いが実現していく好調な時期こそ、運に恵まれてない人に思いやりを。今の状態なら、それほど負担にならずに人を助けることができます。個人の益より公益を考え社会に還元を。	損をすることなく、人を益する。正道を守れば万事が吉。	上爻
風沢中孚 P.260	人に助けられて益を手にします。ありがたく受け取りましょう。「もっと多く」と欲を出しては台なしです。そして事業がますます発展したら、惜しまずに援助を。困窮した人に手を差し伸べることで善意が循環していきます。	益を得る。十朋《じっぽう》（非常に高価）の大亀で占っても大吉。	五爻
火沢睽 P.191	下がった株はさっさと損切り。最小限のダメージですめば、次につながります。見込みの薄いことをだらだらと続けるべきではありません。障害は早めに解消。体の不調を感じたらただちに受診を。時期を逃すと深刻に。	病気を早めに手当てすれば、治って喜ぶ。	四爻
山天大畜 P.155	人の意見に振り回されて自分の本心がわからなくなります。目的を一つに決めて集中すること。多くを望みすぎるとうまくいきません。人脈を広げすぎず、気の合う人との交流を大切に。削減は思い切って三分の一カット。	三人で行けば一人減り、一人で行けば気の合う友と出会う。	三爻
山雷頤 P.158	状況が乱高下しているので心が乱れます。「こっちのほうがもうかりそう」「このままだと損をする」と方針をふらふら変えるようではいけません。データを集め、よく考えてから行動を起こしてください。	正しい道を守っていれば、わざわざ行かなくていい。損をせずに社会に益をもたらす。	二爻
山水蒙 P.89	大切な人が助けを必要としているのなら、すみやかに手を差し伸べてください。お金を都合するだけでなく、手伝ったり、話を聞くことも人助けです。それで損が出たとしても、生涯の宝を手にしたようなものです。	自分の仕事を中止して急いで行動。どれだけ損をすればいいかを考える。	初爻

42 風《ふう》雷《らい》益《えき》

Increase

〈 公のために益を使う 〉

損が極まれば、益に転じます。内卦は雷で、外卦は風。雷は「動く」で風は「従う」ですから、時機に応じて動くことで益を得ます。風が激しく吹けば、雷の音も大きくなります。両者が助け合って勢いを増しているのです。

景気が悪くて世の中が停滞しているとき、統治者が民衆に益を回す形で、財政出動による公共事業で雇用を作り出すようなものです。ノブレス・オブリージュ（高い位に付随する義務）も「風雷益」です。

利益の益ですから、ぱっと見たところ運のいい卦に感じますが、損よりも扱いがむずかしい卦です。相場では「まだもうかる」と欲を出して買い増すと、翌日に大きく下げることがよくあります。盛運がいつまでも続くわけではないことを肝に銘じておきましょう。

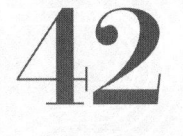

テーマ別読み方例

恋愛・結婚

新しい出会いの機会に恵まれやすい時期ですから、積極的に動きましょう。いいなと思ったら、好意を伝えること。スピードが肝心の卦ですから、ためらっているうちにうやむやになってしまいます。

恋人や夫婦は、自分のことは後回しにして相手のために動いてみましょう。大いに喜ばれ、次は相手が益をもたらしてくれるウィンウィンの関係になります。

人間関係

人脈に恵まれているので行動範囲を広げましょう。ただし、羽振りのよさそうな人におこぼれを狙って近づくのは逆効果。下心が見透かされ敬遠されます。反対に欲の深い人とつながって、利用される恐れもあります。金運が好調でも、うかつに自慢しないように。

利害がからむと、人間関係もゆがんできます。損得関係抜きの古くからの友人のありがたさを実感するでしょう。

仕事

個人プレーは控え、チームワーク重視で進めましょう。一人の作業も、こまめに進捗を連絡して意見交換を。そうしたやりとりから新しいチャンスが生まれます。公共の仕事には最適の卦で、かなり忙しくなります。

目上からの引き立てが期待でき、転職や昇級試験などのチャレンジを行うにもいいタイミングです。とにかく早く動くこと。ぼやぼやしているとチャンスを逃します。

お金

風を情報と取れば、有益な情報を得て、雷のような思いきった行動を起こすべきタイミングです。懐が潤ったら、そのまま貯め込もうとせず、賢い使い方を検討してください。一銭も使わず、もっと貯めようとケチな心を出したとたん、金運は下降していきます。

お金は世の中に流通させることで大きくなっていきます。社会のために使ったり、自分の将来のために投資を。

キーワード・象意

増す　利益　恵み　充実　得る　協力　昇給
公益　公共事業

爻で見る運勢アドバイス

之卦《しか》	アドバイス	爻辞の解説	爻位
水雷屯 P.86	ただ、もうけることだけを考えて、人や社会を無視すると痛い目にあいます。利益を求める気持ちが強すぎないか反省を。いくらお金があっても、常に孤独で誰も助けてくれず、恨まれながら生きるのは悲惨な人生です。	益はもう得られない。それどころか憎まれて攻撃され、心も不安定。	上爻
山雷頤 P.158	利益を得たら調子に乗って散財するのではなく、どう使うのがベストなのかを考えましょう。成功したのは自分の力だけによるものだと過信しないこと。社会に益を還元するような生き方を目指してください。	誠意と恵みの心があれば、まちがいなく大吉。周囲も誠意を持って接してくれ、徳を積む。	五爻
天雷无妄 P.152	小市民的な幸せで満足している場合ではありません。自分だけでなく社会の益になることなら、大きな計画を立てれば気前のいい援助者が出現。同じ場所や状況にとどまっていないで、新しいチャレンジを。	中庸の道を進み、その姿勢を公表すれば援助者が出現。国を遷《うつ》してもいい。	四爻
風火家人 P.188	いいことばかりは続きません。自分が手にした益を見せびらかすと人に妬まれますし、勢いに乗って突き進むと突発的な不運が。日頃から備えておくと同時に、助けてくれた人には与えられた以上のものを返すこと。	非常時は人に援助を求める。誠心誠意お願いし、お礼も用意しておく。	三爻
風沢中孚 P.260	自分から求めなくても益を手にできます。ただし、正しい方向で益を活用しなくてはなりません。為政者が善政をしいて民が豊かに暮らすイメージ。自分だけが豊かになればいいという考えではうまくいきません。	益を得る。十朋《じっぽう》（非常に高価）の大亀で占ったとしてもそう出る。王は天の祭りを開催。	二爻
風地観 P.137	田畑を耕せば大きな収穫が得られます。思い切って第一歩を踏み出しましょう。実力不足だと感じても、助けの手が差し伸べられます。大成功して喜んで終わりにするのではなく、不作のときの備えをしておくと安心です。	大きなことを成しとげるのによし。咎なし。	初爻

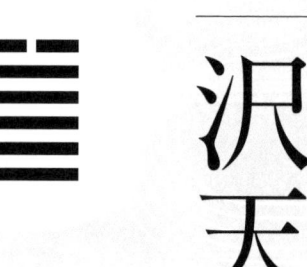

43 沢《たく》天《てん》夬《かい》

Break-through
(Resoluteness)

〈 決行する 〉

「夬《かい》」は水が堤防をえぐって決壊を起こすという意味。初爻から五爻まですべて陽。たった一つの陰は集団に背いている状態で、クーデターが進行中。「夬」は「決」で、一同で決意し断固として実行しようという状況です。

江戸末期の洋学者、佐久間象山《さくましょうざん》が京都に上る際に出たのが「沢天夬」の上爻です。自分の身よりも、国家の成りゆきを優先して京都行きを決行。浪士に襲われて命を失いました。これほど劇的でなくても、私たちの人生には決断しなくてはいけないときがあるのです。

卦辞に「決して和《やわ》らぐ」とあります。切る側なら、切ることは切っても調和的な姿勢を。切られる側なら、できるだけ従順な姿勢を示して恩赦を願うしかありません。

テーマ別読み方例

恋愛・結婚

一方的に熱を上げて相手にされていない状態。交際を始めているのなら、甘いムードではなく、決戦前夜のよう。結婚の決断を迫られるタイミングとなります。のらりくらりと先延ばしにすると、二人の仲は決壊。

何となく続いてきた倦怠期のカップルはそのままの状態ではいられません。トラブルが起こりがちで、その対応を巡って価値観の違いが鮮明になります。

人間関係

ぎりぎりのところで調和を保っていた関係がついに決壊。たまりにたまった不満が爆発し、おとなしかった人がいきなり逆上。今までのような馴れ合いではいられず、どちら側につくか態度を明らかにするよう迫られます。

感情のままに行動するのではなく、知性と思いやりを忘れずに。決裂ではなく、平和的に距離を置くようにすれば、流れが変わったときに次の展開が期待できます。

仕事

力量以上の仕事を背負い込むか、高い水準を要求され四苦八苦。一人で何とかしようとしても限界があります。ためらわずに協力を求めましょう。一種の非常事態であり、個人の努力といった普通の方法では対処できないレベルに達しています。早めに声を上げることで、決壊を防ぐべきです。

文書のトラブルにも注意。初期のうちに適切な処理を怠ると、大問題になります。

お金

危うい時期なので自重して勝負に出るべきではありません。いい加減なお金の使い方を続けていると、どうにもならない事態に。あるいは欲を出しすぎて投資に熱くなると、大きな損失が。現金や証書、カード類の保管、パスワードの管理など守りを固めてください。

欠けたもの、壊れたものは思い切って手放すこと。いつか役立つと思って取っておいても、そんな日は来ません。

キーワード・象意

決断　決定　決壊　決行　決定　決議　判決　口論

爻で見る運勢アドバイス

之卦《しか》	アドバイス	爻辞の解説	爻位
乾為天 P.80	自分が切られる側か切る側かを見極める必要があります。切られる原因を作ったのなら、あきらめるしかありません。泣き叫んでも助けは来ないでしょう。切る側なら、情け無用で切り捨てるしかありません。	**大きな声で泣き叫んでも誰も助けに来ない。最後には凶。**	上爻
雷天大壮 P.179	理想と多少異なっても現実に対応しなくてはいけないことがあります。もう引き返せませんから、少々強引でも決行するしかありません。完璧でなくても、ある程度の結果を残し、経験が積めれば上出来です。	**濡れている山の草を一気に引き抜く。力ずくで実行するが咎なし。**	五爻
水天需 P.92	何とも落ち着かず、肝もすわっていません。そんなときは、先頭に立って仕切ろうとせず、人についていく謙虚さが必要。忠告を無視して決行すべきではありませんが、この爻が出たときは、聞く耳を持たないことが多いのです。	**尻の皮膚が剝《む》けて座っていられず、歩くのもぎくしゃく。羊の後からついて行けばいい。**	四爻
兌為沢 P.251	結果を急ぎすぎると、ほころびが生じます。怒りや嫌悪などネガティブな感情は外に出さないように。困難が待ち受けていますが、一度決めたことをあきらめずに実行すれば、一気に評価が上がります。	**殺気が顔面に出て凶。さらに小人と結託している疑いも持たれるが、決行する。**	三爻
沢火革 P.224	自分の実力を過信していい気になっていると負けます。前方だけを見るのではなく、周囲に目配りを。手抜きやごまかしは露見します。準備万端に整えておけば、危ういことがあっても何とか切り抜けられます。	**常に警戒の叫び声をあげているので、夕暮れに襲撃されても心配はない。**	二爻
沢風大過 P.161	やる気はあっても実力が伴わなければ、空回りするだけ。負けるのは許されない状況なので、見切り発車すべきではありません。はやる気持ちを抑え、今は準備を整えることに集中。決行するのは力を蓄えてから。	**意気壮《さか》んに足を進めるが、力不足で勝てない。**	初爻

44 天《てん》風《ぷう》姤《こう》

Coming to Meet

〈 すべては偶然から始まる 〉

「姤」は邂逅《かいこう》の逅。待ち合わせの約束をしたり誰かの紹介でもなく、偶然の出会いです。女偏がついているのは、女が男に会うから。外卦は天で、内卦は風。天の下を風が自在に吹いてさまざまなものと触れ合います。

一人で男五人を相手にするような不貞の女は娶《めと》ってはならないと卦辞にはあります。現代社会では、男五人を相手にしてビジネスで互角にやりあうキャリアウーマンです。

「地雷復《ちらいふく》」は待ち望んだ陽が来て一陽来復なのに対し、「天風姤」は陰が密かに入り込むので危険とも言われます。しかし、陰と陽が出会ってこそ、万物が生じます。人生も同じで、誰と出会うかで、その後の展開が変わってきます。この卦が出たら、人生を大きく発展させる出会いを期待しましょう。

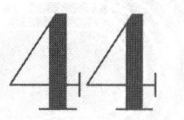

テーマ別読み方例

恋愛・結婚

恋人が欲しいのなら、出会いの機会を増やすこと。出会わなければ何も始まりません。女性に出たら、多くの男性に言い寄られますが、男性側ならライバルが多い状態。結婚にはよくないとされますが、キャリアウーマンを支える献身的な夫という組み合わせならありです。

恋人や夫婦は、女性側は主張しすぎて男性が委縮。かといって他の女性に目移りすると厄介なことになります。

人間関係

出会いは多いのですが、玉石混合。あらかじめスケジュールを決めて顔を合わせる人より、街中でばったり遭遇したり、たまたま隣同士の席になった人との縁が発展します。

中には話半分に聞くのがちょうどいい人もいるので、安請け合いは禁物。不誠実な対応をすると恨まれます。自慢されたら適当に受け流して、決して張り合おうとしないこと。特に女性とのトラブルに注意。

仕事

予想外のハプニングが多く、柔軟な対応が求められます。杓子定規に進めようとすると行きづまります。根拠のないうわさ話に翻弄されないように、しっかり裏を取ること。転職の話が持ち込まれた時も要注意。都合の悪い部分を隠されているかもしれません。

女性が主導権を握っている仕事なら大吉。営業やジャーナリストなど不特定多数の人に会う仕事にも吉の卦です。

お金

臨時収入が期待できますが、好事魔多し。調子に乗って散財して結果的にマイナスになることも。ショッピングは目的を決めて行き、買う予定のない売り場はのぞかないように。

リスクのある投資やギャンブルは一時的にツキがあっても、長続きしません。相場が熱くなっても冷静さを保ち、引き際を見失わないように「ここまで下がったら売る」という基準を決めておくこと。

キーワード・象意

出会い　邂逅　偶然　ハプニング　予想外　迷い
女傑　女難

爻で見る運勢アドバイス

之卦《しか》	アドバイス	爻辞の解説	爻位
沢風大過 P.161	人とつながりたくてもきっかけがつかめず、疎遠なまま。多少寂しい思いをしても、小人や悪事と交わらないですみます。自分の価値観を曲げてまで人に合わせることはないし、強引に進めてもうまくいきません。	動物の角《つの》のような場所で会う。恥ずべきだが咎はない。	上爻
火風鼎 P.227	多少のトラブルがあっても、すべてを包み込む器の大きさを心がけていれば無事に過ごせます。しかし、わが身の幸運を当たり前のこととして、もっと欲しがるのは禁物。思わぬ事態に足をすくわれて転落することに。	柳の籠に瓜や美しい文章、徳を包む。天から予想外のものが落ちてくる。	五爻
巽為風 P.248	期待していた収入は得られず、意中の人は誰かに取られました。取り返そうとして動いても逆効果。今は動くべきときではありません。お金を使わなくても、一人で楽しめる趣味でも見つけて時期を待ちましょう。	包みの中に魚がない。行動を起こせば凶。	四爻
天水訟 P.95	孤立無援で進むことができず、居心地がよくないのですが、そう悪いことは起こりません。進まなかったことで危険から遠ざかり、身を守ることができるので、結果的によかったと思えます。分不相応な望みは捨てること。	お尻の皮が剥《む》けてじっと座っていられないが、進もうとしてもぎくしゃく。	三爻
天山遯 P.176	正式ではないルートで人とつながったり、品物を得た状態。自慢したくなりますが、あくまでもプライベートで楽しみ、自分の胸にしまっておくべきです。何か起こったら、外部に依頼せず内輪で処理を。	包みの中に魚があるが、大切な客にはふるまわない。	二爻
乾為天 P.80	普段は接することのないような人や出来事と遭遇。いつもと調子が狂うので、ふとした瞬間の油断が大きな危険を引き寄せます。自分から進んで何かを始めることは控え、足元をしっかり固めるのを優先。甘い誘惑にも注意。	跳ね回るやせ細った豚を金の車止めにつなぎ留める。勝手に動くと凶。	初爻

45

沢《たく》地《ち》萃《すい》

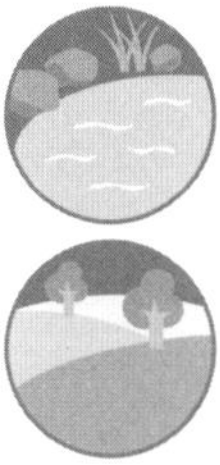

Gathering Together (Massing)

〈 人や物が集まる 〉

地の上に、沢があり、水がたまるように人が吸い寄せられています。人や物が一堂にそろうのですから、商売は繁盛。食堂も出店し、華やかな宴が繰り広げられます。

集団になったからには治める人が必要で、リーダーの資質が問われます。不正な集まりは予期せぬ事故が起こりがちですし、不正に集めた財は散じます。多くの交わりがあるからこそ、選択眼を磨かなければなりません。

にぎやかなお祭りイメージがありますが、本来は王が祖先の廟で祭祀を執り行う卦でもあります。祭政一致の時代、祭りを手順通りきちんと執り行えるかどうかが国の行方を左右しました。この卦が出たら、冠婚葬祭や記念のイベントは規模を縮小したり節約せずに、相応の規模と格式で執り行うべきです。

テーマ別読み方例

恋愛・結婚

結婚したいのなら、お見合いや紹介など、あらゆる手段を駆使して出会いの場を設けましょう。費用はかかりますが、機会が多ければ多いほど、良縁を得る確率が高くなります。そして一定の人数に会ったら本命の絞り込み。迷っていてはタイミングを逃します。

恋人同士なら結婚を視野に入れ、両家の顔合わせにいいタイミングです。人が訪れることの多いにぎやかな家庭になるでしょう。

人間関係

声をかけてもらったら、フットワーク軽く参加し、楽しく有意義な集まりになるように配慮しましょう。調子に乗って、礼儀を忘れた行動やうわさ話を広めたりすると、人望を失います。人を見る目を養うと同時に、人から見られていることを意識してください。

単に楽しもうとするのではなく、計画や手配、幹事役など人の世話をすることで、吉作用が強力になります。

仕事

人を相手にする商売には大吉。注目を集めて格好のPRの機会に恵まれます。ただし、ライバルも多いので、知恵を絞り工夫を凝らす必要があります。集まった人を楽しませて満足させることができれば、さらに商売は繁盛。仕事が増えたら、共に働く仲間を募集するのもいいでしょう。

中には非常識な客がいたり、やっかみから中傷されることもありますが、冷静に対応を。

お金

お金が集まってきますが、交際費など出ていくのも多く期待したほど貯まりません。だからといって自分のところでお金の流れを止めてしまうと、じり貧に。人のため、社会のためなら気持ちよくお金を使いましょう。そうした姿勢が金運の器を拡大し、お金の流れがダイナミックになります。そのうち、これぞと思うものに資金を集中的に投下することで、大きなリターンが得られるようになります。

キーワード・象意

集まる　集会　祭り　祭祀　先祖　セレモニー　繁盛
イベント　宴会

爻で見る運勢アドバイス

之卦《しか》	アドバイス	爻辞の解説	爻位
天地否 P.113	孤立無援の状態で心配事も多く、心が不安定。期待していたポジションも得られず、寂しい立場です。無理に人とつながろうとしても空回りするだけですから、孤高を貫いて自分を磨き、次の展開を待ちましょう。	人が集まらず、悲しくて涙と鼻水を流す。	 上爻
雷地豫 P.125	中心人物として活躍が期待されています。中には扱いにくい人もいて、グループをまとめるのに苦労することがありますが、リーダーにふさわしい姿勢を心がけましょう。時間がかかっても途中で投げ出さないように。	人を集める立場。信用されないことがあっても、徳を積めばうまくいく。	 五爻
水地比 P.101	積極的に人を集めて、まとめ役に徹しましょう。自分には荷が重いと感じるかもしれませんが、熱意が伝わり発展的な集まりとなります。ただし目立った存在となると、反感をかうので、私利私欲はできるだけ抑えること。	大吉で何の問題もない。	 四爻
沢山咸 P.170	誰ともつながっていない孤独な状態。イベントを企画しても参加者が集まりません。「誰でもいいから」と声をかけると、まとまりがなく愚痴をこぼすだけの集まりになってしまいます。あせらず時期を待ちましょう。	集まろうとしても応じる人がいなくて、ため息をつく。行ってもいいが恥をかく。	 三爻
沢水困 P.218	障害があり、なかなか思うようにいきません。地道に誠意を持って続けていきましょう。そのうち信頼できる人からの助けの手が差し伸べられます。サポート役となって自分は裏方に徹するのもいい心がけです。	引き上げてもらえる。真心があれば、質素な祭りの供物であっても神に願いが通じる。	 二爻
沢雷随 P.128	初対面の人々と会う時は緊張するものですが、しっかり自己紹介を。自分に合っていない場なら、無理をして関係を続ける必要はありません。誠実に発信を続けていれば、理解し共感してくれる人が現れます。	おろおろしたり、不適切な人と集まったりするが、声を上げれば結ぶべき相手が出現。	 初爻

46 地《ち》風《ふう》升《しょう》

Pushing Upward

〈 大地の上を自在に吹く風 〉

「升」は上昇の昇。内卦の風が、下から上昇しようとしています。外卦は地で、すべて陰ですから、何の邪魔もなく風は吹き抜けます。また、風を五行の木とみれば地中の種が芽を出し、大木に成長すると読むこともできます。

昔の中国の地図では南を上にするので、南に行くのが吉。卦辞に「小を積みて以て高大なり」とあるように、小さな段階を積み重ねていくので、上昇には時間がかかります。アイデアや企画はよく練り、人にわかりやすく伝える努力も必要です。

前進や出世というと力任せに突き進むイメージですが、地も風も従順で柔軟な性質があります。人を押しのけて上昇するのではなく、状況に応じて作戦を変えつつ、じわじわと願いを実現していく卦です。

テーマ別読み方例

恋愛・結婚

種を蒔けば芽が出るので、シングルの人は意識して出会いの場に顔を出すようにしてください。カップルは順調に関係を深めていくことができます。自分のペースで進まずに相手と歩調を合わせることが円満の秘訣。

結婚を視野に入れているのなら、いきなり同棲するのではなく、家族への紹介など順序を踏んでいきましょう。上昇するという意味から、玉の輿と読むこともできます。

人間関係

誰かと縁ができたら、時間をかけてじっくりと育てていきましょう。お手軽な人間関係はすぐに切れてしまいますが、信頼関係に基づいて育てた絆は一生の宝となります。急いではいけません。知識のある人やその道の専門家とつながったら、相手を立てながら素直に耳を傾けてください。

その一方、若い人を育てる機会もあります。昔の未熟な自分を思い出し、寛大な態度を。

仕事

順調な仕事運ですが、とんとん拍子に結果を出してすぐに昇給、昇進という展開は期待薄。ステップアップしたいのなら、地道に成果を積み上げていくしかありません。

与えられた仕事は不本意なものであっても、全力で取り組むべき。そして必要があれば、どこへでも飛んで行くフットワークの軽さが評価されます。目上との関係を大切にすることで、引き立てが期待できます。

お金

長期投資を始める好機。将来性のある企業の株を少しずつ買い増していくような時間を味方にするスタイルです。とりあえず最小単位で購入し、様子を見ながら買い足していきます。短期で利益が得られるわけではなく、時間がかかります。

買い物では掘り出し物が見つかりますが、購入限度額を決めておかないと、生活費を圧迫するような出費となってしまいます。

キーワード・象意

上昇　昇格　前進　成長　向上　開花　出世　積み重ね

爻で見る運勢アドバイス

之卦《しか》	アドバイス	爻辞の解説	爻位
山風蠱 P.131	上昇志向が強すぎます。分不相応な地位まで昇ろうとしてはいけません。欲を捨て、自重しないと、現在の地位も危なくなります。人生は山あり谷あり。昇るだけでなく、下ることもあると達観しましょう。	升《のぼ》ることにあせって目がくらみ、消耗する。	 上爻
水風井 P.221	目的に正面から取り組めば達成できます。途中、苦しいこともありますが、抜け道を行くとかえって遠回りになります。自分がうまく上昇できたら、次は人の手助けを。経験を活かして的確なアドバイスができます。	正しい道を守れば吉。階段を上がるようにたやすく昇進。	 五爻
雷風恒 P.173	計画や予定を立て、きちんと準備して取りかかると、すべてがスムーズ。和気あいあいと協力できて順調な展開。ただし、自分だけの手柄だと思い上がっていると足もとをすくわれます。周囲のおかげだという気持ちを忘れずに。	王が西の山の神を祭る。手順に従って行うので、吉で何の問題もない。	 四爻
地水師 P.98	勢いがあり、何の障害もなく上昇していけます。順風満帆。こういう時こそ、流れに乗りましょう。ただ、あまりにもスムーズだとやりがいを感じにくくなります。意欲をかきたてるものは自分で探すしかありません。	無人の村に升《のぼ》る。何の障害もない。	 三爻
地山謙 P.122	上昇する準備が整っていなくて不安でも、本当にやりたいという意欲があれば着手すべきです。今は豪華なものを持っていなくても、恥ずかしく思う必要はありません。信頼できる協力者が手を貸してくれます。	真心があれば、質素な祭りの供物であっても神に願いが通じる。	 二爻
地天泰 P.110	まさに「芽が出る」タイミングですが、ほんの始まりにすぎず、未知数の状態。一人で上昇するには力が足りません。先輩や上司と心を合わせることで上昇できます。独学より指導者がいたほうが上達は早いでしょう。	人を信頼して一緒に升《のぼ》る。大吉。	 初爻

47

沢《たく》水《すい》困《こん》

Oppression

〈 困難な時期こそ、心のゆとりを 〉

内卦の水は、悩みや苦しみですが、外卦の沢は、楽しさや喜びであり、「険阻《けんそ》にあって説《よろこ》ぶ」卦。困窮の身であっても、人生を楽しめるのは度量が大きく徳の高い人。卦辞に「大人は吉にして咎なし」とあります。それに対し小人は、じたばたしてますます困窮します。

沢の下に水があり、流出が止まりません。魚も鳥もいないし、草木は枯れ果てたわびしい景色。また、囲いの中に木があると見ると、窮屈な鉢植えで根や枝を伸ばせない状態です。

『うらおもて周易作法』で仁田丸久氏は「沢水困の卦には易の本質の七割が含まれている」と説いています。爻辞には困ったときの指針が示されていますから、こんな時期もあると割り切り、四難卦の一つですが、おもしろがるぐらいのゆとりがほしいものです。

テーマ別読み方例

恋愛・結婚

将来の見通しが暗いので結婚に逃げようという考えでは、良縁は期待できません。一人でもしっかり生きる覚悟を決めたうえで、気の合う人ができたら結婚も視野に入れるぐらいの姿勢で、気長に待ちましょう。

カップルは生活上の困難が生じて、思いがすれ違います。縁がなければ別れますが、本当に相性がいい組み合わせなら、ともに苦労を乗り切って絆を強くできます。

人間関係

口が災いの元となってトラブルが起こりがち。不用意な発言を控え、SNSの投稿も慎重にしましょう。

人と交流する機会が減って、孤立感が深まっても、無理やり人とつながる必要はありません。会えば愚痴ばかりでは、昔からの友人からも距離を置かれます。困窮の時期はいつまでも続きませんから、今は一人の時間を充実させて内面を磨きましょう。

仕事

状況が悪化しないよう手を打つのが精一杯。自分の意見は通らず過重なノルマを背負わされ、ひたすら耐える時期ですが、ここを乗り切れば実力がつきます。仕事関係者の悪口を言うと尾ひれがついて広まり、ますます窮地に立たされます。

経営者なら、資金不足に苦しみます。無理な拡張は控え、昔からの取引先を大切にしつつ再び攻勢に出られる時期を待ちましょう。

お金

困窮の卦ですから、金運は低迷。出費を抑え、赤字を出さずにすめばそれでよしとしましょう。大きな出費は控えること。財布やカードの紛失にも注意してください。

水を入れた容器に穴が開いて、水が漏れ続けていると見ると、使用していないのに払い続けている会費やサブスクが家計を圧迫しているとも読めます。背伸びした交際費も、生活が苦しいのなら再考したほうがいいでしょう。

キーワード・象意

困難　困苦　困窮　欠乏　抑圧　水枯れ　干ばつ　忍耐

爻で見る運勢アドバイス

之卦《しか》	アドバイス	爻辞の解説	爻位
天水訟 P.95	困窮も最後の局面ですが、まだ油断はできず簡単に抜け出すことはできません。これまでの落ち度を反省し、心機一転を。すべてを改める覚悟があれば、沢水困を卒業できます。これまでのダメージを気に病まず損切りを。	**つる草にがんじがらめにされた険しい場所。動くと危険。悔い改めれば前進できる。**	上爻
雷水解 P.197	困窮が続いてきましたが、抜け出す道が見えてきました。状況は苦しくても、強い心と中庸を保てば、助けてくれる人も出現。すべてを持ち続けようとしないで余計なものを手放し、人のためにできることを探しましょう。	**鼻切りや足切りの拷問。分不相応な位に苦しむが、徐々に好転。祭りを開催するのによい。**	五爻
坎為水 P.164	裏切りやトラブルが次々と起こり、投げ出したくなりますが、発想を転換して別の方法を探せば打開策が見つかります。あまり期待せず、終わりよければすべてよし、と腹をくくって踏ん張ってください。	**出発が遅れてしまい、途中で金の車に邪魔される。恥をかくが最後にはうまくいく。**	四爻
沢風大過 P.161	居心地の悪い思いばかりして、頼りになるはずの人も不在。どうしようもない困窮状態ですから、開き直るしかありません。どん底まで落ちてみて、自分が本当に求めているものがわかってきます。	**大きな石に道をふさがれ、いばらの上に座っているよう。自宅に戻ると妻がいない。凶。**	三爻
沢地萃 P.212	たとえ恵まれた境遇にあっても、本当に望んでいるものでなければ悩みます。もったいないと思っても、自分にそぐわないものは断りましょう。人におごってもらう美酒より、自分のお金で得たシンプルな食事を。	**飲みすぎ、食べすぎで苦しむ。高い地位を与えられる。**	二爻
兌為沢 P.251	家庭や会社で居心地が悪く、困窮のどん底状態。人に相談したり愚痴をこぼすより、自分の至らない点を反省しながら静かな時間を持つべき。過去を清算して一からのスタートを切る覚悟でやり直さなければなりません。	**切り株に座って尻が痛くなる。奥深い谷で3年間、行方不明。**	初爻

48 水《すい》風《ふう》井《せい》

☵☴

The Well

〈 市井を潤す井戸水 〉

水の下に、風があります。風は五行では木であり、井戸の釣瓶《つるべ》が何度も上下します。日々のルーティンワークですが、命に欠かせない水を汲み上げる大切な仕事です。為政者が替わっても、井戸の位置は変わらず、人々が集まる街の中心として機能してきました。

爻が上がるにつれて水の質はよくなっていきます。初爻や二爻の井戸の底に近い水は泥が混じって濁り、飲めたものではありません。上爻では、村人でなくても誰でも水が使えるようにする器の大きさを示します。

そして、井戸は無意識や精神世界への入り口とも読めます。村上春樹の小説には、井戸の底で普遍的無意識という地下水脈を探る描写がよく出てきます。生活のための仕事から精神世界まで、幅広い意味を内包する卦です。

テーマ別読み方例

恋愛・結婚

長年交流のある人や友達からの紹介で穏やかにおつき合いが始まります。ドラマチックな一目惚れではなく、何度もコミュニケーションを重ねるうちに心が通い、恋愛関係に発展していきます。

長年続いているカップルは、同じことの繰り返しに倦怠感を抱きますが、お互いにとって不可欠な存在です。改めて感謝を伝えて、関係をリフレッシュさせる工夫を。

人間関係

誠実で信頼できる人との関係を深めていきましょう。派手さはなくても、内面を重視。自分の意見ばかり通そうとする人とは距離を置いた方が無難です。

昔からの友人との旧交を温める一方で、グループや仲間はなれ合いを排し、新しい人を歓迎してオープンな雰囲気に。朝夕に井戸の水を汲むかのように淡々と交流を続けていけば、かけがえのない関係となります。

仕事

井戸水を毎日汲むように、おもしろ味はなくても、社会に不可欠な仕事に真剣に取り組む必要があります。ルーティンワークこそ仕事の基本。チェックリストやスケジュール表を完備し、もれがないようにしましょう。

改革よりも継続が重視されます。新規の案件に手を出すよりも、しっかりと基礎を固めていく時期。余裕があれば、昔の得意先やお世話になった人に連絡してみましょう。

お金

少額でも着実に蓄財を。いきなり新しい投資先に大金を投じるよりも、よく知っている金融商品を少額ずつ買い増してください。外貨や外国株も分散して投資を。

浪費は慎むべきですが、毎日使う家電製品や食器、寝具などは品質重視で。生活のクオリティーが上がり、費やした金額以上の満足が得られます。定番商品のリピート購入など自分の好みに合ったものを愛用しましょう。

キーワード・象意

生活用水　釣瓶　日常　ルーティンワーク
公共　深層心理

爻で見る運勢アドバイス

之卦《しか》	アドバイス	爻辞の解説	爻位
巽為風 P.248	最高の井戸。「あそこにいけば、いい水を汲める」という評判を裏切りません。多くの人に慕われ、それでいておごり高ぶることなく謙虚です。社会のために自分の力を使う理想的な生き方を目指してください。	井戸を幕で覆わないので、誰でも水が汲める。誠意があり、大いに吉。	 上爻
地風升 P.215	世の中に認められてきて、大いに活躍できる時期。ここで能力を出し惜しみしてはいけません。汲めども尽きない井戸水と同じで、発揮すればするほど才能や魅力が湧いてきて、高いレベルに到達できます。	清く冷たい井戸水がこんこんと湧き、世間の人が喜んで飲む。	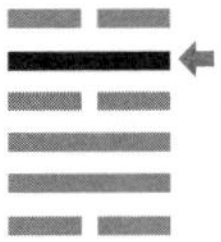 五爻
沢風大過 P.161	せっかくのきれいな水をいつも提供できる井戸なら、必ず世間に重用されるはず。今は実力や魅力が世の中に知られていない残念な状態です。就職活動や婚活では自己PR文をしっかり練り、映りのいい写真を用意しましょう。	井戸の内壁や周囲を修繕し、水を汲みやすくする。	 四爻
坎為水 P.164	能力や才能が社会に認められていない状態。場所を変えてみたり、アピールの方法を工夫しましょう。そのうえで、たとえ人に知られなくても、怠けることなく努力を続ければ、世に出るタイミングがやって来ます。	井戸に水があるのに飲まれない。王に人を見る目さえあれば、共に福を受けるのに。	 三爻
水山蹇 P.194	せっかくの素質を無駄にしている状態。本気を出せば今の何倍も活躍できるはずですが、意欲が別方面に漏れています。現状でよしとせず、心を入れ替えるべき。内輪の小さな争いに気を取られず、自分の道を探しましょう。	井戸の水が漏れ、鮒《ふな》に注ぐぐらいのわずかな量しかない。	 二爻
水天需 P.92	このままでは世の中で活躍できず、無為の日々を送ることに。自分にとって何が泥なのか、どうしたら取り除けるかを真剣に考えなければなりません。頭と心をすっきりさせて、まずは白紙の状態になることからスタート。	井戸の底の泥水。人間どころか鳥も来ない。	 初爻

49

沢《たく》火《か》革《かく》

Revolution (Molting)

〈 革命ですべてを一新 〉

皮革の革でもあり、動物の皮を沢の水で洗い、下から火であぶって、なめすことを指します。火の上に水をのせて熱すると水は液体から気体へと変化します。

また、内卦の火（夏）から外卦の沢（秋）へ季節が移ると、木々の緑は紅葉し、動物の毛は抜け替わります。五爻に虎、上爻に豹が出てくるのはこのためです。

政治家に出たら政変、企業ならトップの交代。一般人なら悪癖を断ち切り生活をリセット。人間は変化を嫌い、昨日と同じ今日が続くことを無意識のうちに願うものです。しかし「沢火革」は現状維持ではだめになる、何とか改めなくてはいけないという天からの警告を伝えています。平和な日々を望んでいても、革命を起こさざるを得ないときがあるのです。

テーマ別読み方例

恋愛・結婚

沢と火は性質が異なり反発するもの。恋愛初期なら新鮮に感じるかもしれませんが、いざ結婚となると双方の思惑が食い違い、なかなか話がまとまりません。

「改まる」という意味から、関係を白紙に戻して新しいパートナーを探すという可能性も。また、結婚によって生活が一変することを示すこともあります。再婚は吉。初婚の失敗を改めることができます。

人間関係

枠にはまらない個性的な関係。意見が対立することもありますが、徹底的に話し合えば解決し、同士的なつながりができます。

第一印象があまりよくなくて、始めはぎくしゃくしていた関係も、長いつき合いのうちに意気投合します。最初からぴったりくる人だけを選んでは、ダイナミックな運気の波に乗れません。腐れ縁をリセットするのにもいい機会です。

仕事

これまでのやり方に固執せず、新しい方針を検討してみましょう。組織の中では新旧交代。今のポジションにしがみつこうとしても、時代がそれを許さないのです。

変化の時代だからこそ、思いきって新しいチャレンジができます。転職を考えてみるのもあり。そして、革命は民衆の力が結集してこそ実現するもの。個人ではなく共同事業に向いている卦です。

お金

変革のためには資金が必要。家のリフォーム、オフィスやお店の改装など、費用を惜しむと中途半端に終わってしまいます。新しいキャリアを構築するために資格が必要なら、独学ではなく受講料を払ってちゃんとした講座を受けるべきです。イメージチェンジのためのファッションや美容もお金をかけましょう。

投資の利益は出やすい時期ですが、迷っているうちにタイミングを逃しがちです。

キーワード・象意

改まる　革命　改革　変革　皮をなめす　新旧交代
刷新　君子豹変

爻で見る運勢アドバイス

之卦《しか》	アドバイス	爻辞の解説	爻位
天火同人 P.116	革命は一段落。これ以上進む必要はありません。リーダーの立場にある君子も革命によって変わります。自分が君子ではなく、単なる参加者なら、顔つきを改めて新しいルールにおとなしく従うのが無難です。	君子豹変(豹も秋になると模様が変わる)。小人は表面だけ改める。君子は内面から改める。	 上爻
雷火豊 P.242	じわじわ変化を起こすのではなく、一気に革命。気が熟しているのですから、迷っている場合ではないし、ここまで来たら引き返すことはできません。自信を持って決行すべき。革命後は大いに発展します。	大人《たいじん》虎変(虎は夏に毛が抜け秋になると一気に鮮やかな模様になる)。占うまでもなく誠実。	 五爻
水火既済 P.266	革命を起こす準備が整いました。革命の理由が公明正大で多くの人に理解してもらえるものであれば、どの立場の人も支持してくれて成功するでしょう。ここまで来たら、ためらってタイミングを逃してはいけません。	悔いがなくなり、同志と革命を起こせば吉。	 四爻
沢雷随 P.128	独断独行は禁物。一人だけの革命はテロでしかありません。全員が納得する大義名分が生まれてこそ、革命となるのです。関係者全員とじっくり話し合ってから、改革に着手を。新製品の企画なら入念な市場調査が必要です。	行けば凶。正しい道を守っていても危うい。三度も話し合って全員一致してから実行を。	 三爻
沢天夬 P.206	己《つちのと》は甲乙丙丁……の十干で六番目。革命を起こすべきなのは確かですが、時機を待つべきです。先走って始めると、空回りします。準備が完了し、しかるべきタイミングで決行すれば、中心人物となって活躍できます。	己《つちのと》の日に革命を起こして成功する。	 二爻
沢山咸 P.170	革命の計画段階。まだ動くべきではありません。「変えたい」という熱意だけでは、現実は動きません。主張したいことをまとめ、周囲に根回しして団結を固めるなど、実際の行動を起こすためにやるべきことはたくさんあります。	黄色い牛の革で固く縛る。	 初爻

50

火《か》風《ふう》鼎《てい》

The Caldron

〈 先祖から受け継がれる器 〉

火の下に風があり、勢いよく燃え上がります。そこに鍋をかければ中のものがよく煮えます。鼎《かなえ》は、煮炊きに用いる鍋。といっても祭祀に使う神器であり、支配者の権威を示し代々受け継がれていくものです。鍋の胴体には足が三本。三人が向かい合って話をすることを「鼎談」と呼ぶのはこのためです。上部には棒を通して運ぶために一対の耳（輪）がついています。卦の形は鍋の横からみた姿で初爻が鍋の足、五爻が耳です。

鍋で煮ることで固い食材を柔らかくすることから、臣下の意見を聞いて政策を転換する君主であり、遺産相続や代替わりも象徴します。三人で協力して大事業を成しとげるとも読めますが、恋愛の相談では三角関係ということもあります。

テーマ別読み方例

恋愛・結婚

きちんと手順を踏んで関係を深めていける恋愛。いずれは結婚も視野に入ってきます。お見合いや紹介なら、家同士のつり合いがとれた良縁。特に先祖代々から財産を受け継いでいるような由緒正しい家の縁談はうまくいき、後継ぎの誕生も期待できます。

ただし、三人というキーワードから、舅や姑など外部からの干渉があることも。訳ありの恋なら泥沼の三角関係です。

人間関係

新しい友人ができる一方で、古い友人と疎遠になるなど新旧交代が。そして、あなた自身も人間関係に影響されて、生き方を変えることがあるかもしれません。人生経験豊かで成熟した人の話は貴重です。相手の話にじっくり耳を傾ける姿勢を。

三人でグループを作るとうまくいきます。円卓で食事やお茶を楽しみながら、関係を深めていくといいでしょう。

仕事

外食産業や加工業、新技術を駆使するＩＴ関係向きの卦です。配転、転職もありえますし、会社自体の業態変換により新しい分野に挑戦する可能性もあるでしょう。

独断で進めず、さまざまな意見を取り入れましょう。火風鼎ですから、プランを「煮つめる」必要があります。即断即決でなくグループ内で意見交換を。古いシステムにこだわらず、新しい形を目指しましょう。

お金

食事会や飲み会が多く、出費がかさみますが、そこから生まれた人間関係が人生を豊かにする可能性があります。

煮物料理に時間がかかるのと同じで、お金に関することも急いではいけません。投資や貯蓄も長期的スパンを前提に。短期間で利益を出すのはむずかしいでしょう。衝動的にお金を動かすのは控えるべき。高額品を衝動買いすると後悔することに。

キーワード・象意

煮物　変化　協力　バランス　鼎談　トリオ　家宝
相続　三角関係

爻で見る運勢アドバイス

之卦《しか》	アドバイス	爻辞の解説	爻位
雷風恒 P.173	時間と手間のかかる煮込み料理をご馳走として、人にふるまっている状態。地位と名誉を手に入れて有終の美を飾れるでしょう。バランスの取れた行動が求められます。厳しすぎず、ゆるすぎず、中庸の姿勢を保ってください。	**鼎《かなえ》の上部に玉で作った鉉《げん》があり大吉。**	 上爻
天風姤 P.209	これまでの実績が認められ地位が上がり、重要な仕事を任されます。ここで気を抜いてはいけません。自分の力を過信せず、何事も慎重に。チーム全体が一丸となって動けば満足のいく結果が得られます。	**鼎の黄金の耳に金鉉《きんげん》を通して、中身をこぼさずに動かせる。**	 五爻
山風蠱 P.131	実力以上の役割を引き受けないように。すべての仕事は準備万端に整えたうえで、うまくいかなかった場合の別のプランを用意しておくこと。チームで動いている場合は、失敗したメンバーを責めずに、一緒に善後策を考えましょう。	**鼎の足が折れて、主君のご馳走がこぼれ、鼎がずぶ濡れに。信用を失う。**	 四爻
火水未済 P.269	努力しているのに芽が出ません。不遇の身をくやしく思いますが、問題は自分の側にあり、今のやり方を改める必要があります。人との接し方やアピール方法を変えれば、才能や能力が社会に認められて大いに活躍できます。	**鼎の耳が取れて動かせない。脂ののった雉《きじ》の肉を食べられない。雨が降り最終的には吉。**	 三爻
火山旅 P.245	悪い人に声をかけられたり、味方だったはずの人に裏切られるなど、人間関係のトラブルが起こりがち。人を当てにせず、自分の力でやり通す決意を。すでに実力はあるので、誘惑を退ければ最終的にうまくいきます。	**鼎に中身はある。近くに病気の者がいるが、自分には近づかないので吉。**	 二爻
火天大有 P.119	鍋に残った古い料理をすべて捨てないことには、新しい料理は作れません。最優先事項のために発想を変え、小手先をいじるのではなく、根本的なやり直しを。新しい恋を求めるなら、過去の恋人への思いを断ち切ること。	**鼎の足を上に向け、悪い中身を全部出す。妾の子を後継ぎにする。**	 初爻

51

震《しん》為《い》雷《らい》

The Arousing
(Shock, Thunder)

〈 音だけ大きい雷 〉

陰ばかりの地の一番下に陽が入ったのが「雷」。最初の陽すなわち長男を象徴し、雷が二つ重なっているのですから、雷鳴が轟《とどろ》きます。

卦辞には「雷の音に驚いても、祭りを執り行う人は、大切な道具を手から落とすようなことはない」と書かれています。この卦が出たら、びっくりするようなことがあっても恐れず冷静さを失わないように。雷が鳴った瞬間は、音の大きさに衝撃を受けても実害はそんなにありません。むしろ、雷のインパクトを利用して自ら発信し、新しいことに挑戦してみるといいでしょう。

また、雷が大きな音で鳴りひびくのは、やたらと話を盛って中身が伴わない人のような実体がない面があります。ひどい場合は嘘や詐欺にもつながります。

テーマ別読み方例

恋愛・結婚

華々しい出会いで一気に胸が高まりますが、なかなか関係が深まらず楽しいだけで終わりがち。期待が大きかっただけにがっかりしますが、相手のことをよく知らないうちは、早まらないほうが無難です。

恋人や夫婦は生の感情をぶつけ合うと、派手なけんかに発展。興奮して心にもない強い言葉を口走らないように。重卦は、同じことが再び起こることが多いので再婚には吉です。

人間関係

歯に衣《きぬ》着せず、はっきり言い合える関係ですが、エスカレートして話を盛らないように気をつけてください。小さな行き違いが大きな対立を引き起こします。

よく知らない人と親密になるのも慎重に。じっくり話を聞いて情報を集め、納得できるまでは適度な距離感を保ってください。話がこじれたら、冷静に事実だけを告げ、うわさ話には耳を貸さないようにしましょう。

仕事

新規スタートには最適な卦ですが、始めは好調でも終わりに難があります。勢いを持続するのがむずかしく、中途半端に終わりがち。忙しい割に利益が上がらずがっかりすることもあるでしょう。すぐに結果を出そうとせず長期的な目標を視野に入れてください。

企画や広報宣伝には最適な卦。派手な演出が求められるマスコミ、音楽、舞台、芸術にも向いています。

お金

衝動買いしがち。派手な宣伝に心惹かれても、実際に購入すると期待外れに終わります。高額なお金を動かすときは慎重に。

リスクのある投資に手を出したくなります。ビギナーズラックで当てても長続きせず結局マイナスに。勉強と割り切って少額で試してみるのは悪いことではありませんが、詐欺まがいのあやしい金融商品には絶対に手を出さないこと。うますぎる話には裏があります。

キーワード・象意

長男　雷　地震　新規スタート　活力
衝撃　声ありて形なし

爻で見る運勢アドバイス

之卦《しか》	アドバイス	爻辞の解説	爻位
火雷噬嗑 P.140	大きな被害が出たのは自宅ではなく隣。類焼を全力で食い止め、災難を最小限に。ごたごたして落ち着かない状態ですから、人間関係は慎重に。親切そうに近づいてきた人に安易に頼ると、とんでもないことになります。	雷や地震に恐れ、キョロキョロする。隣の村に被害が出る。縁談は難あり。	 上爻
沢雷随 P.128	事態を打開するために、動きたくなってもじっとがまん。まさかの事態に備えつつ自分にできることに取り組みましょう。周囲の騒音は無視して、本分を守り通すこと。苦労はありますが、やがて心配事が解消します。	雷や地震の危険だらけだが、中庸を保てば失うものはない。	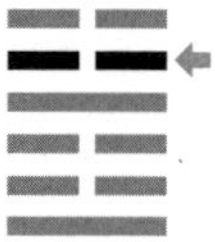 五爻
地雷復 P.149	やりたいことがあるのに、邪魔が入ってなかなか形になりません。問題が一つだけでなく二つあったり、心身の疲れも出て泥沼にはまったような状態に。余計なことには手を出さず、タイミングが整うのを待ちましょう。	思うように動けず、泥の中にはまったような状態。	 四爻
雷火豊 P.242	足元が崩れるような心もとなさを感じますが、注意して進めば危険を避けられます。不可抗力によるトラブルは誰のせいでもありませんから、落ち込んでもしかたがありません。自分の力量を見極め、できることから着手。	雷や地震で茫然自失。慎重に行動し不正を改めるべき。	 三爻
雷沢帰妹 P.239	まずは身の安全を確保することを第一に。危ない橋は渡らないこと。損失があっても、パニックにならないこと。冷静に対処すれば、取り返す方法が見つかります。7日、7ヵ月、7年など7がキーワードに。	雷や地震が近づいて危険。高い丘に避難して財貨を失うが7日たてば戻ってくる。	 二爻
雷地豫 P.125	ショッキングな出来事が起こっても、一過性で実害はありません。われを失うことなく冷静な対応を。ここで落ちついて適切な行動が取れると、後の展開がスムーズ。ひらめきや直感も冴えている状態です。	雷や地震にびっくりして辺りを見渡す。無事を確認して笑いがこぼれる。	 初爻

52 艮《ごん》為《い》山《ざん》

䷳

Keeping Still
(Mountain)

〈 動かざること山の如《ごと》し 〉

下から進んで来た二つの陰を陽が押しとどめている形の「艮」が二つ重なっています。君子は、行くべきときは行き、艮《とどま》るべきときは艮《とどま》るという出処進退の正しい判断ができます。心騒がしい人にはむずかしいことですが、この卦が出たら、居住まいを正して高尚な境地を目指さなければなりません。朱子はこの卦を最も好みました。状況を冷静に分析してその場に艮《とどま》る自制心を高く評価したのです。

初爻から三爻までは悩みが多いのですが、上の爻に行くほど見事な艮《とどま》り方となります。明治の易聖・高島嘉右衛門は満州を訪れる伊藤博文を占って三爻を出し、テロリストの凶弾に倒れるという最悪の結果となりました。

一般には二つの重荷を背負っている、あるいは分家、二号店を出すとも読めます。

テーマ別読み方例

恋愛・結婚

お互いが異なる方向を見ているので、関係は深まらず縁談はまとまりにくいでしょう。状況が変わるまでとりあえず待ってみるという消極的な解決法しかありませんが、急いで結婚して後悔するよりは賢明な選択です。

相手にないものを求めても無理ですし、依存する関係は破綻。二人がそれぞれ生きがいを持ち、お互いの個性を尊重する対等なパートナーシップならうまくいきます。

人間関係

背中合わせの形ですから、あまり人と親しむことができません。艮為山には「不在」というキーワードもあるので、会いたい人に会えないことも多いでしょう。しかし、不毛な人づき合いにエネルギーを使わずにすみ、結果的に吉ということに。

与えられた役割を淡々とこなし、必要以上の交流を求めないこと。適切な距離感を測り、それ以上踏み込まない賢明さが求められます。

仕事

一気に進めようとしても障害物が多く、なかなか進めません。無理に進もうとすると、退路を断たれます。すでに決まったことは異を唱えず、その通りに進めていくこと。

新しい提案は時期尚早。相手に敬遠されるだけです。与えられた状況の中で、黙々とノルマをこなしていくことが求められます。山が二つ重なった卦ですから、努力を積み上げて二つの大仕事を片づければ大成します。

お金

欲張っては逆効果。攻めよりも守りの姿勢で手持ちの資金を有効活用しましょう。大きな買い物はすぐに決断せず、値動きを見極めてから。それで手に入らなければ、最初から縁がなかったのです。

資産運用を始めるなら、長期計画で。じっくり調べて購入した金融商品が一時的にマイナス運用となっても、保有を続けること。短期間での売買では損を出してしまいます。

キーワード・象意

とどまる　停止　無欲　限界　敷居　蓄積　連山
不在　ツインビル

爻で見る運勢アドバイス

之卦《しか》	アドバイス	爻辞の解説	爻位
地山謙 P.122	ちょうどよいところで正しくとどまり、節度が高く評価されます。堂々たる大人の風格があり、まとめ役にも最適。終わりよければすべてよし。みだりに動くことなく、有終の美を飾りましょう。引退の理想的な形。	艮《とどま》るべきところに、しっかり艮《とどま》って吉。	 上爻
風山漸 P.236	軽薄に動く時期ではありません。どっしりと構えて、言わなくても言いことには口をつぐみます。沈黙は金だと肝に銘じること。余計なことは口にしないでいるからこそ、ここぞというときに筋道の立った物言いができます。	じっとして頬を動かさない。失言しなければ後悔もない。	 五爻
火山旅 P.245	事態をじっくり静観し、考えを深めておきましょう。今の状態は分相応ですから満足すべき。そのうち動くべきタイミングが到来しますから、今は力を蓄えておく時期。人間関係では、本心を伝えるまで時間をおきましょう。	胴体が艮《とどま》まるので安全。	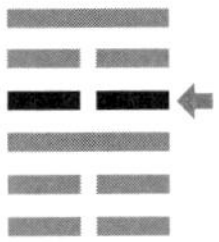 四爻
山地剥 P.146	とどまらなくてはいけないのに、衝動が抑えきれず自滅。昇進や昇給がストップしたり不本意な場所に異動させられても、ぐっと堪えるべき。不平・不満を言い立てたり、欲を出しすぎると今のポジションを失います。	腰が艮《とどま》り、動くことができず背中の肉が引き裂かれる。危うい状態で不安だらけ。	 三爻
山風蠱 P.131	内心思うところがあっても目上の言うことに従っておけば無難。たとえあなたが正しくても、今は制約が多く、受け入れてもらえません。気分は乗らず、やる気が出ませんが、しばらく流れが変わるのを待つことにしましょう。	ふくらはぎが艮《とどま》る。不本意なことに従わざるを得ず、不快。	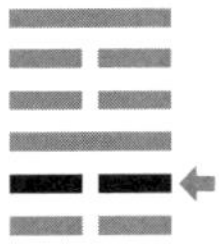 二爻
山火賁 P.143	しかたなくとどまるのではなく、今は行くべきタイミングではないと意識してとどまっています。身の周りに起きた問題に対処することはあっても、大きな目標に向けてはまだ動き出さず、準備を整えるべき時期です。	足が艮《とどま》って動かない状態。正しい道を長く守ればよろしい。	 初爻

53

風《ふう》山《ざん》漸《ぜん》

Development
(Gradual Progress)

〈 手順を踏んで進む 〉

「漸」は水が徐々に浸透していくようすであり、一気に進まず、状況に応じて止まりながら少しずつ進んでいくという意味です。良家の子女の婚姻も同じです。使者を立てるところから始まり、手順通りに準備を整えながら進めることから、女子が嫁ぐ卦とされています。

また、風は五行では木。山の苗木が徐々に成長していくプロセスにも重ねられます。一日で大木になるわけではないので、この卦が出たら先を争いあせって事を成そうとすると失敗します。基礎を固めてゆっくり一段ずつ進めていきましょう。

爻辞にはすべて鴻《こう》（水鳥）が出てきます。鴻は暑い季節は北へ、寒い季節は南へと四季の巡りに従って移動することから、「風山漸」の意味を体現しています。

テーマ別読み方例

恋愛・結婚

結婚話が出ているのなら、良縁です。結納や仲人などの正式な手続きは省略する結婚も多くなりましたが、両家への挨拶や挙式の準備などリストを作って順に進めましょう。

恋愛中なら、進展がゆっくりで不安になることもありますが、時間をかけて相手を理解していくことで深い絆が生まれます。ちょっとした誤解はそのままにしておかないこと。そこから亀裂が広がっていきます。

人間関係

いきなりネットワークを広げようとすると、誠実さに欠ける軽い人と見られがち。まずは現状の友人や知人との関係を良好に保つことから始めましょう。

慎重な人と知り合うことが多いので、初対面から親しくしようとすると敬遠されます。相手のペースに合わせて距離を縮めていくこと。丁寧な言葉遣いを心がけ、言わなくてもわかってもらえると思い込まないこと。

仕事

マニュアルに従って手順通り進めるのが無難です。一気に片づけようとするとうまくいきません。ペース配分を考えながら、余裕のある計画を立てましょう。コツコツと積み上げてきたことが発展し、次のステップへとつながっていきます。

渡り鳥という象意から、出張が多くなるでしょう。季節のビジネス、海外での仕事にも追い風が吹きます。

お金

ちゃんとした社会常識のある人という評価を得ることが大きなメリットとなりますから、冠婚葬祭などの交際費は惜しんではいけません。お世話になった人にはきちんとお礼をして、季節の挨拶も欠かさずに。

投資は一気に増やそうとせず、時間をかけて着実に貯めていくマネープランを。一攫千金とは最もかけ離れた卦です。株式投資なら、実績のある安定した企業に長期投資を。

キーワード・象意

漸進《ぜんしん》　漸次《ぜんじ》　順序　順番　ゆっくり　確実
ステップ　渡り鳥

爻で見る運勢アドバイス

之卦《しか》	アドバイス	爻辞の解説	爻位
水山蹇 P.194	目標を達成し、夢が実現。縁談がめでたくまとまって豪華な挙式をあげるような状態。あるいは世俗的な地位からは引退し、名誉職のポジションに。次の世代の人を育てる役割を果たせば有終の美を飾り、尊敬されます。	鴻《こう》が天空に飛び、もう帰って来ない。地上に落とした羽を儀式に使う。	上爻
艮為山 P.233	これまで着実に進んで満足できるところまで来ましたが、すべてが順調というわけではありません。人間関係で問題が生じやすく、本当に欲しいものはまだ手に入っていません。あと3ヵ月あるいは3年、努力を続けましょう。	鴻が高い丘に進む。妻は3年間子どもができないが、最後は吉。	五爻
天山遯 P.176	最高の状態とはいえませんが、かなりのポジションまで進んできました。おごりたかぶることなく謙虚に、周囲の意見に耳を傾ける素直さがあれば、地位は安定。自分の力を過信して手を抜くと、転落の危険があります。	鴻が木に漸進。平たい枝の上で安定する。	四爻
風地観 P.137	ちょっとした成功体験でいい気になっていると、落とし穴が待ち受けています。せっかく続けてきたことも誘惑に負けると元の木阿弥に。自分の過ちを素直に認めて改めれば、不運を最小限にすることができます。	鴻が陸地へ漸進。夫は家を出て帰らず、妻は妊娠したのに子が育たない。外敵の侵入を防ぐ。	三爻
巽為風 P.248	新しく始めたことは順調に進み、楽しさを感じるようになります。一気に進みたいところですが、あくまでも一歩ずつ着実に。あせってはいけません。大仕事の前には栄養のある食事をとって、気力と体力を養うこと。	鴻が平たい岩の上へ漸進し、楽しく飲食。吉。	二爻
風火家人 P.188	最初の一歩を大きく踏み出すと、風当たりも強く思わぬ落とし穴もあるもの。大丈夫かどうか確認して、着実な一歩を踏み出しましょう。急かされても自分の力を客観的に測り、あせってはいけません。先は長いのです。	鴻が水際まで漸進。進みが遅いので上から苦言あり。	初爻

54 雷《らい》沢《たく》帰《き》妹《まい》

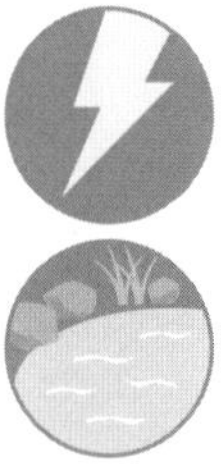

The Marrying Maiden

〈 型破りな結婚 〉

由緒正しい家同士の正式な縁談が「風山漸」なのに対し、「雷沢帰妹」はイレギュラーな結婚です。王の後宮に入る美女のように、正式な手続きを踏まずに男女が結びつきます。内卦の沢は少女で、外卦の雷は長男。「少女が年の離れた男に嫁ぐ」「女から男に動きかける」と解釈されます。慎みがなく順序が逆といったネガティブな意味があるのはこのため。

春の雷は陽の気を地に満たすのに対し、「雷沢帰妹」は秋の雷で季節外れ。この卦が出たらタイミングが合わず、ちぐはぐな結果になりがちですが、今では結納を交わし、仲人を立てる正式な結婚は少数派。電撃婚、授かり婚、あるいは年齢差のある結婚など「雷沢帰妹」のパターンのほうが多くなっている現状を踏まえて柔軟に考えましょう。

テーマ別読み方例

恋愛・結婚

一時の情熱に突き動かされたものの、結婚となると問題が生じがち。タイミングがずれたり、両家の親が対立するなど、一昔前だったら破談の流れです。どうしても結婚したいのなら強行突破しかありません。

恋人や夫婦は価値観の違いが浮き彫りになってきます。耐えられないのなら別れるしかありませんが、割り切ってお互いの自由と個性を尊重するという道もあります。

人間関係

意気投合して盛り上がるのですが、徐々に食い違いが出てきます。そのうちおのおのが勝手気ままに動くようになり、なかなか協調できません。最初からそういうものだと割りきっておけば失望することもありません。

グループで行動するときは、集合時間や場所の行き違いが起こりやすいので、しっかり確認を。遅刻してきた人に目くじらを立てず、寛大に対応しましょう。

仕事

計画を立てても不確定要素が多く、遅れがち。時間がなく、あせるとミスが多くなり、ますます遅れることに。スピードよりも確実性を重視しましょう。契約書類のチェックは念入りに。商談の行き違いが起こりやすいので、念入りに。

この時期に蒔いた種が意外なタイミングで実を結ぶので、目先の損得にとらわれないこと。求職中なら、正社員にこだわらず派遣やアルバイトから始めてみるのもいいでしょう。

お金

必要なものを節約して、不要なものを衝動買いするなど、ちぐはぐな行動に走りがち。家計簿をつけて収支を管理するべきですが、そうした堅実な行為を面倒に思ってしまいます。行き当たりばったりではなく、予算配分を決めましょう。

リスクのある投資は控えたほうが無難。どうしてもやりたいのなら、なくなってもいい余剰資金で。おいしい話には乗らないこと。

キーワード・象意

秋の雷　季節外れ　嫁ぐ　帰着　色難　型破り　欲張り

爻で見る運勢アドバイス

之卦《しか》	アドバイス	爻辞の解説	爻位
火沢睽 P.191	行きづまり状態。形式を整えても実体が伴わず、うまくいきません。あきらめて別の道を探るのが得策です。見た目がよくても内容のない人とつながりやすく、もうけ話を持ち込まれても、信じてはいけません。	嫁入り道具の箱は空。儀式の羊を割いても血が出ない。	 上爻
兌為沢 P.251	自分には簡単な仕事、低すぎる役職だと感じても、気を抜かずに取り組むべきです。見栄を張ったり、必要以上に贅沢する必要はありません。名より実を取るべき。善行を世間に誇らず、陰徳を積みましょう。	帝乙《ていおつ》が優秀な部下に娘を嫁がせる。質素な着物でも満月のように光り輝く。	 五爻
地沢臨 P.134	初志貫徹。時間がかかっても妥協すべきではありません。ふさわしくない場に行くと後悔します。高齢者が自分に合った終の棲家に落ち着くとも読めます。いずれにしても、あせって決めずにしっかり比較検討を。	固い意志を持ち適齢期を過ぎた。待てば良縁がある。	 四爻
雷天大壮 P.179	夢を追い続けて、いつの間にか年を取ってしまった状態。楽しければいいのですが、そろそろ自分を受け入れてくれる場を探すべき時期です。計画は一から立て直し、不本意であっても人生を先に進めることを考えましょう。	嫁ぎ先がなく待つ。実家に帰って出直せば、正妻の介婦《わきぞえ》の話が来る。	 三爻
震為雷 P.230	高すぎるゴールを目指すと消耗します。ほどほどのところで手を打ちましょう。能力や財力をひけらかすのも禁物。平凡な人間のふりをしたほうが、面倒なことから遠ざかれます。人からの評価に一喜一憂しないように。	目が悪い状態で見ようとしている。世俗から離れた隠者のようであればよい。	 二爻
雷水解 P.197	常識にこだわる必要はありません。正式なルートが無理なら抜け道を探しましょう。世の中のモデルケースから外れたほうが、自分らしい生き方となります。世間からの評価が高くなくても気に病まないこと。	正妻の介婦《わきぞえ》として嫁ぐ。足が悪いのに歩き出す。行けば吉。	 初爻

55 雷《らい》火《か》豊《ほう》

Abundance (Fullness)

〈 盛大の極みに陰りが生じる 〉

雷の下に火があり、太陽が威勢よく輝いています。雷は「動く」ですから、太陽は天頂へと移動。しかし太陽は天頂に昇れば必ず傾き、月は満ちれば必ず欠けます。豊かになっても、いつまでも続くわけではないのです。『易経』が繰り返し述べているように、陰と陽は循環しています。「雷火豊」は明るく盛大な卦ですが、衰退の兆しが見えます。株式市場が活況だと、このまま相場が上がり続けるようなムードが世間にまん延しますが、素人が競って株を買うようになったら天井です。本当にもうけられる人は、強気相場（昼間の太陽）に暴落（夜空の星）を見ています。

今の状態に感謝して、衰退に備える姿勢が求められます。「物事を明らかにして（火）、対処するために動く（雷）」を指針にしてください。

テーマ別読み方例

恋愛・結婚

ドラマチックなムードに舞い上がっています。お金のかかる派手なイベントを楽しんでも、いざ結婚に向けての具体的な話となると、なかなか進みません。結婚へ持ち込んでも、夢のようなハネムーンが終わったら、現実に対処しなければいけません。

一見、条件がよさそうでも、よくよく調べてみると家庭の事情など結婚の障害が出てきます。いわゆる仲人口に乗らない方が無難。

人間関係

社交運に恵まれ、人脈を広げることができます。ただし、すべての人と信頼関係が築けるわけではありません。外面はよくても、実態が伴わない人も紛れ込んでいるので注意を。SNSには自慢気な投稿をしないように。

調子のいいときに集まって来た人は、逆境に転じると、てのひら返しで距離を置かれます。お世辞や追従をまともに取らず、本当に信頼できる人は誰なのか選択眼を磨くべきです。

仕事

今がピークであり、これ以上手を広げると収拾がつかなくなります。世俗的な成功を収めても、内情は火の車という事態にもなりかねません。組織は内部から崩れてゆきがち。ちょっと売れたからと大量に製造したり、出店すると大赤字となります。

アートや芸能など注目を集める仕事には大いに吉ですが、売れなくなったときの安全策も考えておきましょう。

お金

金回りがいいからといって、得意になっていると転落します。豊かであることを見せびらかすための無駄な出費はカットすべき。本当の富裕層は地味な生活を送っているものです。お金をかけるなら、食品や家具、寝具などを上質なものに買い替えましょう。

投資をしているなら、今以上の利益を求めるべきではありません。リスクの高い取り引きは手仕舞いをして、安定性の高い金融商品を。

キーワード・象意

豊満　豊潤　盛大　有頂天　衰運　栄枯盛衰　諸行無常

爻で見る運勢アドバイス

之卦《しか》	アドバイス	爻辞の解説	爻位
離為火 P.167	自分の富や知恵を過大評価して、手を広げすぎています。世間を見下していると、誰からも相手にされず社会から孤立することに。原点に戻るために規模の縮小を。3日あるいは3週間、3ヵ月、3年がターニングポイントです。	屋根を大きく、日除けを巡らした暗い家。人の気配がない。3年間の引きこもり。	 上爻
沢火革 P.224	書くことによって考えがまとまり、道筋が見えてきます。企画書やスケジュール表を作りましょう。読書で知識を得るのも有益。文化や芸術に携わる人は大吉。名誉を独り占めせず周囲の力を借りて、見事な成果を手にします。	美しい文章や美徳によって、名誉や喜びを得る。	 五爻
地火明夷 P.185	一人で頑張っても結果は出ません。上の立場の人に期待するのではなく、目下や年下の人と交流を。これまで価値がないと思いこんでいたことの意外な側面が見つかります。何歳になろうとも、謙虚に学ぶ姿勢を続けること。	日除けのむしろをかけ、北斗七星が見えるほど暗い。志を同じくする仲間と出会う。	 四爻
震為雷 P.230	実力がありながら、思うように活躍できません。役者やスポーツ選手が出番を待つ状態だと思って、幕が開くまでの時間の有効活用を。目立つ行動を避け、見えないところで地道な努力を重ねて、流れが変わるのを待ちましょう。	幕を張り巡らせ、日中に小さな星が見えるほど暗い。右ひじを折るが大丈夫。	 三爻
雷天大壮 P.179	仕事で成功して収入が上がっても、派手に使って嫉妬され精神的に不安定になったような状態。あらぬ疑いをかけられないように、行動を自重すべき。暗闇の中を進んでいるようでも、自分の良心に従って動けば道が開けます。	日除けを大きくして、日中に北斗七星を見るほどの暗さ。疑われるが誠意を尽くせば好転。	 二爻
雷山小過 P.263	目上から引き立てられ、順調に進んで結果を出せます。ここぞというときをしっかり逃さないこと。だらだらと時間をかけてはうまくいきません。信用されるためには、礼儀作法に気をつけて失礼のないように。	出先で雇い主と遭遇。進んで行動すれば喜ばれる。	 初爻

56 火《か》山《ざん》旅《りょ》

The Wanderer

〈 不安に満ちた旅路 〉

現代人にとって旅は、日常を離れ解放感を味わうレジャーの一種。しかし交通機関の発達していなかった時代、よほどの用件がなければ旅に出ませんし、困難を伴うものでした。西洋でも事情は同じで、トラベル（travel）の語源はフランス語で苦労を意味するトラバーユ（travail）。そして易経の英語版で「火山旅」はThe Wanderer（放浪者）となっています。

内卦の山に、外卦の火が次々と燃え移るのは、安住の地のない旅人を示しています。治安が悪くクレジットカードもない時代だと、旅先でのお金の心配も深刻だったでしょう。

しかし、慣れ親しんだ場所を離れるからこそ、見聞が広がり知識を深めることができます。易の教えから気をつけるべき点を知り、新しい展開を探るのに役立てたい卦です。

テーマ別読み方例

恋愛・結婚

ロマンチックな雰囲気はありますが、安定性に欠けます。仕事が不安定で住居も定まらず、入籍をとまどうことも。かといって堅実で平凡な将来設計を押しつけると、相手は旅に出たくなるでしょう。

一過性の恋に終わらせないためには、自立した大人同士として向き合う必要があります。人生を一つの旅と考え、未来永劫に続く関係はないと割り切ると、かえって長続きします。

人間関係

知人、友人との縁が薄くなり孤独感が募ります。無理に人に合わせて親しくなろうとするとさらに寂しくなります。長い人生の一時期として、一人旅を楽しむ覚悟を。

「旅の恥はかき捨て」では、いけません。二度と会わない人であっても、相手の立場を尊重し、誠実な対応を。目に見えない形での信用を積み重ねていくことで、新しい場所への旅立ちがスムーズになります。

仕事

状況が常に変化し、心労が続きます。アウェイ状態で結果を出すためには、誠実な姿勢を見せることが大切。挨拶や連絡を欠かさず、柔らかい物腰を心がけ、信用に足りる人物だとアピールしましょう。

海外関係の仕事には吉。かけた労力を考えると利益は少なく感じられても、やりがいはあります。そして研究や芸術など、お金もうけとはあまり関係しないジャンルには吉です。

お金

何かと物入りです。無理に節約しようとすると裏目に出て、さらに出費する羽目に。バーゲン品には手を出さず、たしかな品質を選ぶようにしてください。新しいスキルを身につけるための出費は吉。最終的に頼りになるのは自分の能力なのですから。

懐具合が寂しいからといって、高リスクの投資に手を出してはいけません。金融商品の購入は契約文書をよく読み納得したうえで決断を。

キーワード・象意

旅行　旅人　旅路　流浪　放浪　宿　孤独　不安　危険

爻で見る運勢アドバイス

之卦《しか》	アドバイス	爻辞の解説	爻位
雷山小過 P.263	アウェイなのに自分のやり方に固執して、偉そうな態度を続けていると強烈なしっぺ返しが。トラブルに陥っても誰も助けてくれません。そうなる前に自省し、身を慎しんでいれば、孤立することはなく無事にやりすごせます。	鳥が巣を焼かれ、旅人は初めに笑うが最後には泣き叫ぶ。牛もいなくなる。	 上爻
天山遯 P.176	目的を達成するためには、失敗を恐れてはいけません。多少のダメージがあっても、得るものは大きいでしょう。新天地で成功したり、研究や芸術分野で名声を得られるので、小さなところでまとまらず、冒険を。	雉《きじ》を射ようとして矢を一本失うが、最終的にはうまくいき名誉と位を手に入れる。	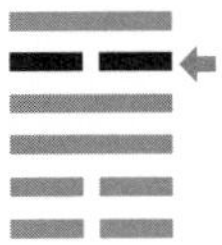 五爻
艮為山 P.233	旅に出て難所にさしかかった状態。苦手な仕事を割りふられたり、相性の悪い上司の下に配属されます。思う存分実力が発揮できず不完全燃焼。寄付やボランティアなど、社会のためにお金や労力を使うと運気が回復します。	旅先で落ち着いた場所を得る。資斧《しふ》(お金、鋭利な斧)もあるのに、心は晴れない。	 四爻
火地晋 P.182	旅先なのに偉そうにしていたため厄介な状況に。たとえ目的が正しくても、態度が悪ければ協力が得られません。初心に戻り、謙虚な気持ちで再出発を。資金も人材も不足していますから、無理せず分相応な計画を。	宿が火事になり、召し使いもいなくなる。正しい目的があっても危うい。	 三爻
火風鼎 P.227	理想的な旅状態。旅先ですから潤沢とはいえませんが、お金の心配もなく宿もスタッフも確保。旅は順調に進んでいますが、今の状況がいつまで続くわけではありません。油断しないよう気を引き締めてください。	宿に到着して一安心。資斧《しふ》(お金、鋭利な斧)があり、忠実な召し使いもいる。	 二爻
離為火 P.167	決心して行動を起こしたのに、不安にとらわれている状態。もう始まっているのですから、腹をくくって、信じた道を進みましょう。目先の損得にこだわるのはやめて、自分さえ得すればいいという行動は慎むこと。	旅に出て不安。必要な出費まで惜しみ、災いを招く。	 初爻

57

巽《そん》為《い》風《ふう》

The Gentle
(The Penetrating, Wind)

〈 風のようにしなやか 〉

従順の徳のある風を二つ重ねた「巽為風」。人当たりがやわらかく、誰とでも柔軟に合わせていけます。自分が中心となって方向を定めるのではなく、人に従う生き方です。

また、風は一番下だけ陰で足元が定まらず、迷いが生じ決断が苦手です。小さな願いは通っても、大きな願いを通すのがむずかしいのは、この優柔不断のためです。しっかりした考えもなく、人の成功をうらやましく思っているだけでは、何も成しとげられません。信頼できる人とつながって、その力を借りる必要があります。

旅に出て見聞を広めるには最適な卦です。柔軟性があり、コミュニケーション力にも恵まれているので、見知らぬ土地にもするりと入り込んで楽しく過ごせます。

テーマ別読み方例

恋愛・結婚

「巽」には縁談が整うという意味があります。本気で結婚したいのなら、仲人的な役目の人を立てたり、結婚相談所を使うなどオーソドックスな婚活を。何となくつき合っているだけでは、決め手に欠けて次の段階に進めません。他にいい相手がいるのではないかと迷っているうちに、自然消滅してしまうことも。

長いつき合いのカップルや夫婦なら、休日は別行動にしたり、風通しをよくして。

人間関係

新しい出会いに恵まれますが、すべての人と親密になろうとすると中途半端に終わります。うわさや評判に左右されず、自分の目で見てつながるべき人を選びましょう。

遠方の人と縁ができやすいので、対面で会えなくてもSNSを駆使してネットワークを広げるにもいい時期です。人脈に恵まれるためには、単に愛想がいいだけでなく、コミュニケーションスキルも問われます。

仕事

商売にはいい卦で、利益が出ます。特に遠方や海外との取り引きが有望。新しいコミュニケーションツールを駆使して、ビジネスの機会を増やしていきましょう。

この道一筋のスペシャリストより、与えられた仕事をそつなくこなす器用なタイプが求められます。会社員なら、配転や転勤の辞令には喜んで従いましょう。新天地での経験は今後のキャリアに役立ちます。

お金

人間関係を円満に保つための出費は惜しまないこと。いざというときに頼りになる人とつながっておきましょう。旅行も有意義です。単なる物見遊山ではなく、開運のヒントが得られるような機会を求めましょう。

投資では大きな利益を得るのはむずかしくても、少しずつ増やしていけます。カギを握るのは情報の取捨選択。時代遅れだったり、実体のない話に惑わされないように。

キーワード・象意

従う　従順　臨機応変　動揺　遠方
コミュニケーション　一進一退

爻で見る運勢アドバイス

之卦《しか》	アドバイス	爻辞の解説	爻位
水風井 P.221	風の柔軟性や従順な面が悪い方に出てしまった状態。高い位にあって実力もあるのに、ムダに過ごしているようなもの。謙遜も行きすぎると卑屈になります。何も決めずにのらりくらり逃げてばかりいると、財を失います。	寝台の下に入り込む。資斧《しふ》(お金、鋭利な斧)を失う。	 上爻
山風蠱 P.131	初めは心配があっても、終わりにはうまくいきます。丁寧によく考えたら、臨機応変に実行すること。ただし、独断専行せず情報を集めたうえで冷静に判断しましょう。そして、一度決めたら断固やりぬく覚悟を。	正しい態度を保てば吉。庚《かのえ》の3日前(丁《ひのと》)、庚《かのえ》の3日後(癸《みずのと》)は吉。	 五爻
天風姤 P.209	迷いがありますが、うまくチャンスをつかめば追い風を受けてスムーズに進めます。商売には最適で、大きな利益が見込まれます。マスコミや芸能関係者にも吉。世の中に広く名前が知られ、人気を得ます。	後悔がなくなる。狩りをして上中下の3種類の獲物を得る。	 四爻
風水渙 P.254	表面だけへりくだっているような演技をしても、見破られます。本音を隠してやりすごすことはできません。決断に迷っても、人に頼らず一人で決めてとにかく始めること。そのプロセスで自分の本心が明らかになります。	何度も入り込んで恥をかく。	 三爻
風山漸 P.236	雑多な考えが頭に浮かんで混乱状態。裏切られることもありますが、謙遜と誠意を心がけていれば悪いことは起こりません。直感で決めずに情報収集を。外からもたらされるメッセージは素直に受け止めましょう。	へりくだって、寝台の下に。巫女や占いを用いて祭祀を行えば吉で咎なし。	 二爻
風天小畜 P.104	優柔不断の象徴である風が二つ重なり、しかもその一番下。ふらふらして進退を決めかねています。迷ってばかりでは何も成しとげられず、時間ばかりが過ぎていきます。覚悟を決めて第一歩を踏み出しましょう。	進んだり退いたり、優柔不断。武人のように強い意志を持てば進める。	 初爻

58

兌《だ》為《い》沢《たく》

The Joyous (Lake)

〈 喜び楽しむ笑顔が重なる 〉

「兌」が二つ重なり、笑いながら楽しんでいる少女が二人。季節は秋。収穫を終えた祭りでは秋の味覚に舌鼓を打ち、お酒もたっぷり出ます。人々も解放的になり、はめをはずしても大目にみてもらえるでしょう。

そうした心浮き立つような卦ですが、快楽だけにおぼれて怠惰になりがち。やらなくてはならないことを後回しにして、楽しみにふける危うさもあります。思慮の浅い少女は一時の恋心で大胆な行動に出ますから、恋愛関係のトラブルも起こりがちです。

秋は収穫の季節で、農作物を換金するので楽しむためのお金もあります。ただ、無分別にお金を使い続ければ、いつかは尽きてしまうもの。この卦が出たら、考えもなくお祭り騒ぎを続けないよう自分を戒めましょう。

テーマ別読み方例

恋愛・結婚

出会いの機会に恵まれますが、結婚や将来設計といったシリアスな話になかなかつながりません。一人の男性を二人の女性が取り合っている形でもあり、すんなりとはまとまらない要素があります。

長いおつき合いで信頼関係ができあがっているなら、楽しい時間を共有することで絆を深めることができます。「喜びを重ねる」で、再婚には吉。

人間関係

趣味やレジャーを通して人間関係が広がります。ただし、深いおつき合いができるのはその一部ですから、最初から距離を縮めすぎないように。会話は双方向で。自分が話すだけでなく、相手にも花を持たせましょう。

楽しい出会いがある一方で、トラブルも多発します。「口は災いの元」になりやすいので、悪口や陰口は慎み、根拠のないうわさ話を拡散するのは禁物。

仕事

接客業や水商売には最適です。愛想のない態度は敬遠され、円滑なコミュニケーションが求められます。営業、外交、マスコミ関係にも向いています。

結果を出すことも大切ですが、一緒に仕事をしたいと思ってもらえるような配慮も大切です。不満や愚痴が多い職場はモチベーションが下がります。交渉は、相手がけっこうやり手で苦戦することも。

お金

趣味やレジャーが楽しすぎて、気がついたらかなりの出費額になることも。一時の喜びのためにお金をつぎ込んでいると、いくらあっても足りません。節約すべき時期ではありませんが、お金を使わなくても楽しめるイベントも工夫しましょう。

蓄財にはあまり向いていません。少額の積み立てを始めるぐらいにして、大きなお金は動かさないほうが無難です。

キーワード・象意

快楽　少女　遊び　笑う　談笑　口舌　口論
飲食　グルメ

爻で見る運勢アドバイス

之卦《しか》	アドバイス	爻辞の解説	爻位
天沢履 P.107	人を引き寄せる力がありますが、その場だけ楽しければいいという享楽的な姿勢は、そろそろ卒業の時期。身内や取り巻きだけでなく、真の友人と実のある交流を。華やかな場を離れ、静かに自分と向き合う時間を。	人を率いて兌《よろこ》ばせる。あるいは引退後の楽しさ。	 上爻
雷沢帰妹 P.239	甘い言葉、おいしい話には最大限の警戒を。調子のいい人を安易に信じてはいけません。自分はだまされないという自信がかえって危険を招き、これまで築いてきた信用を失ってしまいます。恋愛のトラブルも起こりがち。	気を許すと誘惑されて自分の信念が揺らぐ。危うい状態。	 五爻
水沢節 P.257	邪心が生じて迷いがち。両方欲しいと二股をかけてはうまくいきません。迷いを捨て、正しい道を選ぶこと。楽ではなく苦労も多いでしょうが、最終的にはゴールに到達。晴れ晴れとした気分で達成感を味わえます。	秤《はかり》にかけて兌《よろこ》び、気持ちが不安定。小さな病気にかかっても、最終的には兌《よろこ》ぶ。	 四爻
沢天夬 P.206	呼ばれてもいないところに行くべきではありません。ふさわしくない場では、いくら盛り上げようとしても迷惑がられるだけ。あるいは、あなたが好ましくない人のターゲットになっているかもしれません。	やって来て兌《よろこ》ばせようとするが凶。	 三爻
沢雷随 P.128	心から信頼できる人との交流。単に楽しいだけでなく、お互いに刺激を与えて知識を交換できる関係が理想的です。ただし、下心がある人も接近してきますから、選択眼を磨いて適切な人とつながるようにしてください。	誠意に満ちた兌《よろこ》び。後悔もなくなる。	 二爻
沢水困 P.218	公明正大な態度で、人を喜ばせましょう。下心なく、誰にでも好感を持たれるような言動で、雰囲気をなごませること。若い女性の卦である兌為沢の中でも最も若い状態ですから、多少の失敗があっても笑って許してもらえます。	みんなで和気あいあいと兌《よろこ》ぶ。	 初爻

59

風《ふう》水《すい》渙《かん》

Dispersion
(Dissolution)

〈 煩悩が散る 〉

水の上に風が吹き、波しぶきが起こって水が散っています。水には悩みや苦しみという意味があるので、心配事がなくなりすっきりした状態に。厳しい寒さの冬（水）が去り、待ち望んでいた春（風）が到来したとも読めます。

現在、苦しんでいる人には理想的な卦です。卦辞に「王有廟《ゆうびょう》にいたる」とあり、神社仏閣をお参りし祖先に手を合わせるうちに、解決策が浮かびます。

反対に「万事順調」という場合に出たら、少し心配です。気のゆるみが生じて、まとまりかけていた縁談や商談が吹き飛びます。「リストラ」は日本では解雇の別名となっていますが、本来は再び構築するという意味です。一度白紙に戻して、大きなことに着手しようという気概にあふれた卦です。

テーマ別読み方例

恋愛・結婚

相思相愛で万事順調だったはずなのに、どこからか隙間風が入り、愛情が揺らいでいます。反対に障害を抱えた恋なら、力を合わせて乗り越えていけます。

結婚となると「まだ早い」となりがち。お互いにやりたいことがあって、身を固める気になれないのです。だらだらと惰性で続いているだけの関係なら、この機会に解消して人生をリセットしましょう。

人間関係

苦手意識のある人とは距離を置いてフェイドアウトできます。新しい縁がもたらされるので、孤独になるのを恐れておもしろくもない関係に無理にしがみつく必要はありません。

風に乗ってうわさが広がりやすいので、誤解を招く言動は避けましょう。遠方だったり、疎遠になっていた人とつながりやすい時期。身内や近場の人だけで固まらず、オープンな姿勢を心がけましょう。

仕事

苦境にあるのなら、好転のきっかけがつかめます。難航してきた商談も何とかまとまりそうです。人間関係も円満になり、組織の内部が落ち着きます。新規開拓や出店に成功し、大きな飛躍の機会が巡ってきます。

反対に、順調な状態なら心配です。波乱が起こり、当たり前だと思って享受していた特権がなくなります。組織内では、配転や転勤、辞職など異動が多くなります。

お金

散財しがち。無駄にお金を散らさないように、財布の紐を締めましょう。活用していない会費やサブスクは解約。どうせ散らすのなら、将来のためになる有意義な使い方を。

運気の停滞を感じているのなら、人生に新しい風を呼び込むためのお金を使いましょう。旅に出て見聞を広めるのは大いに有意義。趣旨に共鳴する団体に少額でも寄付すると、金運アップに大きなプラスになります。

キーワード・象意

散らす　発散　消散　憂さ晴らし　脱却　散財
再構築　航海

爻で見る運勢アドバイス

之卦《しか》	アドバイス	爻辞の解説	爻位
坎為水 P.164	出血するような荒療治が効いて病が全快。その後は危ない人や場所には近づかず、距離を置くこと。退散は恥ずべきことではありません。恋愛や結婚もうまくいかない相手に執着せず、別れることも視野に入れるべき。	**傷害を受けて流血するが、危険な場所からは遠く離れて一安心。**	 上爻
山水蒙 P.89	重大な決断を下すべきとき。熟考のうえで決めたら、もう迷ってはいけません。小さなもうけや目先のことにこだわらず、大きな目標に向かって前進。雑音はシャットアウトして、自分が正しいと思うことに集中。	**王の命令は汗と同じで一度出すと戻せない。王が私財を投じて民を救う。**	 五爻
天水訟 P.95	仲間内だけで固まっていては行きづまります。広い視野を持ち、多くの人とつながることで大きな目標に向かって動き出せます。何を優先し、何を手放すかを考えましょう。腐れ縁は断ち切って、新しいスタートを切る好機。	**私的な集まりを解散し大同団結。願ってもいない吉がもたらされる。**	 四爻
巽為風 P.248	目立たない立場で奮闘中。社会のためになることをやっているのに、注目されることもなく物足りなく感じるかもしれませんが、やがて報われる日が来ます。ただし、やりすぎて消耗しないようにしてください。	**利己心を捨て、人のために働こうとする心がけ。後悔もなくなる。**	 三爻
風地観 P.137	身辺があわただしくなりますが、安定した場所を得て一安心。そこでのんびりしてはいけません。めったにない機会が巡ってくるので、タイミングを逃さず問題解決を。ぐずぐずしていると厄介事が先送りされるだけです。	**もたれかかれる台があり体が安定。後悔もなくなる。**	 二爻
風沢中孚 P.260	手放したくないもの、あるいは救いたいものがあるのなら、今が最後のチャンス。自分の力だけでは何もできません。欲を出さず最も大切なものに絞り、人の助けを借りてアドバイスに従いながら動きましょう。	**足の速い馬を使って離散を食い止める。**	 初爻

60 水《すい》沢《たく》節《せつ》

Limitation

〈 適切な節度を保つ 〉

沢の上に水があり、大雨で水量が増えすぎると沢からあふれ出し、日照りが続くと沢が枯れます。沢がちょうどいい状態になるためには、節度ある水の流入が不可欠です。

節度、節制、節約など「ここまで」と区切ってきちんと守るまじめな姿勢。自堕落な生活を送っている人にこの卦が出たら、反省して生活を改めるべきです。

かといって、節約一辺倒の教えだけで終わらないのが、易のおもしろいところです。節度を保っているのに「水沢節」が出たら「苦節」です。度がすぎた節制や節約は、本人も周囲も苦しめ逆効果となりがち。ダイエットで無理に我慢しているとリバウンドしますし、お酒を断《た》った人が一口飲んだだけで、止まらなくなり酔いつぶれるまで飲むようなものです。

テーマ別読み方例

恋愛・結婚

節度のあるまじめな交際。お互いを理解し周囲に祝福されながら段階を経て婚約、結婚へ。あまりに順調だと嫉妬されがちなので、表向きは地味に。

誕生日や記念日などの節目を一緒に祝うと絆がさらに深くなります。一方、誘惑が多く節度を忘れているときに出やすい卦です。甘い言葉に惑わされて浮気や不倫に走らないように戒めてください。

人間関係

親しき仲にも礼儀あり。調子に乗らず、立場をわきまえて相手に接していれば、うまくいきます。初対面で意気投合したからといって一気に親密になるのは危険。慎重すぎる人と思われるぐらいがちょうどいいのです。

共通の知り合いから紹介してもらうような出会い方が理想。思わぬことで非難中傷を受けることもありますが、感情に流されず理性的な対応を。

仕事

日々のルーティンや予定を守ることが信頼への第一歩。小さな仕事はうまくいきますが、大きな勝負には不向き。営業目標やノルマを厳しく設定すると行きづまり、組織の風通しも悪くなります。手を広げすぎず本業を第一に。

納期や締め切りに遅れそうな場合は、無理せず早めに連絡を入れましょう。ぎりぎりまで頑張って結局できなかったのでは、手の打ちようがありません。

お金

貯金ができていない人は、衝動買いは控え、予算内での生活を心がけましょう。反対に、順調に残高を増やしている人は賢い使い方を考えましょう。必要なお金を出し惜しみすると生活の潤いがなくなります。極端な浪費あるいは節約に傾かずバランスのいい消費生活を。

投資は個別株で一発勝負するより分散投資を。世界各国の通貨や債券にもバランスよく投資できれば理想的です。

キーワード・象意

節度　節約　節制　節操　苦節　区切り　ステップ

爻で見る運勢アドバイス

之卦《しか》	アドバイス	爻辞の解説	爻位
風沢中孚 P.260	厳しすぎると道が行きづまり、無理を重ねるといつか破綻します。ゆるめるところはゆるめて、現実的な路線を選びましょう。行きすぎた節約はケチ。前例にとらわれず、状況に合わせて柔軟に考えましょう。	**極端に苦しい節制。正しい道を守っているが凶。**	 上爻
地沢臨 P.134	しっかり節制できていれば、思うところを実行しても構いません。何をやっても無理なくのびのびと能力を発揮。寛容な態度を保てば、人間関係も充実。お互いに尊敬し合う理想的な関係を作ることができます。	**楽しんで節制。尊敬を集める。**	 五爻
兌為沢 P.251	節制中なら、今の状態を維持。節制していないなら、今すぐ生活を改めましょう。無理をしてまで人に合わせることはありません。「こうでなければならない」という縛りを手放すと、すべてがぐっと楽になります。	**心安らかに節制。何の無理もなく、望みは通る。**	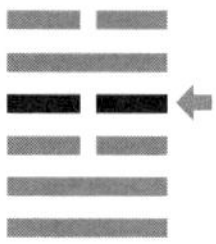 四爻
水天需 P.92	予算超過、食べすぎ、遊びすぎ。自分が招いたことなので、誰も責めることができません。計画や目標を立てたら、守るべき。自分を律することができるのは自分だけ。誘惑に負けて一度の快楽を得ると後悔します。	**節度を保つことができず、嘆き悲しむ。**	 三爻
水雷屯 P.86	行動を起こすタイミングなのに、何かと理由をつけて先延ばしにしていると、せっかくのチャンスをムダにします。小さなステップでいいので、まず行動を起こしましょう。遅刻に注意し、すべてに早めを心がけること。	**門に囲まれた庭にも出ない。凶。**	 二爻
坎為水 P.164	能力も気力もありますが、まだ世に出るタイミングではありません。機が熟すのを待ちつつ、時間をかけて準備しましょう。何事も控えめを心がけて慎重にしていれば、トラブルとは無縁。外を攻めるより内部を固めること。	**中庭にも出ないで家の中にとどまるので安全。**	 初爻

61 風《ふう》沢《たく》中《ちゅう》孚《ふ》

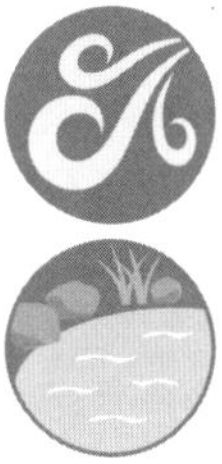

Inner Truth

〈 心の内にある真実 〉

「孚」は「爪」と「子」から成り、親鳥が卵を温める姿で、孵化《ふか》の「孵」です。卦の形も、やわらかい二つの陰爻を陽爻二つずつがしっかりと守り、卵の形にたとえられます。利害も打算もない純粋な関係です。誠実な態度を貫けば世間からも認められます。

沢の上に風が吹いている情景。水面の隅々まで風が行き渡り、誠心誠意が隅々まで及んでいます。卦辞には「誠意があれば豚魚《とんぎょ》（身分の低い者の貧しいお供え）でも神は福を与える」とあり、心のこもらない高価なお供えよりずっと価値があるとされています。ただし、上爻までいくと、信頼関係も消えます。四爻の爻辞で「望月」が出てきますが、上爻は「望月の欠けたることなし」と詠んだ藤原道長のよう。おごり高ぶって信を失います。

テーマ別読み方例

恋愛・結婚

内卦と外卦が上下に向き合っているような形を接吻にたとえられます。相思相愛で恋愛に大吉です。誠実な姿勢で心が通い合えばまたとない良縁となるでしょう。

ただし、恋愛ばかりに気を取られて他のことがおろそかになりがち。熱烈な状態だからこそ、節度や冷静さを保つようにしましょう。二人だけの狭い世界で満足せず、広い世界を見聞することも必要です。

人間関係

親鳥と小鳥のように、お互いを慈しみ合い、親しみやすく円満な関係を築けます。苦境にある人を見捨てず、できる限り助けるようにしましょう。縁の下の力持ちのような地味な役割を果たすことになりますが、そうした姿勢を高く評価してくれる人もいます。

お金やビジネスをからめると、せっかくの関係にひびが入ります。損得を度外視した人とのつながりを第一に考えましょう。

仕事

全員が力を合わせて一つのプロジェクトを成しとげます。与えられた仕事を誠心誠意やりとげることで次のステップにつながります。面接や転職では人柄が伝わればうまくいきます。取引先とは、誠実に向き合ってウインウィンの関係を築きます。

ただし、精神的な充足を示す卦なので、気持ちよく仕事ができ達成感があっても、利益はそれほど大きくありません。

お金

大きな金運上昇は見込めませんが、収支のバランスが取れた状態。熱心に探せば、満足できる買い物ができます。

生きたお金を使うことを心がけ、無駄な出費は控えましょう。人助けのためにお金を使うと心が満たされ、巡り巡って金運アップにつながります。投資するなら、企業姿勢に共鳴できる銘柄を選び、株価のアップダウンに心惑わされず長期保有を。

キーワード・象意

誠実　誠意　真心　親子　親和　対面　相思相愛

爻で見る運勢アドバイス

之卦《しか》	アドバイス	爻辞の解説	爻位
水沢節 P.257	独りよがりで頂点に立っているような自信過剰の状態。信頼関係は相互に成り立つもの。自分だけがのめり込んでは空回りするだけです。欲を出して自分の器以上のことに手を出すと、大きな損失を出してしまいます。	鳥の鳴き声は高くても、長く飛び続けることはできない。正しくても凶。	上爻
山沢損 P.200	相思相愛の男女のような関係で、恋愛には大吉。互いの立場を尊重して、信頼関係を深めていけます。相手から受ける以上に、与えることがたくさんあるはずです。親友と呼べる人と巡り合って共存共栄となります。	真心で結びついた相手と手をつなぎ合っている。	五爻
天沢履 P.107	気の合う仲間がいても、そこに安住すべきではありません。私情より公益を重視。つまらない仲間とは手を切るべき。どちらかが成長してレベルが違ってくれば、もう交流できないのです。志を高く持てば、正しい選択ができます。	月は望(満)月に近く、馬を失う。	四爻
風天小畜 P.104	気持ちが不安定で、挙動不審。小さなことに一喜一憂すると中途半端に終わってしまいます。人と比べて自分の境遇を嘆いても、何にもなりません。大きな流れを見て自分の行動が正しいか正しくないかを判断してください。	敵に出会う。太鼓をたたいて進軍しては退却し、泣いたり笑ったり。	三爻
風雷益 P.203	64卦384爻の中で最も美しい爻辞。真心の交流ができる相手が見つかります。誠意を持って対応すれば、相手も同じようにあなたを信じてくれるでしょう。恋愛を占ったら、心が通じ合う真のパートナーです。	親鶴が繁みで鳴けば、子鶴が声を合わせる。立派な盃で、友と一緒に飲み交わす。	二爻
風水渙 P.254	満足できる現状ですが、すべての人と信頼関係を結べるわけではありません。第一印象だけで判断せず、一緒にいて安心できる人を探しましょう。そして、本筋を離れたことに手を出すのは、自ら苦労を招くようなものです。	心安らかにいれば吉。一度信じたら態度を変えない。	初爻

62

雷《らい》山《ざん》小《しょう》過《か》

Preponderance of the Small

〈 小さな行きすぎが致命傷に 〉

小事は吉ですが、大事は凶。ちょっとした過ちが厄介なことになり、実力以上のチャレンジは失敗に終わります。待ち人は来ず、予定は遅れがち。苦労した割には、結果は期待外れです。あまりいい占断でないのは、二爻ずつまとめていくと大きな「坎」となり、悩みや苦しみという意味が強く出るからです。下が山で、止まろうとしているのに、上が雷で動こうとしているのもかみ合わず、ぎくしゃくした動きにしかなりません。

中央の陽爻を鳥の胴体、上下の陰爻を翼として飛鳥《ひちょう》と見ます。声がするのに姿が見えないほど高く飛んでいて、危険な状態。飛び立つより着地を考えるべきであり、目立つ行為で出すぎてはいけない、万事控えめにすべきという占断となります。

テーマ別読み方例

恋愛・結婚

背中合わせの状態で、相手と向き合っていません。かつては熱烈に愛し合ったのに、お互いの欠点が目について、気持ちが冷めた状態。相手の落ち度以上に、あなたにも責められる点があります。一時の感情に流されず、二人の関係を再構築してください。

婚活中なら、現実を無視して高望みして相手が見つかっていない状態。現状を受け入れ、経験者のアドバイスに耳を傾けましょう。

人間関係

親しい人と疎遠になってしまい、寂しい思いをします。意志が通じないことが多く、尊大に見られて敬遠されがち。とにかく腰を低くし、丁寧な言葉遣いを心がけましょう。

むずかしいことを安請け合いするとうまくいかず、一気に人望を失います。ノーと言う勇気も必要です。約束の時間には早めに着き、メールもできるだけ早く返信するなど、日頃から信頼関係を作っておくべきです。

仕事

かけ声が大きくても、実態が伴いません。実作業ではミスが多く周囲に迷惑をかけてしまいがち。職場の連携もうまくいかず、プロジェクトは難航。まずはルーティンワークをしっかりこなすことから始め、態勢を整えましょう。確認は何度も行うこと。

実力以上の課題を引き受けてはいけません。締め切りや納期は、ぎりぎりで予定を組まず、早めのペースで進めてください。

お金

ぬれ手に粟を狙って失敗するパターン。ツキがなく勘も鈍りがちですから、リスクのある投資は控えましょう。当てにしていた入金が遅れて困ったこともありそうです。

ショッピングでは、どんなに欲しくても価格で折り合わない物はすっぱりあきらめること。高額ローンは支払いに苦労します。散財は禁物。ケチかなと思うぐらい節約してちょうどいいレベルです。

キーワード・象意

過度　過失　自信過剰　高望み　盲信　欲ばり　行きすぎ

爻で見る運勢アドバイス

之卦《しか》	アドバイス	爻辞の解説	爻位
火山旅 P.245	自ら飛び上がって網にかかったり、射落とされる危険な状態。天災と人災でじたばたしても逆効果。人から中傷されてもいちいち反応せず、腹をくくって乗り越えるしかありません。心機一転して人生の再出発を。	高く飛びすぎた鳥。天災と人災が起こったようなもの。	 上爻
沢山咸 P.170	積極的に動こうとしても、まだ時期ではなく、期待通りにいきません。自分の助けとなるものを探して準備をするぐらいしかできませんが、意外な掘り出し物と巡り合います。経験者のアドバイスに耳を傾けること。	西の郊外に雲があるのに雨が降らない。矢に紐をつけ穴の中のものを取る。	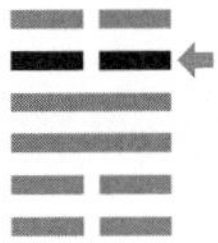 五爻
地山謙 P.122	現状維持でよしとし、野心は控えめに。自分が正しいと信じていることでも、相手に押しつけてはいけません。一時的に成功しても不意の災いが起こりがちなので、保険をかけ、余剰資金も確保しておきましょう。	咎《とが》はないが、悪人をやりすごすことができず出会ってしまう。要警戒。	 四爻
雷地豫 P.125	手に負えない状態ですから、やみくもに首を突っ込むべきではありません。欲を出して誘惑に負けると困ったことに。冷静に状況を分析し、自分の力を過信しないように。厄介な人とは距離をおくこと。	過剰な状態を防ごうとして奔走。成功するどころか自分が返り討ちに。凶。	 三爻
雷風恒 P.173	期待していた通りにはいかなくても、何とかなります。社長に面会を望んでも部長クラスしか応じてくれませんが、高望みを捨て、現実的な目標に向かうとうまくいきます。望んだことの半分でも実現したら、よしとしましょう。	祖父ではなく祖母に会い、君主ではなく大臣と遭遇。咎なし。	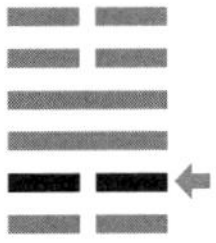 二爻
雷火豊 P.242	見切り発車は厳禁。とりあえず計画は白紙か延期にして、一から見直しましょう。身の丈に合わない欲求は破滅への道。人を頼ろうとしても邪魔が入ります。軽率な行動を慎み、心静かに本業を守るのが最善の選択です。	力不足なのに高く飛ぼうと羽を広げている鳥。凶。	 初爻

63 水《すい》火《か》既《き》済《せい》

After Completion

〈 完成後、再び混沌《こんとん》へ 〉

易者は「地天泰」の卦の形を看板に出していることが多いのですが、中国の医者は「水火既済」を看板にします。上が水で、下が火の頭寒足熱は体によく、健康のシンボルだからです。六つの爻には、陰陽の正位置があります。初爻は陽、二爻は陰、三爻は陽、四爻は陰、五爻は陽、上爻は陰。「水火既済」はすべてが正しい位置にあるため完成形とされます。

しかし、各爻の爻辞はそれほどいいことが書かれていません。易では陰陽が常に循環し、不規則な交じり合いが世の中を動かすと考えるからです。すべてが正しい位置では、それ以上の進化や発展が期待できず、現状維持しか望めません。そのため「水火既済」は凶ではなくても、小さな願いしかかなわず、最初は整っていても終わりには乱れると警告されています。

テーマ別読み方例

恋愛・結婚

結婚はまとまりますし、相性も悪くありません。占った時点ですでに同棲中ということも。しかし、ときめきや熱い思いはなく、淡々とした関係です。平凡な日々に不満を抱きがちですが、それはぜいたくというもの。今の幸せに感謝しましょう。

出会いの機会がないのなら、一人で楽しめることを見つけましょう。誰かに依存して幸せになろうと思ってはいけません。

人間関係

新しい人とつながろうとしても徒労に終わりがち。初対面で好印象の人も、じっくり話してみたら退屈だったり、価値観の違いが浮き彫りになります。

ネットワークを広げるよりも現状の人間関係のメンテナンスを。ずっと続く関係だと過信していると、いつの間にか疎遠に。ご無沙汰が続いている人には、近況報告をして旧交を温めましょう。

仕事

一見好調ですが、隠されたところに問題が潜んでいます。リスク管理を見直してください。今の業績が好調でも、いつまでも続く保証はありません。

ルーティンワークはなめらかに進み、何の問題もありませんが、大規模な仕事には向いていません。新規開拓ではなく既存の顧客の満足度を上げる手堅い方針を。転職も今は避けて、実力を蓄えておくべき時期です。

お金

極端な黒字や赤字にもならず、安定した金運。投資はスタート時に好調でも、後半にいくにつれて損失が出ます。取り返そうと欲張ると損失がかさみます。損切りを考えないといけないこともあるでしょう。

高額なショッピングは控えたほうがいいのですが、保険や保障のお金は節約しないこと。すべてがうまくいっているような時期こそ、もしものときに備えておくべきです。

キーワード・象意

成就　完成　安定　現状維持　守り　予防
栄枯盛衰　終わりの乱

爻で見る運勢アドバイス

之卦《しか》	アドバイス	爻辞の解説	爻位
風火家人 P.188	力足らずなのに大事業に手を出しています。泳ぎが苦手なのに、川を渡ろうとするようなもの。勇気を持って引き返し、ダメージを最小限に抑えるしかありません。色情に溺れて安定した生活を壊してしまうことも。	川を渡る狐が首までずぶ濡れになり、危うい状態。	 上爻
地火明夷 P.185	最盛期を過ぎ、守りの状態に。初心に戻り、新たな目標を見つけて気持ちを切り替えましょう。表面だけ飾っても、内面が空疎だと見破られます。真摯な気持ちがあれば、さらなる高みに達することができます。	東隣の村で牛を殺して豪華な祭りをしても、西隣の村の質素でも心のこもった祭りにかなわない。	 五爻
沢火革 P.224	小さなミスが重なり失敗します。準備や対策を立てておけば何とか窮地を脱します。ほころびは小さいうちに手当てしておくこと。形ある物は必ずこわれるので、失ったものに執着してはいけません。	川を渡る船。ぼろ布をたくさん用意して水もれに備え、一日中警戒。	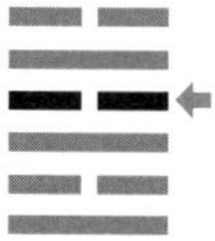 四爻
水雷屯 P.86	現状がうまくいっているのに奮い立って大事業を始めますが、時間がかかりエネルギーもかなり消耗します。軽々しく手を出さないほうが無難。信用できない人のアドバイスを真に受けてはいけません。	高宗（殷の王）が3年かけて蛮族を征伐。小人には役職を与えない。	 三爻
水天需 P.92	いざ実行という段になって不都合が生じますが、時間が解決してくれるのであせってはいけません。思い通りにならないことも、7日後か7週間後に何らかの動きがあるはず。あせらずにこれまで通りの努力を続けましょう。	婦人が車の覆いをなくした。探さなくても7日後に見つかる。	 二爻
水山蹇 P.194	今の立場を守って、やたらに動くべきではありません。新たなチャレンジよりもこれまでの成功体験をなぞったほうがうまくいきます。自分の実力を冷静に分析し、器以上のことには手を出さないように。	川を渡ろうとして車輪が引き戻され、狐は尾を濡らす。	 初爻

64 火《か》水《すい》未《び》済《せい》

Before Completion

〈 未完成から新たなサイクルへ 〉

六十四卦の最後の卦で、一つ前の「水火既済」の陰陽をすべて逆にした形。陰爻と陽爻がすべて正位ではないので、整っていないという意味の未済となります。一見、悪い卦のようですが、整っていないからこそ動きが生じ、新たな発展への糸口がつかめます。

水の上に火がある形は、海上の初日の出のよう。夜が明ければ希望の朝となるように、実現不可能に思えたことでも時間をかけて進めているうちに、道筋が見えてきます。

爻辞では「水火既済」で狐が川を渡ろうとして首まで水に濡れましたが、「火水未済」ではほとんど渡りきろうとしています。時間はかかり、完全な形ではなくても願い事がかないます。そして、六十四卦のトップである「乾為天《けんいてん》」に戻って新たな展開が始まります。

テーマ別読み方例

恋愛・結婚

今は何もなくても波乱の予感。ドラマチックな出会いも期待できます。邪魔が入ってスムーズに進展しなくても、協力してトラブルを乗り越えることで絆が強くなります。

縁談はまとまりにくいのですが、一般的な結婚からはみ出したスタイルなら、うまく収まります。たとえば、主な働き手の妻と主夫のようなカップル。あるいは別居婚などでフレッシュな関係を続けていけます。

人間関係

親友になるか、競争相手になるか、今後の展開次第。どちらに転ぶかわからない未知数の相手ですから、最初から役割を固定せず柔軟に対応していきましょう。

一時的に顔を合わせたはずが、長期的な関係に発展する可能性も大いにあります。縁を広げることで運気が発展しますから、先入観を持たず、あらゆる人にオープンに接しましょう。お酒を飲み交わす関係も楽しめます。

仕事

性急に結果を出そうとするとうまくいきません。一人で処理しようとせず周囲と協力しながら少しずつ進めましょう。交渉事はまとまりにくいのですが、粘り強く交渉していくと着地点が見えてきます。

今の仕事が適職でないと感じても、そのうちにさまざまな道筋が広がっていきます。夜明け前が一番暗いと思って、しばらく続けてみましょう。

お金

当てにしていた入金がなく、がっかりしますが、目先の損得にこだわってはいけません。懐具合は潤沢とは言えないので、分不相応なぜいたくは我慢して、次の展開に備えてください。楽しみのためにお金を使うのもいいですが、将来の自分への投資を始めましょう。

リスクのある運用を始めるとしても、最初は少額で。多少の損が出ても勉強代と割り切って、相場の勘を磨いてください。

キーワード・象意

未完成　未熟　未定　未知数　可能性
次回　終わりは整う

爻で見る運勢アドバイス

之卦《しか》	アドバイス	爻辞の解説	爻位
雷水解 P.197	64卦384爻の終わり。人生が新たな段階へと進みます。お酒でも飲んで楽しみながら次のサイクルを迎えましょう。ただし、快楽に溺れているとせっかく得たものを失うことに。節度を保ち、慎みを忘れないこと。	泰然と酒を楽しむ。首を濡らすほど飲むと失敗する。	 上爻
天水訟 P.95	乱れた状態が治まり盛運へと向かいます。新たな発展への足場が固まりました。人間関係や名誉に恵まれますが、欲や野心が強すぎるとうまくいきません。利己的な目的だけを追求しないように。	徳が光り輝く君主。真心もあり、立派な臣下に支えられている。	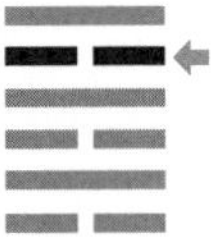 五爻
山水蒙 P.89	混沌とした状況が徐々に整理されてきますから、意欲を持ってスタートを。時間がかかっても努力が報われ、大きな成果をあげることができます。今までの流れを断ち切って、改革を断行する好機です。	正しい道を守る。勇気を奮って蛮族を討伐し、3年かけて大国となる。	 四爻
火風鼎 P.227	今は閉塞状況であっても、そのうち流れが変わります。目的に到達できる力は十分あり、運にも恵まれますが、時機を誤っては何も得られません。タイミングを計って、大事を決行。慎重に一歩ずつ進みましょう。	成しとげていない状態。進めば凶だが、最終的には川を渡れる。	 三爻
火地晋 P.182	自分の力量をわきまえて正しい判断を。意欲も実力もあっても、成功できず妥協しなくてはいけないこともあります。状況を冷静に分析したうえで、退く勇気を。時期が来れば前進できるようになるので、あせらず待つこと。	川を渡ろうとする車の輪を止める。貞《ただ》しくて吉。	 二爻
火沢睽 P.191	川の幅も自分の力量も知らないのに、渡れるわけがありません。自分の力を過信せず、できること、できないことを明確にしましょう。たしかに挑戦する価値はありますが、今は前途多難。時機を待つべきです。	川を渡る狐が尾を濡らす。	 初爻

COLUMN

天童春樹先生のあざやかなWBC易占

ライターをしていた頃、天童春樹先生の連載を担当していました。２００９年のＷＢＣ、韓国との決勝戦の前日のことです。

天童先生は、おもむろに「易で占ってみましょうか。二桁の好きな数字を三つ言ってください」とおっしゃいます。筮竹やサイコロを使わず卦と爻を立てるのです。その時、答えた数字は13、25、89。これを卦にすると「天風姤」の五爻です（方法はP.58）。

「勝負占で偶然に会うとしたら勝利しかありません。五爻を変じると『火風鼎』。足が三本ついた中国古代の器であり、代々受け継がれるものです。これは優勝トロフィーの象徴でしょう。五爻なので勝負は五回に決まるか、五点で決まるでしょう」

「イチローは打ちますか？」

「『天風姤』は五つの爻が陽で一番下だけが陰。これはバットの形だから打つでしょう」

よどみなく断じる天童先生。結果は五対三で日本の勝ち。イチローも試合を決めるヒットを打ちました。

当事者から依頼されていない占いですが、この場合は易を広める記事のためですから、易の神様が降臨したとしか思えない見事な的中でした。

・第4章・

実占例

1 読み解き方の基本

占的との兼ね合いで卦を読む

●爻辞を読むだけでは当たらないことが多い

まず出た卦の大枠の意味を考えます。「天《てん》火同人《かどうじん》」なら「一人ではなく誰かと協力する」、「山火賁《さんかひ》」なら「美しく飾る」など。次に得た爻により、どの段階にあるかを考えます。「地天泰《ちてんたい》」など順調な卦は初爻に近い方がよく、「水山蹇《すいざんけん》」など逆境を示す卦は上爻に近い方がいいとされますが、あくまでも一般論。占的に応じてケースバイケースです。

爻辞《こうじ》にも目を通しますが、あまりピンと来ないときは参考程度に。その一方で、占的にぴたりと一致することもたまにあります。

本に書いてあることをそのまま読む「糊付《のりづ》け占」ではなく、得た卦のどの側面に注目するかの判断力を磨きましょう。一種のインスピレーションですが、根底にあるのは易神への信頼です。「出た卦はすべて正しい。当たらなかったのは読み方が至らなかったから」という姿勢を持ち続けたいものです。

算木をながめて動かしたり裏返しているうちに、ひらめくことがよくあります。人相の達人、天道春樹先生は卦の形からずばりと当てます（P.272参照）。

◈占的例

「会社を辞め個人事業主としてやっていけるか」

回答

坤《こん》為《い》地《ち》

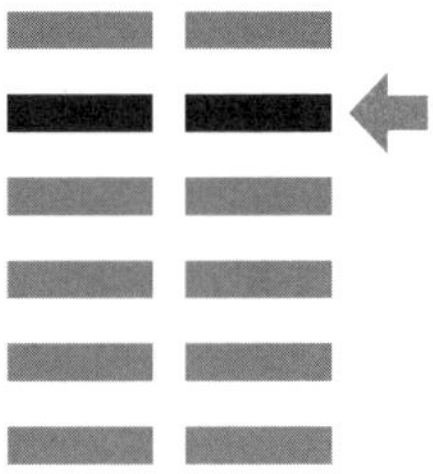

五爻

●ポイント
爻は五爻で「黄色い袴《はかま》で大いに吉」。黄色は支配者の色ですが、陰なので上着ではなく袴にたとえています。自らの才覚で世の中を渡っていくには向いていません。

「坤為地」は六つの爻すべてが陰の卦です。陽を積極的な攻めの姿勢とすれば、陰は消極的で受け身。自らの才覚で世の中を渡っていくには向いていません。爻辞に「大いに吉」（P.85）とあるので、独立しても大丈夫と言いたいところですが、無理があります。特定の受注先から定期的に仕事を回してもらえるのなら独立もありですが、それでは下請けです。

中国古典の『左伝』に、クーデターを計画して占ったら「坤為地」の五爻が出たという話があります。爻辞から首謀者は成功すると読みますが、陰は命令を受けて忠心を尽くす姿勢。政権を転覆しようといった大それた試みは決してうまくいかないと諭されました。

組織の中で力を蓄えつつ、しっかり準備してからの独立にすべきです。

2 読み解き方の応用

新たな視点を示す之卦《しか》・裏卦《りか》・綜卦《そうか》・理想卦

●得た爻の陰陽を変えて之卦を出す

得た爻《こう》は「卦の中で注目すべき」というポイントです。陰陽は固定したものではなく、常に変化するもの。六つの爻のうち最初に変化するとしたら、スポットライトを浴びた爻だと考えられます。得た爻が陽なら陰に変え（変爻）、陰なら陽に変えて新しい卦、之卦を作ります。算木で卦を作ったら、得た爻を右にずらします。「この爻が動く」というサインです。

たとえば「乾為天《けんいてん》」が出たなら、乾為天を本卦とし、得た爻を陰に変えてみます。初爻を得たなら之卦は「天風姤《てんぷうこう》」、二爻を得たなら「天火同人《てんかどうじん》」、三爻を得たなら「天沢履《てんたくり》」、四爻を得たなら「風天小畜《ふうてんしょうちく》」、五爻を得たなら「火天大有《かてんたいゆう》」、上爻を得たなら「沢天夬《たくてんかい》」です。陽爻ばかりの乾為天ですが、得た爻によって六種類の之卦が生まれ、占的への新たな視点が手に入ります。

第三章の六十四卦の爻辞とアドバイスの表には之卦を入れてあります。初心者のうちは六十四卦を覚えるためにも、得た爻の陰陽を変えた之卦の名前と意味も確認しましょう。

●之卦で今後の展開や背景を探る

「之」は「ゆく、いたる」という意味があり、本卦が現在の状況で、之卦は未来の展開を示すことがあります。たとえば、「乾為天」の初爻が出たら、之卦が「天風姤」だから偶然の出会いによって新しい展開がもたらされるなど。

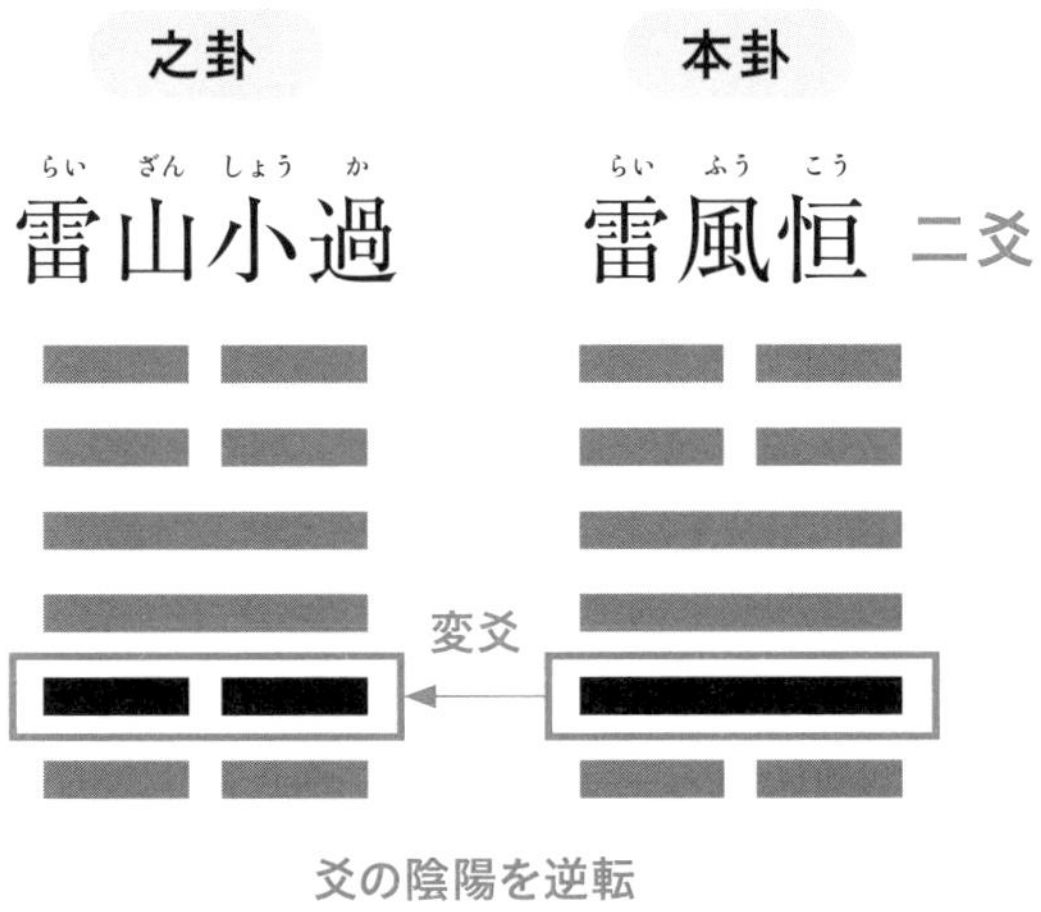

しかし、必ず之卦が示すことが未来に起こるというわけではありません。場合によっては、占的の背景や含んでいる事情、相談者が意識していなかった問題点などを示唆していることもあります。「乾為天」の初爻、すなわち実力は十分あるのに世に出ず潜んでいる状況になった背景には、偶然出会った女性の存在がある、などが考えられます。

上にあげた例なら、「雷風恒《らいふうこう》」で倦怠期の中年夫婦のような刺激のない関係が二爻を得て、「雷山小過《らいざんしょうか》」で、飛び立ってしまうのかもしれません。または「雷山小過」で行きすぎもあったけれど、今は「雷風恒」で落ち着いているとも読めます。先入観にとらわれず、占的に合わせて臨機応変に之卦を読んでください。

◈占的例

「税務署から連絡あり。税務調査が入るので、不安でたまりません」

回答

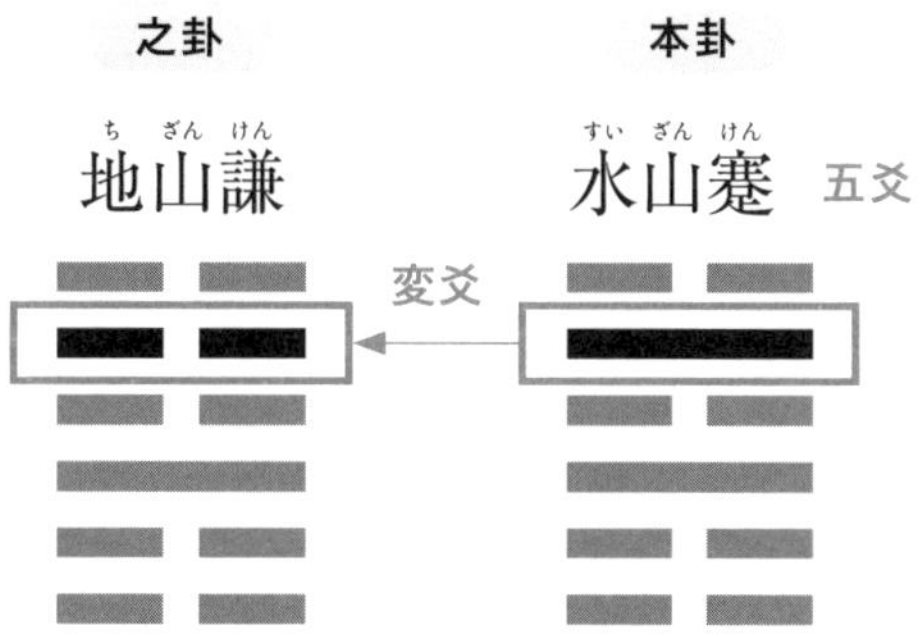

「水山蹇」(P.194)は雪山で遭難した状態。五爻は友が助けに来てくれる。之卦の地山謙(P.122)は立ち止まって謙虚に人に従う。

これは私の経験ですが、個人事業主として毎年、青色申告会を通して確定申告をしていたところ、二十年目に税務調査が入ることに。過去の帳簿をそろえて来るように言われ、不安になりました。易を立てると上の通り。「水山蹇《すいざんけん》」は足が萎《な》えて進めない状態。自分だけで困難を脱するのはむずかしく、頼りになる人を見つける必要があります。

税務調査ですから、頼るべきなのは易者でなく税理士。つてを頼って税理士を紹介してもらい、税務署に同行してもらうようにしました。税理士が同席することによって税務署の担当者の態度もやわらぎ、一息つけました。

之卦《しか》が「地山謙《ちざんけん》」ですから、申告に不備があったことを素直に認め、追徴課税は提示された通りの額を払うことに。金銭的には痛手でしたが、精神的には楽になりました。

●裏から見る裏卦、相手から見る綜卦

卦の陰陽をすべて変えたのが裏卦です。算木を裏返すと一瞬で出ます。文字通り占的に隠された裏の事情を暗示します。あるいは目論見が裏目に出た場合、相手のあることなら隠された本心なども示します。

たとえば、始めようとしている計画の成りゆきを占って出たのが「火地晋《かちしん》」。スムーズに進むだろうと予想できますが、内卦の「地」の裏は「天」で外卦の「火」の裏は「水」ですから、裏卦は「水天需《すいてんじゅ》」。意外なことで待たされることもあるかもしれないので、計画には時間のゆとりを持たせようと考えることができます。

また相手のあることを占う場合は、卦の上下をひっくり返した綜卦を見ることもあります。易では内卦を自分、外卦を相手としますから、上下を逆転することで視点が百八十度回転し、相手から見た自分の状況となります。

相手との関係で「風雷益《ふうらいえき》」が出て、自分にとって利益をもたらしてくれる人だと喜んでも、相手にとってあなたは「山沢損《さんたくそん》」で損ばかりさせられる存在かもしれません。

大河ストーリー（P.70）でお伝えした通り、六十四卦には順番があり、一番と二番、三番と四番など連続する二つの卦がペアとなります。「乾為天《けんいてん》」と「坤為地《こんいち》」、「山雷頤《さんらいい》」と「沢風大過《たくふうたいか》」は裏卦。そして、「水雷屯《すいらいちゅん》」と「山水蒙《さんすいもう》」、「沢山咸《たくざんかん》」と「雷風恒《らいふうこう》」は綜卦。裏卦か綜卦で一組となっています。最後のペア、六十三番の「水火既済《すいかきせい》」と六十四番の「火水未済《かすいびせい》」は裏卦であり綜卦でもあります。裏卦、綜卦は必ず出すものではなく、占的がらみでふと気になったときに出してみると的中することもあります。

●理想の卦で身の処し方を考える

「自分は変えられるけれど、人は変えられない」という言葉があります。易では内卦が自分、外卦が対象人物や環境です。厳しく不本意な卦が出た場合、内卦（自分）を変えることで事態を好転させるヒントが得られます。

本卦　天水訟《てんすいしょう》

理想卦　天沢履《てんたくり》

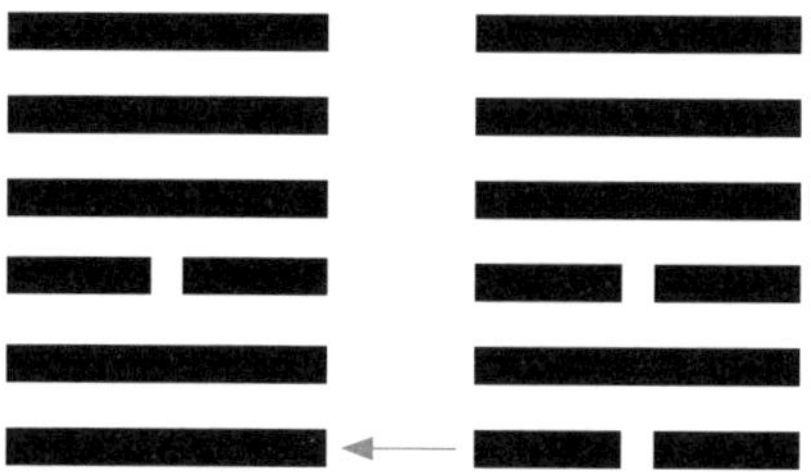

内卦の3つの爻のうちどれを変爻するか考える

たとえば、「天水訟《てんすいしょう》」（P.95）が出た場合。争いや裁判を示す卦であり、相手は天ですべて陽、手ごわい存在です。たとえ勝てたとしても、費用も労力もかかる訴訟は避けたいもの。得た爻に関わらず、内卦の三つの爻のうち、どの陰陽を変えればいいかを考えます。

初爻の陰を陽に変えれば「天沢履《てんたくり》」、二爻の陽を陰に変えれば「天地否《てんちひ》」、三爻の陰を陽に変えれば「天風姤《てんぷうこう》」です。

「天地否」は天地が交わらない塞がった状態。相手と完全に縁が切れるのならありです。「天風姤」はこれから出会う人に助けてもらえるかもしれませんが、偶然に頼るのは不安です。となると、「天沢履」が理想卦。虎の尾を履《ふ》まないように慎重に行動し、内卦は沢ですから愛想よくふるまって先方の態度を軟化させる作戦がいいでしょう。

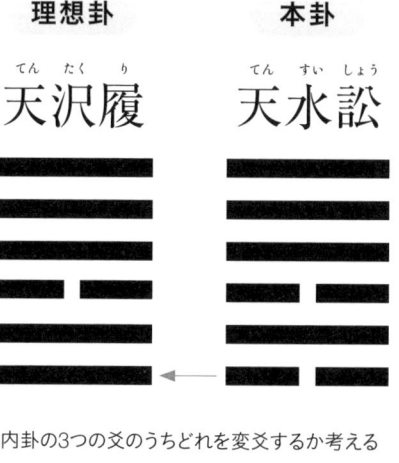

3 実例で見る占断のコツ

同卦異占《どうかいせん》を取る

●爻辞にとらわれず、直感を働かせ、柔軟に読む

「同卦異占」とは、同じ卦が出ても占的により占断は異なってくるという意味。爻辞だけに頼っても当たらないのはこのためです。

同じ占的であっても、易者が違えば出る卦も異なってきますが、占断やアドバイスは同じということもよくあります。そうでなければ、布に覆われた品物を卦によって当てる射《せき》覆《ふ》（P.312）は成立しません。

次のページから「ウラナイ8易の会」で取り上げた例をご紹介しますが、一つの占的に対し、三人の易者がそれぞれ卦を立てています。一般の易の講座では「この占的で、この卦の何爻が出た。どう読むか」と学ぶことが多いのですが、練習という側面を強めるために各自が卦を立てる（同卦異占）形式に。

おもしろいことに、それぞれ出た卦は異なっても、似た結論に達することがよくあるのです。そんなとき、易は占的と占う人によって次々と姿を変える生き物のように感じられます。なお、同一人物が同じ占的で再び占うことは厳しく戒められていますから、一人でこのような練習はできません。

実例編

同じ悩み事でも得た卦によって、どのように回答が変わるのか。三人の易者が同じ占的を占断。（文／ウラナイ8易の会・夏瀬杏子）

人間関係を占う

◈相談内容

夫の職場環境が変わり、私の休みと合わず生活がすれ違うことが増えそう。うまくやっていけるか不安です。（30代女性）

◈占的例

「生活がすれ違っても夫婦仲良く過ごすにはどうすればいいですか？」

占断❶

山《さん》雷《らい》頤《い》 二爻

P.158

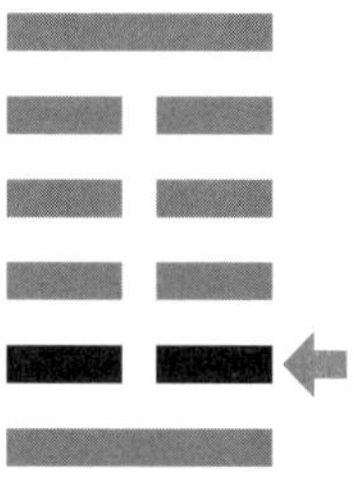

「頤」はアゴのことで、「山雷頤」は口に関することを表す卦です。

たとえば食事をなるべく一緒に取ったり、食事の時間が合わなくても同じ料理を口にしたりしてみましょう。

またお互い「言葉」を大切にして、少しの時間でも日々の出来事を話すようにしてください。時にはお互いに感謝の言葉を伝え合うとよいでしょう。

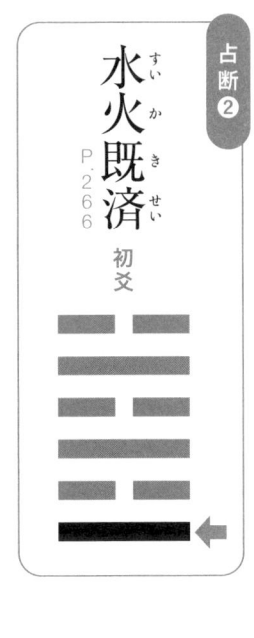

占断❷

水火既済《すいかきせい》

P.266

初爻

「水火既済」はすべての陰陽が正しい位置に配置された「物事の完成」を表す卦です。

すでにご夫婦の関係はある程度、成熟しているので、いかにこの状態をキープするか、ということが重要になるでしょう。

「完成を守る」「物事の状態を変えない」が吉なので、今までのライフスタイルで可能な部分はなるべく守りましょう。

ここだけは合わせよう、ということを二人で決めて約束するといいのではないでしょうか。

気をつけないと、すれ違いが加速してしまう恐れがあるので注意です。

占断❸

火沢睽《かたくけい》

P.191

四爻

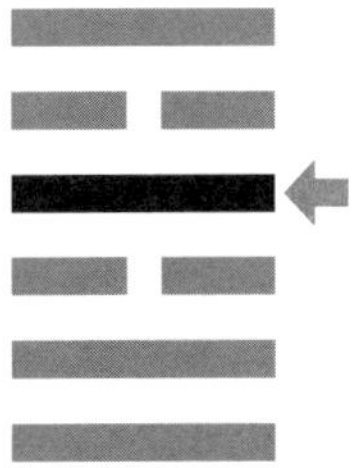

「火」と「沢」という性質が全く異なる要素で構成されている「そむき合う」という卦ですが、全面戦争するのではなく、筋を通す部分は通す、手を結べるところは結んでうまくやることがポイントです。

「そむき合う」という卦の意味から、やはり生活時間がなかなか合わなくなるかもしれませんが、諦めずになるべく二人の間に共通項を探しましょう。

趣味でも娯楽でも構わないので接点を持ってコミュニケーションを途絶えさせない努力がお互いに必要です。

恋愛を占う

◈**相談内容**

マッチングアプリで知り合った男性にフェードアウトされましたが、諦めきれません。（20代女性）

◈**占的例**

「フェードアウトされた男性に再度連絡したらどうなりますか？」

占断❶

山《さん》地《ち》剥《はく》　初爻

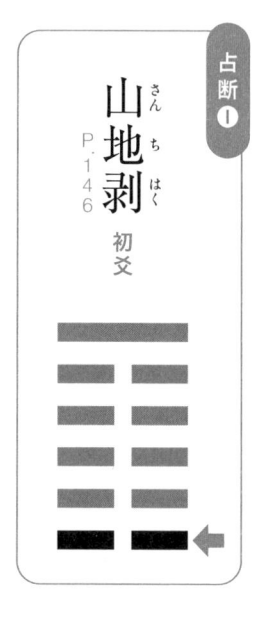

P.146

「山地剥」の「剥」は剥がれる、剥奪の剥で、山の土がどんどん削り取られ、崩れるさまを表します。初爻なので足元から土がぽろぽろと崩れていくイメージです。

これは再度連絡を取ることでかえって悪い状態を新たに生み出しそうなので、ここはもう諦めてそのままにした方がよさそうです。

外卦を相手、内卦を自分として見ても、相手は山で、何があっても動かない頑固さがあるし、自分は地で、それをただ受け止めるしかない作りになっています。残念ですが、次のお相手を探したほうがいいでしょう。

占断❷

艮為山《ごんいざん》　P.233　五爻

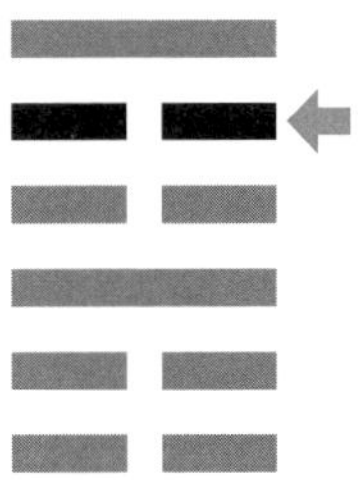

山が重なっていて、山を越えてもまた山というイメージです。山はそこにどっしりととどまり動きがありません。

相談者さんが、再度連絡を取ってみても思うようなリアクションは返ってこない、お二人の関係性はもう変わらない、動かないことが予想されます。

五爻には「その口にとどまる」とあります。卦の形に人体を当てはめると五爻は口のあたりなので、そこをとどめるのです。いろいろ思うことがあっても、今は言葉を慎んで、とどまるべきところにとどまったほうがいいでしょう。

占断❸

風水渙《ふうすいかん》　P.254　二爻

「風水渙」は「散る、散らす」という卦です。よいものも悪いものも散らしてしまいますが、今回は相性を占っているので、お互いの気持ちがてんでバラバラで、まとまっていないと見ます。

お相手が外卦の風で、相談者さんが内卦の水と見ます。残念ながら、お相手の方は適当に相談者さんのことをかわして、こちらの気持ちを散らしているのでしょう。

之卦は「風地観《ふうちかん》」です。今はアクションを控えてご自分の気持ちを静かに保っていると、新しい局面が見えてくるでしょう。

お金を占う

◈相談内容

結婚して二馬力になりましたがなかなかお金が貯まりません。今後が不安です。（30代女性）

◈占的例

「共働きでお金を貯めるためのアドバイスをください」

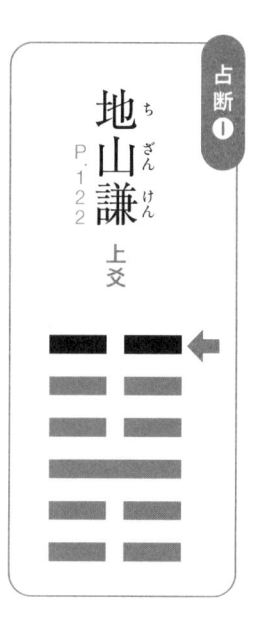

占断❶

地《ち》山《ざん》謙《けん》 P.122

上爻

山の上に、地があるという、ちょっと普通ではありえない配置です。山がへりくだって地面より下にあるということで謙虚の卦です。

山を削って地に均して平らにするという形なので、まずは家計の見直しをして、お金が何にいくらかかっているのかを、きちんと把握しましょう。

そのうえでお金がかかりすぎている項目のスリム化を図って、バランスのよい家計にしましょう。特に家賃や通信費、保険などの固定費の見直しは効果がありそうです。

副業や投資を始めてプラスを狙いたい、と考えるかもしれませんが、それよりも節約を心がけて余計な分をマイナスにする、という方法が合っています。謙虚の卦なので、欲張らずにいきましょう。

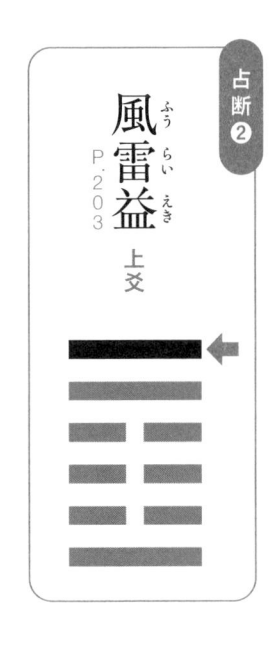

占断❷
風《ふう》雷《らい》益《えき》
P.203
上爻

「風雷益」の益は「増やす」「満たす」という意味です。ですが上爻までいくと爻辞は「益はもう得られない。それどころか憎まれて攻撃されて、心も不安定である」という意味です。「お金を貯めるためのアドバイス」という質問に「益」なので、どんどん貯まるイメージですが、益も最後の段階の上爻まで来ているので、無理して貯金を増やすよりも、世のため人のためというような全体を益する視点を持つと、うまく回りそうです。
　たとえば買い物をするときはゴミや無駄が少ないもの、安全性の高いものなどを選ぶ、買ったものはメンテナンスをしながら大事に長く使うなど。
　之卦は「水雷屯《すいらいちゅん》」で「始まりの難」の卦です。なかなか手ごたえを感じられないかもしれませんが、長い目で見て続けてください。

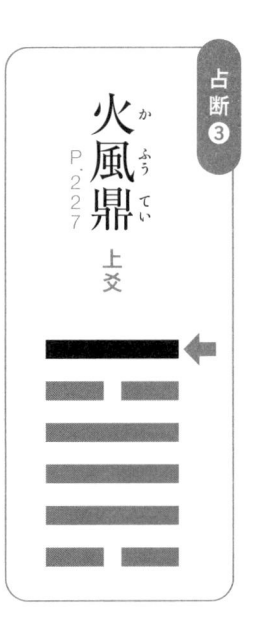

占断❸
火《か》風《ふう》鼎《てい》
P.227
上爻

「鼎」は三脚の足のついた、大きな煮炊き用の器で、「火風鼎」の卦は「三」という数がキーワードになります。
　夫婦二人ではなく、もう一人の誰かを足して「三人で何かをする」ということを考えてみる

のはいかがでしょうか。

たとえばファイナンシャルプランナーに依頼して、今の家計の見直しやこれからの貯蓄についてアドバイスをもらうとか、先に結婚している友人、知人を食事に招いて（「火風鼎」は煮炊きの器というところから、食事の卦でもあります）、結婚生活の中でのやりくりの秘訣を聞いてみるというのはどうでしょうか。

鍋で煮込んだ材料が変化して料理が完成するように、「火風鼎」の卦には「刷新」という意味があります。相談者さんの家計も時間を重ねて工夫して刷新しましょう。

之卦は「雷風恒《らいふうこう》」になります。「恒」は不変、継続を表す卦なので、コツコツと小さな努力を続けていくことで、いつか成果が実るでしょう。

お金を占う

◈**相談内容**

本業以外での収入アップのために副業または投資への挑戦をすべきか迷っています。（40代男性）

◈**占的例**

「副収入を得るには副業と投資、どちらがいいでしょうか？」

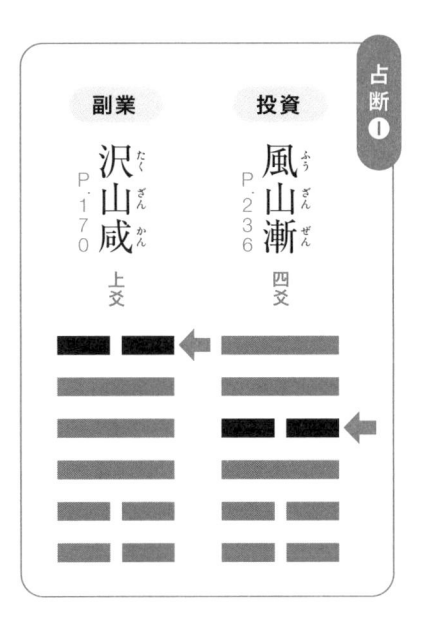

占断 1

投資
風山漸《ふうざんぜん》
P.236
四爻

副業
沢山咸《たくざんかん》
P.170
上爻

「風山漸」は、ゆっくり順を追って進むという卦です。投資により利益を得るようになるには、長い時間をかけてじっくりと取り組むことが大切です。

一時の動きに左右されずに長い目で見守り続ける必要があるため、今現在、副収入を得るというのは、むずかしいかもしれませんが、老後の資金を作るという目的で、投資にチャレンジするならやる価値はありそうです。

副業については「沢山咸」の上爻を得ました。上爻は体の最上部で顔に当たるので「口」を用いて何か話す、または言葉を扱うような副業に縁がありそうなのでおすすめです。

ただうまい話に乗せられたり、口約束で痛い目にあったりという危険と隣り合わせです。仕事内容はよく確認しましょう。

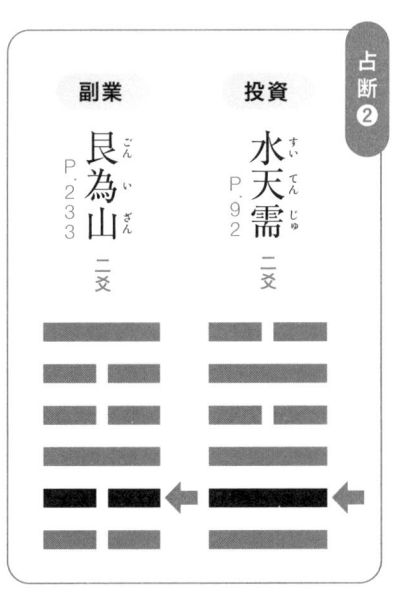

占断 2

投資
水天需《すいてんじゅ》
P.92
二爻

副業
艮為山《ごんいざん》
P.233
二爻

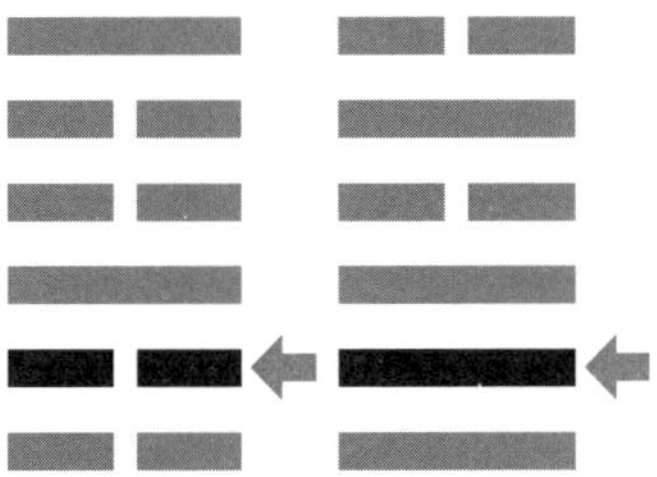

投資の方の「水天需」の「需」は進まないで

待つ、という意味です。

二爻の爻辞は「水辺の砂の上で需《ま》つ。少し非難されるが最後は吉」というものなので、今のところはあえて投資にはチャレンジしない方が無難でしょう。

之卦は「水火既済《すいかきせい》」となり、物事の完成や終了を表わす卦ですが、言い換えるとこれからの期待値が低いです。残念ですが、投資とは別の方法を考えましょう。

一方、副業の方は「艮為山」で動くな、とどまれという卦です。この卦が出た時は余計なことには手を出さず、無欲に今やるべきことを淡々とこなすのがベストな方法です。または副業を始めても、結局は出費も増えてあまり変わらないということかもしれません。

今は副業や投資に手を出すのではなく、本業を頑張りながら支出を減らすことを考えたほうがよい時期ではないでしょうか。

占断❸

投資
沢雷随《たくらいずい》
P.128
上爻

副業
風沢中孚《ふうたくちゅうふ》
P.260
五爻

投資の成りゆきについて卦を立てたら、「沢雷随」の上爻を得ました。随は「随行」という言葉があるように、自ら人や時に従っていく卦です。
悪くはありませんが、誰か信頼できる人や専門家に投資の手ほどきをしっかり受けるなり、もしくは投資信託という形をとったほうがうまくいくでしょう。大きく打って出る時ではありません。
副業の方は、「風沢中孚」が出ました。人と誠実に向かい合う姿勢が吉なので、接客業や知り合いに声をかけて仕事を紹介してもらう、手伝いをさせてもらうなどがよさそうです。

「風沢中孚」は二爻ずつまとめていくと、大きな火（「離」）と捉えることもできます。「離」の象意である勉強に関することや、何か文章を書くこともおすすめです。

之卦は「山沢損《さんたくそん》」です。目先のお金に目がくらむと失敗します。損得勘定を捨てて相手のために尽くすことがいつか回りまわって、自分のところに還元されるでしょう。

仕事を占う

◈相談内容

長く勤めた支店から本店へ異動します。仕事も人間関係も大きく変わるので、心配です。（50代男性）

◈占的例

「新天地でうまくやるためのアドバイスをください」

占断❶

巽為風《そんいふう》 P.248

四爻

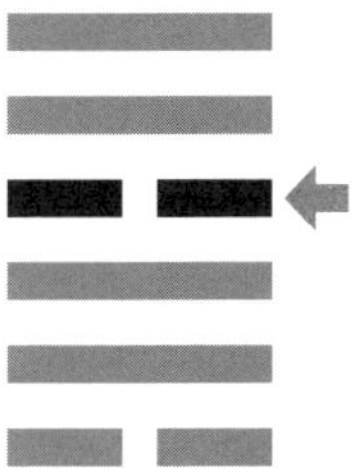

「巽為風」は風が重なった重卦です。

風は自由自在に動いて、いろいろなところに入り込む性質があります。木々の動きや体感で風の存在を感じることはできますが、実体は見えない、たいへん不安定なものです。

四爻は、上下にはさまれた中間管理職的な立ち位置ですので、風のようにしなやかにあちこち立ち回り、合わせていくことが必要になります。

ここで大事なのは「誰に合わせていくか」と「どのように合わせていくか」です。盲目的にただ合わせればいいというものではなく、バランスよく正しいものに合わせるべきところを合わせる、というのが四爻の意味で、それができればうまくやれるでしょう。

そのためには、「必要な情報を得る」ということも必要になってきます。日ごろのコミュニケーションを大切にしておきましょう。

占断❷

乾《けん》為《い》天《てん》

P.80

四爻

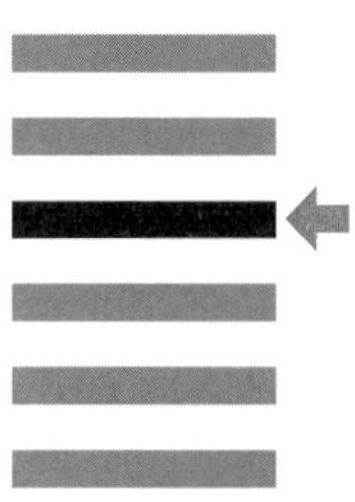

天が二つ重なり、すべて陽で構成されている「乾為天」が出ました。強く、勢いのある卦です。
新しい職場は、やることがいっぱいで活気のある多忙な部署のようで、エネルギッシュな人たちと一緒にやっていくことになりそうです。
四爻は内卦から外卦に移ったばかりの位置になり、本店に栄転という形かもしれませんが、外卦の中では一番下の立場で、まだ不安定な状態です。
なかなかすんなりと事は運ばないことも多いでしょうが、こういう勢いのある卦のときこそ、何事にも地道な対応が必要です。小さな積み重ねが後々活きてくるはずなので、落ち着いていきましょう。

之卦《しか》は「風天小畜《ふうてんしょうちく》」です。恵みの雨が降りそうなところを風で押しとどめられ、あともうちょっとなのに、というハッキリしない卦です。何らかの障害でストップがかかることもありそうですが、状況が転じるまで諦めず、まずは内側を固めておきましょう。

占断3

山《さん》風《ぷう》蠱《こ》　P.131

五爻

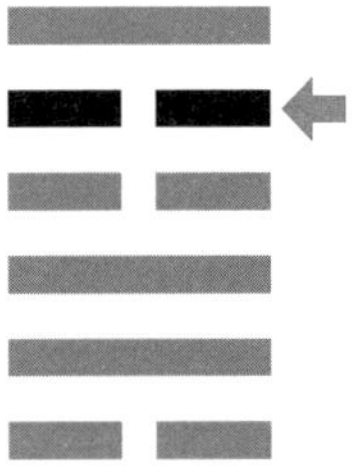

「山風蠱」は山に遮られて風通しが悪くなっているという卦で、このままだと空気がよどんで腐敗が進んでしまいます。そのためなるべく早めに手を打ったほうがいいでしょう。もしかしたら、本社は古い体制や保守的なムードが残っている職場なのかもしれません。

五爻の爻辞は「父の残した問題をみごとに解決して名声を得る」という意味です。

本社の旧態に染まりすぎずに、新しい風を少しずつ送り込んでいきましょう。これを一人でやるのではなく、信頼できる人の助けを借りてやるのです。

まずは周囲の人たちとのコミュニケーションを密にしていい関係を構築しましょう。挨拶や何気ない会話が大切です。

之卦は「巽為風《そんいふう》」で、風が二つ重なった卦です。風はいろいろな場所に入り込み、新鮮な空気を巡らせます。そんな存在になるでしょう。

仕事を占う

◈**相談内容**

今の職場に不満が多いです。転職も頭をよぎることがあります。
（30代女性）

◈**占的例**

「人間関係や仕事内容でこの先どうやっていけばいいですか？」

占断①

雷《らい》山《ざん》小《しょう》過《か》

P.263

五爻

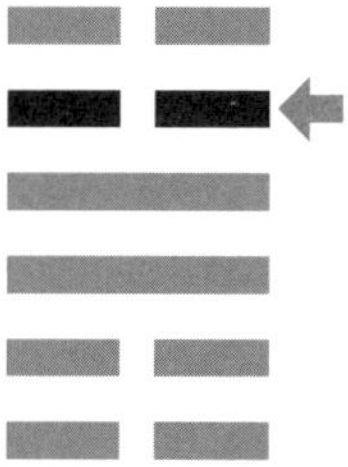

山の上で雷が鳴っている形で、遠雷で音が小さい様子です。小さく通過していくので「小過」で、大した動きは望めません。

「小過」なので何事にもちょっとだけ余計、ちょっとだけ過剰な卦です。この「ちょっとだけ」というのが曲者で、この卦が出た時は分不相応なことをやりがちです。

新しい職場に変わればうまくいくのではないかとつい考えてしまいますが、このまま転職しても同じことを繰り返しそうです。

まずは今の職場での不満を謙虚に見つめ直してみましょう。そして、できる範囲で自分のやれることを、マイペースにこなしていくことがおすすめです。

二爻ずつまとめていくと、大きな水（「坎《かん》」）に見えます。「坎」は悩みや苦しみを示すので、今は自分の内側を見つめて学ぶ時と割りきることです。

占断❷

火《か》水《すい》未《び》済《せい》 P.269

初爻

未だ済まずということで「整わない」卦です。未完成、未熟な状態を指しますが、なおかつ初爻なのでまだ力が足りません。

爻辞は「子ぎつねが川を渡ろうとして失敗して尻尾を濡らしてしまい恥ずべきことだ」という意味です。まだ川を渡る力を十分持っていないのです。

「火水未済」はまだまだこれからの卦です。今は川を渡る力がなくても、この先どう変化するかは誰にもわかりません。

ですが、相談者さんの秘めているパワーは未知数です。今の職場でやらなければいけないこと、身につけなければいけないスキルがたくさんありそうですから、今は転職は考えずにそのまま頑張った方がよいでしょう。

之卦は「火《か》風《ふう》鼎《てい》」です。「鼎」は足つきの煮炊き用の器です。材料を器に入れてじっくり煮込めば煮込み料理に変化するように、相談者さんも長い時間をかけて、新しく生まれ変わることができそうです。

占断❸

天《てん》沢《たく》履《り》 P.107

二爻

「天沢履」は、天の下に沢がある卦です。天は人物にすると年長の男性や強くて権力を

持つ人を、沢は、か弱い少女やおしゃべりでノリの軽い人を示します。

少女のように弱い立場の者が、上の立場の者にきちんと礼儀をわきまえれば、危険を回避するという卦です。上の立場の人の足跡を「履《ふ》んで」歩くのです。

礼儀正しく対処すれば、上の人がしっかり守ってくれますので、今はあえて慣れた職場から飛び出すようなことはせず、上の人についていくほうがよいでしょう。

二爻の爻辞は「一人淡々と道を行き、心静かに暮らせるなら吉」という意味です。自らの分をわきまえた日々の積み重ねが今は大切です。

之卦は「天雷无妄《てんらいむもう》」です。自分の思い通りにはなかなか進まない時かもしれません。多くを望まずに、その時の流れに思いきって身を任せるほうがよさそうです。

健康・美容を占う

◈相談内容

ダイエットの効果が出ません。食事制限と、運動を頑張ることのどちらが効果的？（40代女性）

◈占的例

「ダイエットで食事または運動、片方を実行した際の成りゆきは？」

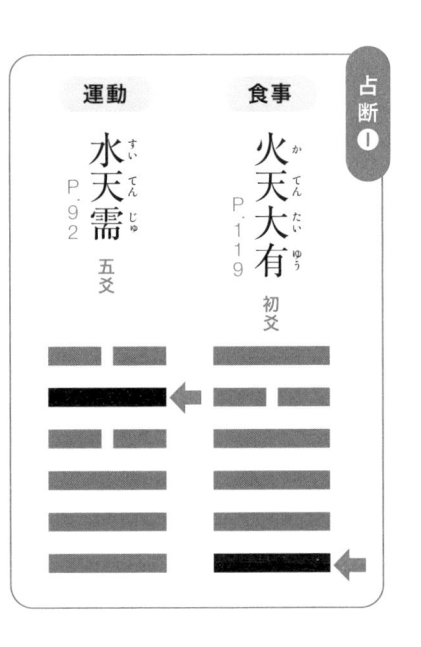

占断❶

食事	運動
火天大有《かてんたいゆう》 P.119 初爻	水天需《すいてんじゅ》 P.92 五爻

食事制限をメインに行う場合の成りゆきについて卦を立てたら、「火天大有」を得ました。初爻は「害あるものに関わらない。よく慎んでいれば咎めはない」という内容です。カロリーの高い食べ物の誘惑にはちゃんと勝てそうですが、「咎めはない」ということから目に見えるほどの減量はなく、現状維持の程度でしょう。

運動を頑張る場合の成りゆきについては「水天需」。待つという卦で、五爻は「酒食を楽しみながら待つ」という内容です。ダイエットを占っているのに、食べ物の卦が出るという矛盾した結果が出ました。

運動の効果は、気長に続けることができれば実感できそうですが、その前に「運動したらお腹が空いた」と食べてしまうような気がします。

やはり運動をしながら食事制限というダイエットの王道が一番ではないかと見ます。

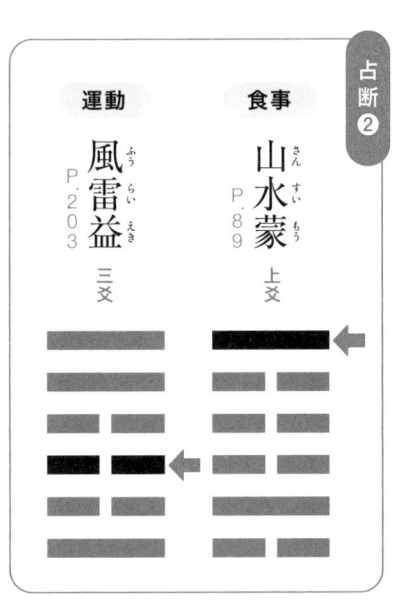

占断❷

食事	運動
山水蒙《さんすいもう》 P.89 上爻	風雷益《ふうらいえき》 P.203 三爻

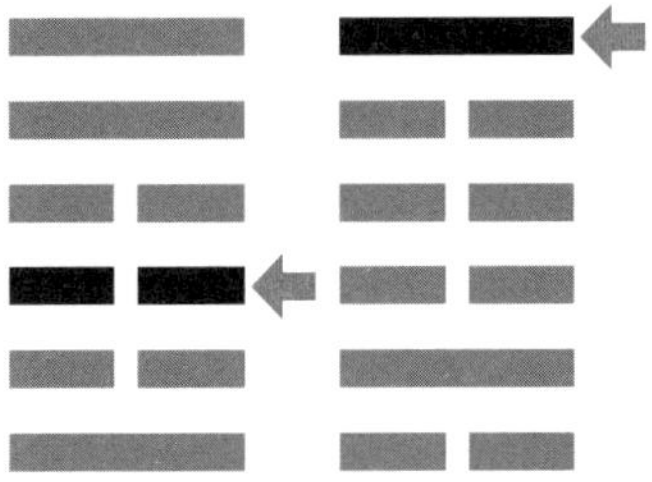

食事制限に関しては「山水蒙《さんすいもう》」が出ました。先行きの暗さを解消するには、先生や経験者などの教えが必要という卦です。

食事制限は、自己流や一品だけとるといったような極端なやり方ではなく、専門家や本などからきちんとやり方を学びましょう。上爻まで来ているので、それを実践するまでいけば成果がありそうです。

之卦は「地水師《ちすいし》」で、やはり指導してくれる「師匠」が欲しいところです。

運動に関しては「風雷益《ふうらいえき》」でした。「益」は益す、満たすという意味なので、気力や体力のアップはもちろん見込めますが、体重アップもありそうです（動いて食欲も増してしまうのでしょうか）。雷が風に従うという卦なので、運動するにあたり、スポーツジムに入会してインストラクターなどの指導を仰ぐのもよいでしょう。一緒に頑張る仲間や励ましてくれる人がいると効果が上がりそうです。基本は食事で、余裕があればジムに入会するのはいかがでしょうか。

占断③

食事
巽為風《そんいふう》 P.248 五爻

運動
火山旅《かざんりょ》 P.245 初爻

食事に気をつける場合では「巽為風」の五爻を得ました。風が二つ重なっている卦ですが、風はフラフラと迷いが生じやすい性質があります。最初は誰かに指導を受けるなり、きちんと専門家の説を学ぶなりして、正しいやり方に従っ

てダイエットを行うことが大切です。時間はかかりますが効果は現れるでしょう。自己流の方法では失敗しそうです。

運動を行う場合では「火山旅」の初爻を得ました。「旅」は現在の旅行ではなく、大昔のいつどうなるかわからない、危険で不自由な旅を指すので、一人で運動を続けてやせることは、かなり精神的にきついものがありそうです。

之卦は「離為火《りいか》」、火が二つ重なり強烈に炎が上がっている状態です。一時はやる気が燃え上がるかもしれませんが、飛び火のように他へ移っていきそうです。

二つを合わせて考えると、運動より食事制限をしっかりと頑張るほうが、ダイエットには効果的であると読みます。

その他の悩み

◈相談内容

娘が中学受験の予定ですが、志望校を悩んでいます。どんなふうに選ぶとよいのでしょうか？（30代女性）

◈占的例

「娘が中学受験の予定です。どんな学校が娘に合いますか？」

占断❶

水沢節《すいたくせつ》 P.257

四爻

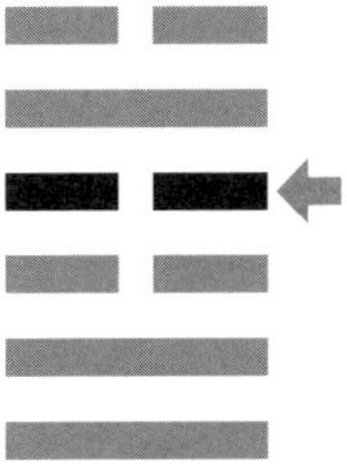

「水沢節」の四爻が出ました。節度を守る、規則を遵守する、けじめをつけるというようなキーワードがあります。

四爻の爻辞には「安節」とあり、何の無理も苦労もなく自分を節することができる、という意味です。

学校側にある程度しっかりした規則があり、まじめで折り目正しい生徒が多い学校が合うのではないでしょうか。いわゆるお嬢様学校もよさそうです。

沢の上に水があって白波が立つ、というところから水兵さんのセーラー服の白いラインが連想されるので、セーラー服が制服の学校というのもいいかもしれません。

之卦《しか》は「兌為沢《だいたく》」です。沢が二つ重なった形で、人物としては少女を示すので、やはり女子校はおすすめです。

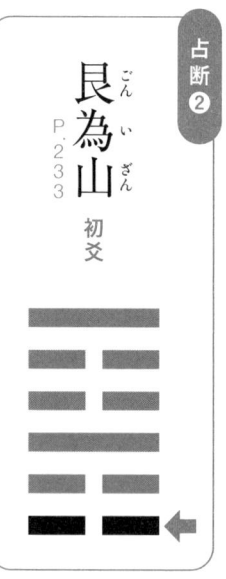

占断❷

艮為山《ごんいざん》

P.233

初爻

どんな学校がお嬢さんに合うかということで卦を立てたら「艮為山」の初爻を得ました。山が二度繰り返しており、どっしりとそこに落ち着いて長い間変化しない様子を示します。

昔からある伝統校や、すでに何らかの実績がある学校が、お嬢さんにふさわしいのではないでしょうか。

八卦の「艮」(山)の卦の形は「門」のように見えるので名門校とも考えられます。新設校や目新しいアピールをしている学校ではなさそうです。

上も下も山で、同じ八卦が繰り返しているという形から、大学に付属しているエスカレーター式の中学校も学校見学の視野に入れてもいいと思います。

之卦は「山火賁《さんかひ》」になります。飾る、美しいという意味の卦なので、芸術や音楽などの分野に強いというのも条件に入れてもいいでしょう。

制服がかわいいということも学校選びの大きなポイントにするとよいでしょう。

占断❸

風沢中孚《ふうたくちゅうふ》 P.260

上爻

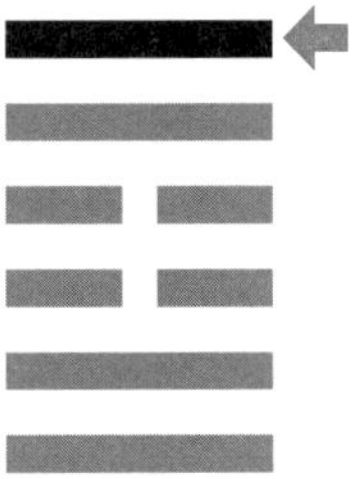

「中孚」は心にまことがあることを示す言葉です。転じて風沢中孚は真心、誠実、信頼などを表す卦となっています。

この卦は、風と沢の陰同士が向かい合う形になっています。中心に卵があって、それを親鳥が温めてヒナに孵化《ふか》させる姿と言われています。先生方が生徒に対して手厚いケアをしてくれる、アットホームな学校がいいでしょう。

この形は「口が上下に向かい合っている」というふうにも見えることから、コミュニケーションが密な学校とも読めます。大規模な学校より小さめで、先生の目が行き届く学校がおすすめです。

上爻は「ヒナは高く飛べないのに無理して飛ぼうとする」という爻辞なので、偏差値的には無理のない学校を選び、あまり高望みはしないほうがよさそうです。

之卦は「水沢節《すいたくせつ》」となり、やはり何事にもほどほど感が大切なようです。無理なく通学できる、無理なく学費が支払えるということも視野に入れて、学校を選びましょう。

その他の悩み

◈**相談内容**

30代後半の娘はすでに独立していますが、パートナーとなかなか結婚という形に落ち着かずに心配です。
(60代男性)

◈**占的例**

「娘の結婚に関して、親として
どう接すればいいですか?」

占断1

火雷噬嗑《からいぜいごう》 P.140 初爻

「火雷噬嗑」の卦は、口を意味する「山雷頤《さんらいい》」の卦の真ん中に陽が一つ挟まっていて、障害があることを示しています。その障害をいかに打ち破って和合させるかを、刑罰にたとえて説明しています。

初爻は「足かせをつけられて行動を制限される」という一番軽いものなので、お父さんが娘さんの結婚に対して、余計なアクションを起こさないことをおすすめします。親御さんとしては、いつまでも娘さんのことが心配だと思いますが、ここは見守りましょう。

占断②

乾為天《けんいてん》 二爻

P.80

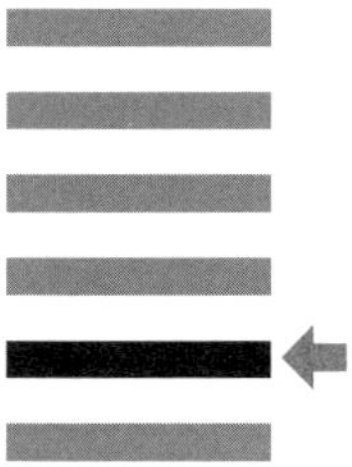

上は天、下も天、と同じ八卦が繰り返される重卦である「乾為天」が出ました。すべて陽で構成されている卦で強く勢いがあります。

内卦をお父さん、外卦をお嬢さんと見ると二人とも天でお互いに強く張り合い、どちらも譲らない関係です。何か口を出しても向こうも負けずに言い返し、けんかになりそうです。

そもそもこの卦は、強い男性が二人いる組み合わせで、それぞれが自立して力強く自分の人生を切り開いていきます。結婚に対して、親として心配な気持ちがあっても、少し離れたところで見守るくらいが無難ではないでしょうか。

占断③

山火賁《さんかひ》 二爻

P.143

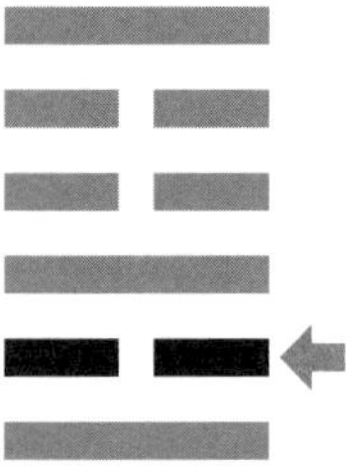

山火賁は「飾る」「装う」ことについて説いている卦で、二爻は「顎《あご》に生えるひげとして飾る」とあります。

ひげは、顔の飾りのために顎にくっついているものであり、顎の動きに合わせてしか動けません。

お父さんはあくまでも相談されたら話を聞くくらいの立場をキープして、お嬢さんの結婚話にはあまり踏み込まないほうがよさそうです。

之卦は「山天大畜《さんてんたいちく》」です。ここは口出ししたい気持ちをぐっとこらえて、大きな気持ちでお嬢さんの決断を見守ることです。

その他の悩み

◈**相談内容**

長年好きな男性アイドルを一緒に応援してくれる友人が減ったので新しく増やしたいです。（40代女性）

◈**占的例**

「趣味を一緒に楽しむ新しい友人を作るためのアドバイスをください」

占断❶

雷《らい》水《すい》解《かい》 二爻

P.197

「雷水解」は「困難が解け散る」ことを説明している卦ですが、二爻の爻辞は「狩りをして三匹の狐を得る。黄金の矢も得る」です。「狩り」という言葉が爻辞にあるので、コンサート会場やＳＮＳなどで、感じのよさそうな人や趣味が合いそうな人に声をかけるのはどうでしょうか？

ちょっと勇気が必要かもしれませんが、之卦は「雷地豫《らいちよ》」になり「喜び楽しむ」を示す卦なので、きっと一緒に趣味を満喫してくれる友人ができるのでチャレンジしてください。

占断❷

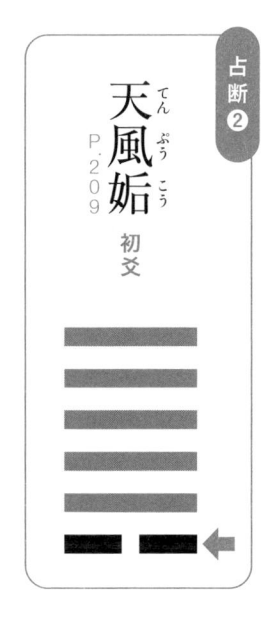

天風姤《てんぷうこう》 P.209

初爻

「天風姤」は「出会い」「ハプニング」などを表す卦です。

たまたまコンサートや観劇の席が隣り合った人と話すきっかけがあったとか、全然違う目的の場でファンであることが判明した人がいたなど、そんな偶然の出会いがあったらぜひ活用してください。

ファンは女性が多いと思いますが、「天風姤」は女性との関わりが強い卦なので期待できます。ただ不確定で、よからぬ性質も含んでいるので、相手に対して多少の警戒心も忘れないでください。

占断❸

坤為地《こんいち》 P.83

二爻

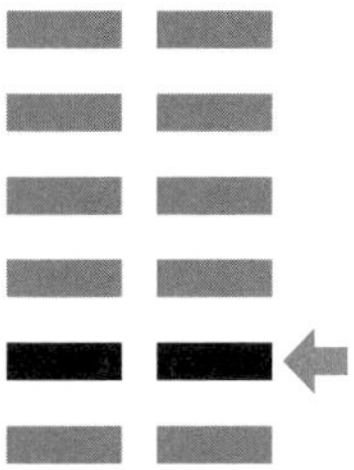

地が二つ重なっており、すべて陰で構成されている卦です。

地が二つで広々とした場所を連想しますが、合わせた卦の形から広いコンサート会場の、通路を挟んで座席が整然と並んでいる様子が頭に浮かんできました。

「地」はある程度の年齢の女性を示すので、コンサート会場で自分と同じくらいの年か、年上の女性にご縁があるかもしれません。柔和で控えめな態度で、新しい友人作りにチャレンジしてみてください。

失せ物

◈相談内容

国家資格免状が見当たりません。大きな封筒に入れて引き出しにあるはずなのにどこへ?（50代女性）

◈占的例

「封筒に入れた免状はどこにありますか?」

占断

雷《らい》山《ざん》小《しょう》過《か》 P.263

四爻

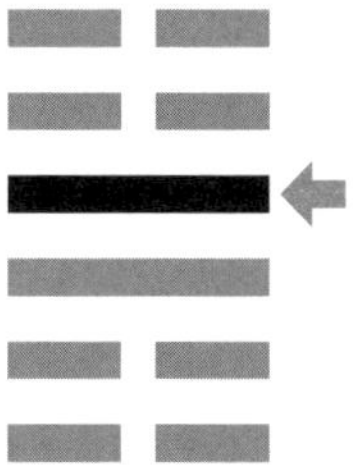

失せ物はまず爻を見ます。下の初爻が一番相談者の近く、足元にあり、上爻にいくほど離れていきます。今回は四爻なのでやや離れた、わかりにくい場所にありそうです。

「雷山小過」の卦の形は飛び去って行く鳥の姿や、上下に背中あわせで反対を向いている人物のようにとらえられています。

二爻ずつまとめていくと、大きな水（「坎」）で、「坎」は穴ぼこを意味するので、どこか窪みや隙間などに落ちているかもしれません。

【結果】

入れていたのが引き出しの一番上の段だったので、下の段に落ちていないか見ましたが中には落ちていませんでした。そこで引き出しをすべて丸ごと引き抜いたところ、奥に封筒が立って張りついているのを発見。

「雷山小過」の「背中合わせ」と、「穴に落ちている」という点が当たっていた形になりました。

どんな1年になる？

◈相談内容

来年に向けて、心配事がたくさんあります。どんな年になるでしょうか？
（50代女性）

◈占的例

「来年の成りゆきと、対処法を教えてください」

占断

火《か》雷《らい》噬《ぜい》嗑《ごう》 P.140
四爻

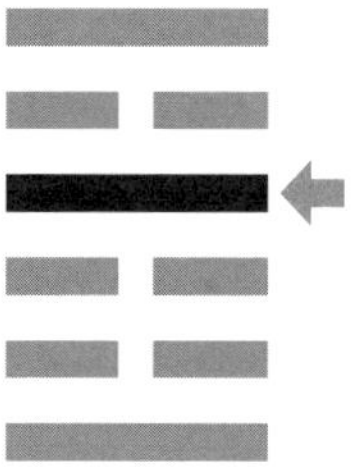

「火雷噬嗑」は、口の中に物が挟まってしっかり噛むことができない状態を示します。

来年は何かやろうとしても邪魔が入ってなかなか進展が見られないかもしれません。しかし、四爻の爻辞は「固い骨つきの干し肉をかみ切ったら金の矢が出てきた」というもの。

簡単には太刀打ちできない困難がこの先に横たわっていそうですが、たいへんな努力をもって打ち破り、大きな成果を手にすることができるでしょう。かなり手ごわく、途中で諦めたり投げ出したりしたくなりそうですが、ここは徹底抗戦の構えで向かいましょう。

【結果】

長い間の頭痛の種であった、親族間の遺産トラブルを、この年は建設的に解決することができました。

ただ、元からあった歯のトラブルが悪化し、歯医者さんのお世話になることが増えました。

ウラナイ8易の会の占い師による

易占い実況中継！

実際に易者が鑑定をするときは、相談者とどのようなやりとりをしながら読み解いていくのか紹介します。

◈占的①

「結婚紹介所で紹介された彼との結婚はどうでしょうか？」（女性30代）

回答

山雷頤《さんらいい》

P.158

四爻

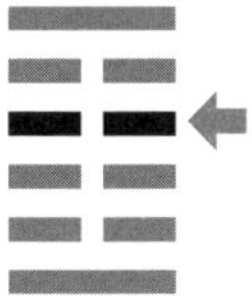

まずは二人の相性を見てみましょう

相談者　結婚相談所で紹介されたAさんと仮交際中なのですが、この人とはどうなりますか？

易者　それではまずお二人の相性を易で見てみますね。「山雷頤《さんらいい》」の四爻が出ました。この卦の「頤」という字は「顎」の意味があります。卦の形も歯がかみ合った口のようにみえますね。そこから食べる、飲む、話すなど口にまつわること、さらに食わせる、養うということを示す卦です。生活感のある現実的な卦です。

相談者　確かに、結婚前提で

出会った人ですしね。

易者　この卦から見ると二人の関係性は「好き」や「ドキドキする」というものではなく、現実的に暮らしていく相手として、お互いを見ているのだと思います。

相談者　まだ出会ってそんなに長くないので、いい人とは思いますが、すごく好きかと問われたら悩むところです。

易者　恋愛要素は薄いかもしれませんが、養いの卦ですし結婚相手としてはよい相手でしょう。

相談者　それはうれしいです。つき合ううえでのアドバイスはありますか？

相性はよさそうですが この先結婚まで進む？

易者　口に関する卦なので食事を一緒に楽しむと仲が深まるのでおすすめです。

相談者　実は彼との共通の趣味が料理で、二人で料理したり食べ歩きしたりしています。

易者　口に関しては言葉に気をつけることも大切です。之卦は「火雷噬嗑《からいぜいごう》」になるので、出会って間もない二人がかみ合うまでには衝突もあるでしょう。その際には言葉に注意です。

相談者　わかりました。ありがとうございます。最後に、彼とは結婚までいくでしょうか？

易者　改めて易を立ててみましょう。「地雷復《ちらいふく》」の二爻が出ました。うーん、「復」は戻るという意味なのでどの状態に戻るのか、ですね。

相談者　では白紙に戻ることもあるということですか？

易者　そうです。白紙でなくても、何か一回、話が後退するようなことがあるかもしれません。

【後日談】この縁談は婚約まではいきましたが、残念ながら破談になったという報告をいただきました。

◈占的②

「マイホームの購入に悩み中。どんな物件がいいでしょうか？」（30代男性）

一戸建て	マンション
地山謙《ちざんけん》 P.122	火天大有《かてんたいゆう》 P.119

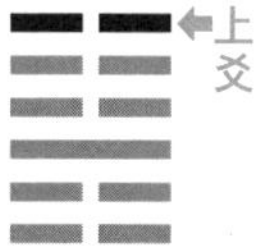

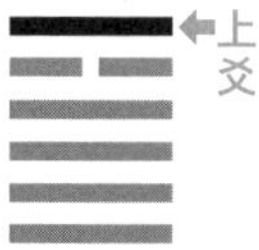

選択肢を立ててそれぞれ占ってみる

相談者　家の購入を考えています。家族は妻と小学生の息子で、マンションがいいのか一戸建てがいいのか、どんな物件をどう探せばいいのかなど、いろいろ考えています。

易者　まずはマンションがいいか一戸建てがいいかをみていきましょう。それぞれを購入した場合の成りゆきを占ってみました。

マンションの場合は「火天大有」の上爻、一戸建ての場合は「地山謙」の上爻。まずマンションはよさそうですね！「大有」は大いにものを得る、所有する卦で、家や土地などの財産を購入するにはとてもよい卦です。上爻は「天からの助けがある」という爻辞もあるので、タイミングに恵まれていい物件が見つかりそうです。

相談者　それはよかったです。一戸建ての方はどうですか？

易者　一戸建ては「地山謙」ですが、建物（「山」）が「地」に埋まるという形の卦なので、災害が心配です。この二つなら、圧倒的にマンションの方をおすすめします。

相談者　そうですか。マンションを購入するとして、他に何かわかることはありますか？

易者　「火天大有」は天の上に太陽が燦々《さんさん》と輝いている形なので、日当たりがよくて、上爻なので最上階とまではいかなくても、上層階の物件がいいでしょう。たいへんパワフルで明るい卦ですが、行きすぎ、やりすぎという危険もはらんでいます。

之卦は「雷天大壮《らいてんたいそう》」でよく考えずに気が大きくなって暴走しそうと読みます。ショールームだけ見て「ここだ」と突っ走ってしまったり、身の丈以上の金額の物件をどうしても欲しくなってしまったり、なんてことも考えられます。

相談者　ショールームは素敵に見えますよね。そこは必ず気をつけるようにします。

易者　裏卦《りか》は「水地比《すいちひ》」なので、周りの環境や人間関係に親しめるかというのも隠れた重要ポイントです。お子さんがまだ小さいので周囲の環境や学校のムードなども見逃すことはできません。

「火天大有」は、かかあ天下の卦でもありますから、奥様の意向をきちんと汲み上げることもマイホーム購入には重要でしょう。

COLUMN

「射覆《せきふ》」で易占いの腕を磨く

箱や布で隠されたものを易で占って当てるのが射覆です。いろいろなヒントから導き出す楽しさと難しさがあります。

隠されたものの中身を当てる占い

「射覆」は「せきふ」と読みます。箱や袋、布などであらかじめ覆っておいたものを、易占で当てるという易の専門用語です。

出した卦や爻辞の意味はもちろん、内卦と外卦の八卦の意味や卦の形など、ありとあらゆる角度から出したヒントを総動員して、隠されたものの正体を探ることはたいへんおもしろいですし、易を学ぶうえでも役に立ちます。

易占は連想ゲームのような一面があるため、直観力を鍛えることにもなります。

◇◆◇

実際にどんな感じに射覆をやっているのかを紹介していきます。

まず射覆で当てるものを用意します。今回はドライヤーを小さい段ボール箱に入れておきました。参加する三人に箱を見せて、それぞれ何が入っているか易を立てながらを考えてもらいました。出た卦は以下の通りです。

Aさん　「雷地豫《らいちよ》」の二爻
Bさん　「沢天夬《たくてんかい》」の上爻
Cさん　「風山漸《ふうざんぜん》」の五爻

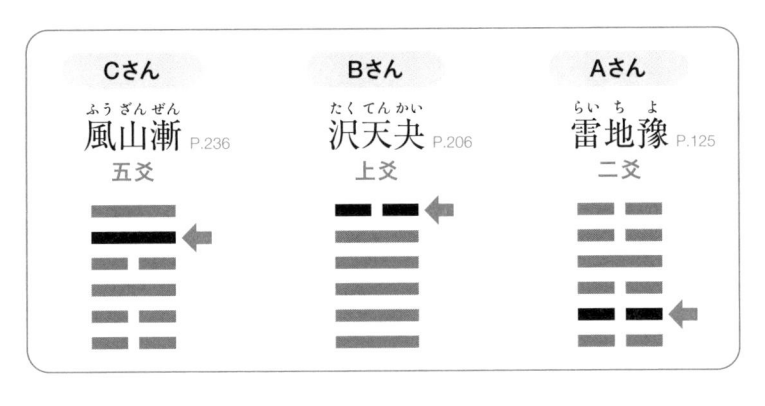

Cさん	Bさん	Aさん
風山漸《ふうざんぜん》 P.236	沢天夬《たくてんかい》 P.206	雷地豫《らいちよ》 P.125
五爻	上爻	二爻
		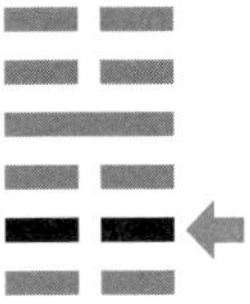

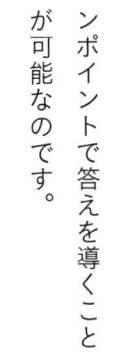

さまざまなヒントから答えを見つけ出します

ノーヒントの一周目では、「雷地豫」の二爻の爻辞に「石」が出てくるのでパワーストーン？　「沢天夬」はえぐりだす卦だから毛玉取りグッズ？　など出ましたが、二周目は「家電」というヒントを出しました。

Aさんが、之卦の「雷水《らいすい》解《かい》」からブレンダーやミキサーのように解かすもの、または悩みを解決ということで、髪の寝ぐせを直すドライヤー？　と読んで正解が出ました。

「雷地豫」は「雷」を電気、「地」を細かく量の多いものとして毛髪と読めばいいし、「沢天夬」の上爻は人体の一番上にある頭を指し、上爻の陰を陽の状態にぴしっとまとめるとも読めます。

「風山漸」の「風」は長いもので毛髪とも、ドライヤーの風とも読めて、一瞬ではなく、ブローしながら徐々に整えるという点でドライヤーと考えられます。

この世のすべては八卦のどれかに分類でき、そこからピンポイントで答えを導くことが可能なのです。

易占いのQ&A

易は奥が深く、絶対的な正解がないため疑問を持つことも多いでしょう。自分なりの答えが出てくるまでの参考にしてみてください。

Q 卦の意味がよいのに爻の内容が凶のときはどのように判断する？

A 占的に合わせてケースバイケースで解釈

六十四卦×六爻の爻辞を暗記して占的にあてはめようとしても、うまくいかない場合がよくあります。

「雷火豊《らいかほう》」は「豊」だからお金がもうかるとは限りませんし、そもそも占的が恋愛や人間関係の場合「豊かです」と断じても意味がありません。爻辞がヒントになる場合は採用しますが、まったく接点がないなら無視してもいいと思います。

占的に合わせて吉が凶になり、凶が吉になることもあります。かといって、バイアスをかけて都合のいい解釈をして何でも吉にしても当たりません。筮前《ぜいぜん》の審事《しんじ》（P.59参照）をしっかり行い、卦の形や意味、爻辞、之卦など一通り検討したら、あとは無心になって「この占的に対して易神はどう答えているか」が降りてくるのを待つようにしています。

Q 結婚や就職が決まった人に依頼されて占って、四難卦《しなんか》が出たらどうしますか。

A あらかじめ困難を覚悟しておけば、乗り越えられることも多い

新生活を始める人に「水雷屯《すいらいちゅん》」、「坎為水《かんいすい》」、「水山蹇《すいざんけん》」、「沢水困《たくすいこん》」の四難卦といわれる卦が出たら、一瞬、言葉につまります。

どの卦も悩み・苦しみを示す水（「坎」）があり、困難が予想されます。しかし、易は常に変化するものですから、ずっと苦しい状態が続くわけではありません。予想外の困難があり、順調にはいかないことを前提にして、卦から得られる戒めや解決法を伝えてください。「どんなことがあっても、この人と結婚したい」という強い気持ちを引き出せたら、易を立てた意味があるというものです。

Q 易で占って上がると出た銘柄を買えば株でもうけられますか？

A 自分の実力や運以上のことを占うより運の器を大きくすることが先決

それが可能なら、易者はみんな大富豪になっているはずです。経済的に恵まれない占い師もたくさんいます。

「プロ野球選手になれるか」「アイドルと結婚できるか」など、持って生まれた実力や運を超えた問いにはあまり意味がありません。株を買う前に、金運の器を大きくする必要があります。

短期的な上げ下げに一喜一憂するようでは株でもうけることはむずかしいでしょう。「山沢損《さんたくそん》」と「風雷益《ふうらいえき》」の循環が理解できれば、相場と向き合う胆力を養うことができます。

用語の解説

『易経』（※1）

中国古典の四書五経の一つで、64の卦の意味を説く「卦辞」と、各卦を構成する6つの爻の意味を説く「爻辞」の2編と、卦辞と爻辞の解説となる『十翼』（象伝、象伝ほか）の10編の12編から成る。卦辞は、周王朝の開祖、文王が、爻辞は、文王の息子・周公がつくったとされている。

易神《えきしん》（※2）

一般的には、易の原形をつくった古代中国の伝説の皇帝、伏義《ふつぎ》を指す。

爻《こう》（※3）

卦を表す棒記号で、陽と陰に分かれる。中央が切れた棒が陰爻（⚋）で、切れていない棒が陽爻（⚊）。卦は6つの爻から成り、一番下から初爻、二爻、三爻、四爻、五爻、一番上が上爻。爻は、人体の各部位、組織や社会の地位や立場を示し、物事の段階を表す。

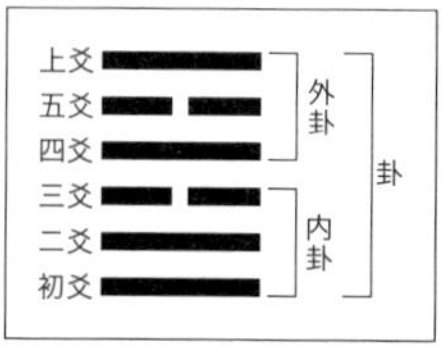

陰陽《いんよう》（※4）

この世のすべては陰と陽の2つで成り立つという、易の基本になる概念。たとえば、「陽」は男性、太陽、昼。「陰」は女性、月、夜。易占いの結果は、この陰陽の組み合わせがつくる「卦」で表される。

占的（※5）

易では質問のことを占的と呼ぶ。

八卦《はっか》**と64卦**（※6）（※7）

易では、この世のすべては8つの要素に分類できると考える。これが「八卦」で「乾・兌・離・震・巽・坎・艮・坤」。それぞれ、陰陽を組み合わせた3つの爻で表す。八卦を上下2つ組み合わせたものは64通りあり、「64卦」という。

象意《しょうい》（※8）

八卦を自然界になぞらえ当てはめたもので、それぞれ、乾＝天、兌＝沢、離＝火、震＝雷、巽＝風、坎＝水、艮＝山、坤＝地と対応する。P.26も参照。

少数決（※9）

通常は数が多いほうが重視されるが、易では少数決。数が少ないほうが、主となる。

内卦《ないか》**／外卦**《がいか》（※10）

下の3つの爻の組み合わせを「内卦」、上の3つの爻の組み合わせは「外卦」という。それぞれ意味を持ち、内卦は、自分自身・内面・指導される側、外卦は、相手・外面・指導する側など。

重卦《じゅうか》（八純卦）（※11）

同じ八卦が重なることで、「乾為天」「兌為沢」「離為火」「震為雷」「巽為風」「坎為水」「艮為山」「坤為地」の8つある。八卦の名の次に「為」、続けて自然界の象を重ねた名になる。

四難卦《しなんか》（※12）

悩み、苦しみを象徴する卦で「水雷屯」「坎為水」「水山蹇」「沢水困」の4つ。苦難を表す「坎」（水）があり困難が予想される状態。

筮前《ぜいぜん》**の審事**《しんじ》（※13）

相談者の話をよく聞き、内容や状態を知っておくこと。正しい占断をするために必要で、占的があいまいだと占う「的」もぼやける。

参考文献とひと言紹介

『易』本田済　朝日選書／解説や注釈が充実。

『易学　成立と展開』本田済　講談社学術文庫／易をテーマにした中国の思想史。

『周易裏街道』『うらおもて周易作法」仁田丸久　東洋書院／昭和の易占家、仁田丸久氏の講義録。

『易経　上・下』高田真治・後藤基巳　岩波文庫／易の根本思想の解説もある。

『易経』丸山松幸　徳間書店／左伝の易占例つき。

『「易」心理学入門』定方昭夫　柏樹社／著者はユング心理学・東洋医学研究家。

『タオ心理学』ジーン・シノダ・ボーレン　春秋社／ユングの説く共時性と易の関わりを解説。

『The I Ching or Book of Changes』Richard Wilhelm, Cary F. Baynes　Princeton University Press／『易経』のドイツ訳を経た英訳。ユングが序文を書いている。

『易経』三浦國雄　角川ソフィア文庫／六十四卦すべてに占例がついており、参考になるものが多い。訳文も現代的で読みやすいが、「孚」をすべて「捕虜」と訳している。

『すぐに役立つ銭流　易経』銭天牛　棋苑図書／著者が週刊誌のライターあがりでおもしろく読める。

『黄小娥の易入門』黄小娥　サンマーク出版／昭和37年のベストセラーの再出版。爻を使わず、卦だけで占っている。

『春夏秋冬　易学占例集』大熊茅楊　東洋書院刊／縁談や商売など市井の鑑定家としての占例がぎっしり、読み応えがあるが、昭和的な価値観と表現に現代とのずれを感じる。

『訳註／高島嘉右衛門　占例集　改訂版』竹中利貞　鴨書店／明治政府とも深く関わり、鉄道やガス燈設置など公共事業も幅広く手がけた明治の易聖。当時の政策から国際関係まで、占的のスケールの大きさに圧倒される。

『大予言者の秘密』高木彬光　角川文庫／高島嘉右衛門をモデルにした小説。

『易の効用　運命開拓法』高木彬光　東洋書院／推理作家による読みやすい入門書。

『高い城の男』フィリップ・K・ディック　ハヤカワ文庫／著者は日常の行動指針に易を活用。

おわりに

この本を書くことは、二〇二一年の十二月、冬至の日に決まりました。易者にとって冬至は一年で最も大切な日。陰が極まって陽に転じる一陽来復のタイミングです。毎年、冬至には「ウラナイ8」の全員が勢揃いして、次の一年を占う年筮《ねんぜい》を立てます。

二〇二二年に私に出たのは「雷火豊《らいかほう》」の五爻でした。「章を来《きた》せば慶誉《けいよ》あり」という爻辞《こうじ》に「本を書くのでは?」という声が出ましたが、出版業界は右肩下がり。その時は信じられませんでした。

しかし、易は本当に当たる! 出版社から「易の本を書いてみませんか」と声をかけられたのです。まさに「雷火豊」の五爻で、文章によって執筆の名誉を引き寄せたのです。

易を学ぶ中で、友人の占い師の天海玉紀《あまみたまき》さんが「ウラナイ8」を結成(「8」には易の八卦の意味も込められています)。私も合流し、西洋と東洋の幅広いジャンルの占いの知識や体験を深めています。

メンバーの一人、夏瀬《なつせ》杏子《あんこ》さんは定期的に易の会を主催しており、第四章の実例の執筆を担当してもらいました。

易を学べば、長い人生を歩むためのアドバイザーを得ることができます。そして、易という共通言語を通して得られる人間関係も貴重な財産となります。

漢字ばかりで難解なイメージのある易ですが、易の神様は意外と親切です。真剣に問えば、真剣に答えてくれます。一気にすべてを身につけようとせず、少しずつゆっくりで大丈夫。この本が、易神《えきしん》につながる道を歩く助けとなれば、これほどうれしいことはありません。

本書を手に取ってくださった皆さま、執筆の機会を与えてくださった日本文芸社さまに感謝申し上げます。

翡翠輝子

著者　翡翠輝子（ひすい　てるこ）

1960年岡山県生まれ。東洋占術研究家。易、風水、九星気学、四柱推命などを得意とする。ライターとして『女性セブン』『美的』『non-no』など、女性誌を中心に幅広いジャンルの記事を担当するかたわら、東洋占術に魅せられる。友人の占い師・天海玉紀さんが結成した「ウラナイ8」に合流し、西洋と東洋のさまざまな占いの知識や体験を深めている。「ウラナイ８易の会」の読み会でも積極的に活動中。易の力を実感する日々を送っている。50代からは海外市場（主にニューヨーク）への投資を開始する。占いに加えてフィンランド、台湾、スペインとの国際交流がライフワーク。国際交流にも易を活用している。

ウラナイ8（エイト）易の会
夏瀬杏子が中心となって、定期的に易の読み会や講座を開催。
http://uranai8.jp

STAFF
デザイン：田辺宏美
イラスト：ますこひかり、さとういもこ
DTP：竹内真太郎、塩川丈思、納屋楓、新井良子（スパロウ）
校正：定秀美帆
編集協力：酒井陽子、黒沢真記子（説話社）、笹川千絵

基礎《きそ》からわかる
易《えき》の完《かん》全《ぜん》独《どく》習《しゅう》

2023年10月20日　第1刷発行
2024年８月１日　第2刷発行

著者　翡翠輝子《ひすいてるこ》・ウラナイ8易《えき》の会《かい》
発行者　竹村響
印刷所　株式会社光邦
製本所　株式会社光邦
発行所　株式会社日本文芸社
〒100-0003　東京都千代田区一ツ橋1-1-1　パレスサイドビル8F

Printed in Japan　112231011-112240719 Ⓝ02（310096）
ISBN 978-4-537-22147-3
URL https://www.nihonbungeisha.co.jp/

編集担当：河合

乱丁・落丁などの不良品、内容に関するお問い合わせは
小社ウェブサイトお問い合わせフォームまでお願いいたします。
ウェブサイト　https://www.nihonbungeisha.co.jp/